·北京师范大学史学探索丛书·

先秦两汉学术思想蠡测

蒋重跃　著

图书在版编目(CIP)数据

先秦两汉学术思想蠡测／蒋重跃著.—北京：北京师范大学出版社，2011.12

(北京师范大学史学探索丛书)

ISBN 978-7-303-13368-0

Ⅰ.①先…　Ⅱ.①蒋…　Ⅲ.①学术思想－思想史－研究－中国－先秦时代②学术思想－思想史－汉代
Ⅳ.①B2

中国版本图书馆CIP数据核字(2011)第176152号

营销中心电话　010-58802181 58808006
北师大出版社高等教育分社网　http://gaojiao.bnup.com.cn
电子信箱　beishida168@126.com

出版发行：北京师范大学出版社 www.bnup.com.cn
北京新街口外大街19号
邮政编码：100875
印　　刷：北京联兴盛业印刷股份有限公司
经　　销：全国新华书店
开　　本：170 mm × 230 mm
印　　张：18
字　　数：268千字
版　　次：2011年12月第1版
印　　次：2011年12月第1次印刷
定　　价：36.00元

策划编辑：刘东明　　责任编辑：刘东明
美术编辑：毛　佳　　装帧设计：毛　佳
责任校对：李　菡　　责任印制：李　啸

出版说明

在北京师范大学的百余年发展历程中，历史学科始终占有重要地位。经过几代人的不懈努力，今天的北师大历史学院业已成为史学研究的重要基地，是国家“211”和“985”工程重点建设单位，首批博士学位一级学科授予权单位。拥有国家重点学科、博士后流动站、教育部人文社会科学重点研究基地等一系列学术平台。科研实力颇为雄厚，在学术界声誉卓著。

近年来，北师大历史学院的教师们潜心学术，以探索精神攻关，陆续完成了众多具有原创性的成果，在历史学各分支学科的研究上连创佳绩，始终处于学科前沿。特别是崭露头角的部分中青年学者的作品，已在学术界引起较大反响。为了集中展示北师大历史学院的这些探索性成果，也为了给中青年学者的后续发展创造更好条件，我们组编了这套“北京师范大学史学探索丛书”，希冀在促进北师大历史学科更好发展的同时，为学术界和全社会贡献一批真正立得住的学术力作。这些作品或为专题著作，或为论文结集，但内在的探索精神始终如一。

当然，作为探索丛书，特别是以中青年学者作品为主的学术丛书，不成熟乃至疏漏之处在所难免，还望学界同仁不吝赐教。

北京师范大学历史学院

北京师范大学史学理论与史学史研究中心

北京师范大学史学探索丛书编辑委员会

2010 年 3 月

前　言

学术思想史，对应的英文是 intellectual history，即智力的历史，知识的历史。作为名词，intellectual 又译做“知识分子”，中文习惯叫做“学者”。所谓学者，乃从事学术者也；学术的核心，乃思想也。换个说法，学术思想史既是学者的历史，又是学术的历史，更是思想的历史，它们是三位一体的，相互渗透着、相互统一着。这里的“思想”一词，当然可以包含哲学这样超越的、反思的内容，也可以包含与之相关的具体的、实际的社会历史的思维活动。无论如何，它是指在具体的社会环境中，特别是在具体的学术传承中学者的智力活动的生动发展过程。基于这种理解，所谓先秦两汉学术思想史，就是指先秦两汉时期的特定历史条件下，学者的智力活动，即学术和思想的发展史。

明末清初的大思想家王夫之说过，“战国者，古今一大变革之会也”。（《读通鉴论》）战国时期出现了百家争鸣这一历史上的奇观，学者们激发出无与伦比的创造活力，对关乎人与自然、人与人以及人本身的许多重大问题进行了深入的思考。两汉时期，学者们根据时代需要，在消化吸收先秦思想成果的基础上，展开了精致的学术研究活动，为中国文明在后来的发展奠定了坚实的精神基础。本书所讨论的，恰恰是这个时期学术思想发展中的若干问题。

这里的二十一篇文章是我从过去发表的有关成果中筛选出来的，大致可以分为四组。第一组七篇，是围绕着黄老之学这个主题展开的；第二组六篇，是有关韩非思想的；第三组三篇，可以算作讨论王朝统治观念的；第四组五篇则专门展示春秋战国和两汉时期的重要的历史思想。

20世纪70年代马王堆汉墓帛书出土以后，黄老之学越来越受到学术界的重视。不过，它产生于何时？何地？为何人所创？它的原初形态是怎样的？它究竟是老子思想的变形呢？还是老子思想和黄帝思想的结合呢？如果是后者，那么，黄帝思想又是什么呢？这些成了黄老之学研究者必须回答的问题。我清晰地记得，20世纪70年代中期，我和许多人一样，为马王堆汉墓的考古发现而激动不已，报刊上关于黄老之学的讨论也时时让我感受到了这些问题的吸引力。20世纪80年代中期我在南京大学攻读硕士学位，凭着这种兴趣，毅然选定黄老之学作为学位论文的题目，试图通过系统的研究给这些问题以解答。此后，关于这个问题的思考一直持续到90年代。我最初的看法是，黄老之学是打着黄帝和老子旗号的老子思想的变种，它产生于战国中期的齐国，它的基本内容保留在稷下学的成果《管子》一书中。后来我又渐渐地感到，黄与老有所不同。根据司马谈在《论六家之要指》中的论列，“因阴阳之大顺，采儒墨之善，撮名法之要”是道家学术思想的大体框架和基本构成；而道德和形名的结合才是它的核心内容。可见，这个学派是讲求国家治理的，特别是重视治官的，这与老子有所不同。老子虽然也讲治理大国，可毕竟缺少形名之学的内容，对于名，是持否定态度的；也没有阴阳儒墨的框架和结构。由此我倾向于认为司马谈所说的道家应该是指黄学，是与老学不同的另外一个派别。那么，哪部著作是黄学的著作呢？经过考察，我确信马王堆三号汉墓出土帛书《经法》等四篇古佚书当为黄学的著作，学者把它定名为《黄帝四经》是有道理的。不过，我还认为，比《黄帝四经》还要古老的是《管子》，其中有大量内容涉及道德与形名的结合，更有明显的“因阴阳之大顺，采儒墨之善，撮名法之要”的内容，因而应是目前所知“黄帝之言”的最初的重要物证。这组文章中有几篇从文献比对、历史背景分析等方面作了说明。与此相关，《申子》、《尹文子》在学派活动和思想流传上究竟应该如何定位？《韩非子》与黄老或黄帝之学有怎样的关系？我在80年代末和90年代初对这些问题作了一定研究，提出了自己不成熟的看法。

从20世纪70年代上半期开始，《韩非子》就是我喜欢阅读的一部著作，韩非思想也成了我感兴趣的对象。不过，当时只能在新出版的法家著作选本和报刊杂志上读到《孤愤》《定法》《五蠹》《显学》等著名篇章。由于与黄老之学关系密切，20世纪80年代中期韩非思想又成为我研究和思考的重要课题。20世纪80年代末，我的《韩非政治文化观片论》一文发表。这篇文章记录了我那时所关心的问题以及对韩非思想的理解，有些观点在我后来的论著中仍然有着一定的影响。20世纪90年代中期我来到北京师范大学攻读博士学位，在老师指导下，选定韩非思想作为毕业论文题目。1998年我的博士论文《韩非子的政治思想》完成，并顺利通过答辩，2000年作为北师大博士文库论文得以出版。在博士论文撰写过程中，我曾把相关的几个专题研究以单篇论文的形式交给学术期刊发表，这就是本书中关于韩非道理论、人性论及其对传统观念文化的批判这三篇文章的由来。2008年，我接受了凤凰出版传媒集团凤凰出版社的约请，为“历代名著精选集”撰写了《韩非子》（注评）一书，2010年出版。当年，我又把写作期间以及《韩非子的政治思想》出版十年以来关于韩非思想体系及其矛盾的思考整理出两篇文章发表。这两篇文章代表了我在新世纪最初十年中对韩非思想的认识。

第三组三篇文章涉及以下两个问题：其一，从知性上说，变法和定法是战国法家思想中相互矛盾的观点。怎样理解这个矛盾呢？其二，禅让是春秋战国时期的一个重要学术公案，又是影响深远的历史文化现象，禅字的禅让之义究竟来源于何处？禅让说究竟是起于墨家的发明，还是儒家的倡导？世纪之交的几年里，我曾寝馈其间，苦思冥想而不得其解。经过艰苦的考索，究竟取得了一点进展。

《论法家思想中的变法与定法》初步认为，法家的变法和定法主张是古代中国人对法律变动性和稳定性这对根本矛盾的某种认识，既是对立的，又是同一的，有着丰富的思想内涵和理论意义，值得重视。

长期以来，在有关禅字的禅让之义来源的各种观点中，禅祭说居于统治地位，而蜩蝉说虽偶尔有人提及，却一直没有受到应有的重视。众所周知，蝉形是商代青铜器上常见的主题。考古发现，从殷商到汉代的墓葬中，许多墓主人口中就有蝉形玉含，今人推测应与祈求再生有关。如果确实，那就是取蝉的蜕变的喻意而形成的宗教观念。由此进一步推测，古人可不可能用这个隐喻，来表示某种特定形式的王朝更替呢？《说禅及其反映的王朝更替观》一文尝试运用小学和文献资料对这个问题进行考察，希望有所突破。禅让说是关于最高统治权转移的学说，它与天命有德思想相一致，应该是儒家的发明。墨家讲求选官任贤，虽与禅让有所重合，但在思想体系上毕竟未能提供必然的前提条件，《“歷数”和“尚贤”与禅让说的兴起》一文总结了这项研究的成果。

总之，这三篇文章都以王朝统治观念为论题，姑且排在一起。

第四组五篇文章，都是关于历史理论的。2001 年起，我参加了业师刘家和先生主持的教育部重点研究基地重大科研项目“中西古代历史、史学及理论比较研究”，担任第三子课题“中西史学理论比较研究”负责人之一。这几篇文章都是在先生亲自指导下完成的，第一篇还是与先生合作撰写的，第五篇则是在先生从前著作的基础上，由曲阜师范大学的李景明教授和我一起执笔完成的。五篇文章有一个共同目标，就是通过研究，挖掘出先秦诸子的主要几家对历史理性在古代中国的发展有怎样的贡献，以及汉代公羊学家怎样把古老的历史思想发展成为有终极目标、有发展阶段、甚至连后世西方历史哲学家也要叹服其系统完整的历史哲学的。

通过这样一个简短的巡回，我发现，二十多年来，我的学术研究竟然经历了以下几个变化。一是关注点的变化。第一组文章发表在 20 世纪 80 年代后期到 2000 年之前。这十几年里，研究侧重在诸子文献的真伪和学派划分上面，这是由于传统目录学的影响所致。世纪之交以来，兴趣逐渐转向思想本身的研究上来，体系及其矛盾成为关注的焦点。二是研究方法的变化。20 世纪 80 年代比较注重目录学提供的线索，习惯于从文献比对上对研究对象进行考察。进入 21 世纪以来，逐渐向语言和概念分析延展。文字考证、文献解读、概念及概念间关系的分析成了更热衷的方法。三是认识特点的变化。过去习惯于大体把握，难免笼统和模糊。新世纪以来，逐渐自觉地把追求阅读理解的精准、思想的清晰作为努力的方向。四是论说形式的变化。从前习惯于类比，以求同比异来判定学术公案。近些年来，开始自觉地把实证和思辨结合起来。五是研究态度的变化。20 世纪 80 年代，意气风发，胆子也大，有时还比较急躁，难免有虚骄和空疏之失。近些年来，阅读文献越来越谨慎小心，研究中总要考虑材料是否扎实可靠、说理是否合乎逻辑。上述这些变化，反映了我的成长和进步历程。我希望在将来的时光里，我还能保持进步的状态。当然，我更希望，我还能像现在这样做自我反省，还能对自己有一个比较冷静客观的认识。如果是这样，那才是真正值得庆幸的。

《说文·瓠部》："瓢，蠡也。"段注："以一瓠劙为二曰瓢，亦曰蠡。"古代有"以蠡测海"的成语，比喻以小度大，不自量力。先秦两汉学术思想是中华民族和中国文化的精神之源，其广阔深厚唯大海可以方之。而我的这几篇小文，仿佛是匆匆舀上的几瓢海水，实在微不足道，对于测度大海来说，更是不敢企望的。不过，尽管如此，为了能舀上这几瓢，我毕竟付出了辛勤的劳动，多少也还领略到了大海的风貌。我之所以不揣谫陋，愿意把这一点感受呈现于此，是希望能够与专家学者和广大同好们进行交流，以得到有益的批评和指教。

目　录

第一编　从“黄老之学”到“黄帝之学”

第二编　《韩非子》研读

第三编　关于王朝统治观念的思考

第四编　论历史思想的理论意义

第一编

从“黄老之学”到“黄帝之学”

申子之学的历史地位[①]

申不害究竟应该属于哪家学派？其思想的历史地位又将如何评定？长期以来，由于先秦文献几经劫难，诸子之学的历史面貌总是若明若暗、扑朔迷离，再加上人们沿袭旧说，以为申子属于法学早成定论，没有再行推敲和商兑的必要了，所以，这个问题一直没有受到认真的对待。最近一个时期，我在涵泳白文、爬梳史料的基础上，着重对孑遗的《申子》篇章进行了一番仔细的整理和琢磨，发现申子之学远绍老子，近承稷下黄老之学，是道家策略思想的重要发展阶段。本文从三个方面总结了这项研究工作的成果，今胪列于后，敬请方家教正。

一、不是法家而是道家

治战国学术思想史，很容易碰到这样的问题：老、庄、申、韩何以列入同传？这是不是出于太史公一时的疏忽？事实上，司马迁记百家之学最得乃父心传，对诸子分传记载都是按照学派思想的发展和继承的标准进行的，如《管晏列传》和《孟子荀卿列传》就是根据齐学及其与其他学派的关系这个标准划分的。那么，由此看来，老、庄、申、韩同传，是不是也可以给人以启示？换言之，可不可以设想庄子和申子分别代表着老子以后道家学说的两个发展潮流呢？

文献证明，西汉初期以前，申不害并没有被视为法家的同道。《史记·老子韩非列传》记载："申不害……学术以干韩昭侯。"这里所说的"术"，就是韩非早就概括的"因任而授官、循名而责实，操杀生之柄，课群臣之能者也"（《韩非子·定法》）。它不像法那样必须公之于众，使"境内卑贱莫不

① 此文原题如此，1988 年在《文献》杂志第 3 期发表时改为《申子非法家辨》，今予恢复。

闻之”（《韩非子·难三》），而是恰恰相反，只能“藏之于（君主）胸中，以偶众端，而潜御群臣”，即使是“亲爱”、“近习”也“莫之得闻也”。据此一端，便可断定，申不害所学的术与法家所标榜的法不可同日而语。

韩非曾潜心分析了申不害改革的得失成败，对单纯的术治提出了尖锐的批评，一针见血地指出：申不害相昭侯，“托万乘之劲韩，十七年而不至于霸王者，虽用术于上，法不勤饰于官之患也。”“申不害不擅其法，不一其宪令，则奸多。”（《韩非子·定法》）可见，说申不害是法家，在韩非那里就根本通不过，这是毫无疑问的。

对诸子之学分家命名始于司马谈。在其所著《论六家之要指》中，道、法两家泾渭分明，各有侧重，不可能浑然合一。如“法家不别亲疏，不殊贵贱，一断于法”，“故曰严而少恩”。联系到李悝、商鞅之流重农重战、慎赏重刑的法家政策，和“刑生力，力生强”的极端法治主义指导思想，可以体会到司马谈的评断是合乎实际的。然而一直为人误认做法家的申不害，恰恰是用术不用法，主张君主要宽厚无为，使天下“近者亲之，远者怀之”①，与法家主张完全相背而驰。至于司马谈在《要指》中指出法家“正君臣上下之分”，则是站在道家的立场上对这一思想内容的肯定，而不是主张所谓“正君臣上下之分”为法家所独有。战国时代，诸子百家所处心积虑的，都是如何向统治者提出他们以为最佳的统治方案，儒家鼓吹“正名”、墨家标榜“尚同”、道家服膺“无为”、阴阳家倡导“明堂月令”哪一个不是要“正君臣上下之分”呢？如此看来，用“尊君卑臣、崇上抑下”② 来断定申子之学的法家性质，并没有抓住问题的要害。诚然，申不害确实主张“君必有明法正义”、“圣君任法而不任智”③，貌似法家，但仔细推敲，可以看出这仍然不是申不害思想的本质。因为，在申不害那里，法是用来作为术治的辅助手段的，这就决定了他在论述术治时不能不谈到法的作用。另一方面，诸子百家在争鸣中互相渗透、互相影响的现象极为普遍，每一学派不可能不羼有他家个别词句甚至部分思想内容。面对

① 《申子·大体》，见《群书治要》卷三十六，北京，中华书局，1985。

② 刘向《别录》，见《史记·张叔列传》索隐，2773页，北京，中华书局，1959。

③ 欧阳询：《艺文类聚》卷五十四，汪绍楹校，上海，上海古籍出版社，1982。

这种情况，如果不抓主要矛盾，反倒专注意那些支流末节，那就会治丝愈纷，扰乱视线，阻碍学术研究的进步。

在关于这个问题的诸多错误看法中，最典型的莫过于用习惯上的“申韩”和“申商”连称来判断申子之学的属性了。本来，申韩连称只是就两者皆“源于道德之意”而言的。相比之下，韩学更显复杂，在糅合道法两家的基础上，更侧重于法家。所以，不能贸然将申韩连称目为同属一个学派的凭据。至于申商连称，更无牢靠的基础。申不害、公孙鞅在战国后期人们的心目中早已是“两家”（《韩非子·定法》）。西汉初年，由于受道法合流思潮的影响，人们才习惯申商连称，如司马迁谓“贾生、晁错明申商”，但却没有认为战国时代申商同道。但稍后的桑弘羊却已经认为申商同道了，他说：“申商以法强秦韩也。”（《盐铁论·申韩》）这与申子用术不用法的事实是相左的。用汉人的习惯来断定战国诸子的学术地位，就申商而言，可能肇始于西汉末年的刘向。他在《新序》中说：“申子之书……号曰‘术’。商鞅所为书号曰‘法’。皆曰‘刑名’，故号曰‘刑名法术之学’。”① 东汉班固也袭用这一做法，在《汉书·艺文志》中把《申子》正式著录于法家类。于是问题便变得复杂起来。

近人大多主张，《论六家之要指》对道家学派的评述，概括了老子之学和黄老之学的全部内容，它从虚无为本、因循为用、形名端合、复返无名、形神相葆诸方面，展示了道家无为思想的精神风貌，经过逐条的核验、参较，可以确信，申子之学只能是道家之学。

根据《论六家之要指》的评述，道家讲求术治，其本质是“无为”：“至于大道之要，去健羡，绌聪明，释此而任术。”（《史记·太史公自序》）申不害也直称其所学为“术”，强调圣君“任数（术）而不任说”，主张“去听无以闻则聪，去视无以见则明，去智无以知则公”（《吕氏春秋·任数》），与上述道家思想毫无二致。

道家也讲“因循”，“其术以因循为用”，内在精神还是“自然无为”，

① 刘向：《新序》，见《史记·老子韩非列传》集解，2146页，北京，中华书局，1959。

"不为物先，不为物后，故能为万物主；有法无法，因时为业，有度无度，因物与合"。甚至提出"因者君之纲也"（《论六家之要指》）的命题。申不害对"因"的看法，与此如出一辙："因者，君术也；为者，臣道也。为则扰矣，因则静矣。"《吕氏春秋·任数》在深刻地领会老子创始的"无为"思想的基础上，他又指出"因"的具体要求就在于"身与公无事，无事而天下自极也"（《申子·大体》），这就不禁使人想起老子的名言："处无为之事，行不言之教"（《道德经》二章），感到两者是多么的相似。

道家同样高标"正名"，这就是自古以来最使学者们困惑不解的"刑（形）名"思想："其实中其声者谓之端，实不中其声者谓之窾。窾言不听，奸乃不生，贤不肖自分，白黑乃形。"（《论六家之要指》）这里，所谓"实"也就是"形"，"声"即"名"，"端"为"正"。所谓"实中其声者谓之端"，也就是"形与名相合谓之名正"的同义语。这就是道家的正名，即形名之学。按照刘向的说法，"申子学号曰刑（形）名家"（《别录》），这就再清楚不过地表明了申子之学的道家性质。再看如下事实：申子曰："名者，天地之纲，圣人之符"，英明的君主只要举这个纲，验这个符，以此来监督臣下的言行，那么"万物之情，无所逃之矣"。他列举了古史传说中的具体事例，说尧之时所以天下治，就是因为做到了"正名"，即形名契合，下无隐情；而桀之时所以天下乱，在于"倚名"，即形名不合，上下乖离。于是他得出结论："是以圣人贵名之正也。"（《申子·大体》）请看，申不害所咏赞的"正名"不正是司马谈评述的道家思想么？正因为申子之学与道家形名之说水乳交融、密不可分，所以司马贞在为《史记》作《索隐》时，才会引用《申子》"款（空）言无成"的语录来诠释《要指》中"实不中其声者谓之窾"，从而又向我们透露出新的信息：《要指》对道家形名之学的评述可能原来就有所指，《申子》当时很有可能就在司马谈据以写作的道家著作之中。

在形而上学或玄学的领域里，道家思想以"虚无"或"无形"作为最初的本原和最高的修养境界。"其术以虚无为本"，"虚者，道之常也"，圣明的君主必须做到"无成执，无常形，故能究万物之情"，即从"虚无"开始，以"因循"为原则，在政治领域做到"正名"，这样才会"合大道，混混冥冥，光耀天下，复反无名”（《论六家之要指》）。从刘向所谓“申子之书言人主当执术无刑（形），因循以督责臣下”（《新序》）来看，申不害的玄学思想同样是道家的。虽然在现存的《申子》残篇里，很难见到“虚”（无形）、“无名”这些概括性的词汇，但不能由此断言《申子》没有讨论形而上学或玄学问题，更不可抹杀申子思想受到老子创始的“道德”学说的影响和支配这一事实。

二、“本于黄老”辨

判断申子之学的学派归属，从而确定它的历史地位，不但需要从文献学，而且还需要从历史学上给予证明。这就涉及如何正确理解《史记》上“申子之学本于黄老而主形名”（《老子韩非列传》）的真实含义。如果说“黄老之学”大兴于当初，为曹参、孝文、窦后等所推崇，大概不会有什么异议，但是，要指出战国中期的申不害也曾学过“黄老形名之术”，那就势必引起一些人的震动。这种倾向的存在，恰恰暴露出误认申子之学为法学思想的又一个症结。

自从郭沫若提出“稷下黄老学派”以来，学术界对这个问题的研究有了一定的进展，获得了一些颇有启发的成果。我们认为，黄老之学产生于战国中期略早一些的稷下，是齐国社会发展的必然结果，保留在稷下学术成果《管子》一书中，以《心术上》、《心术下》、《白心》、《内业》等篇为核心的思想体系，并非所谓“宋尹之学”，而是道家黄老之学。申不害“本于黄老而主形名”，绝不是无迹可寻的。

申不害学本黄老，在基本动因上与稷下黄老之学的产生是一致的，这就提供了一个根本的可能性。韩昭侯在申不害辅佐下整饬吏治，与齐威王用黄老之术“谨修法律而督奸吏”（《史纪·田敬仲完世家》）的改革竟又如同孪生，这就进一步把“本于黄老”的客观性展现在我们面前。如果再把《申子》原文与《管子》中《心术》等篇进行一番比较，对于这种客观性就会更加确信无疑了。

以“形名之术”为核心的黄老之学为什么能发生在齐国呢？这与齐国

政治改革的客观需要是分不开的。如果把田氏代齐看做新兴地主阶级的政治革命，我们就会发现，这场革命是多么的不彻底。田氏夺权后，不仅保留了大量奴隶制残余势力，而且从田常开始，直到侯剡的五、六代君主，百余年间，新的当权人物多半贪恋宴安、不思振作，从中央到地方上都安插了大批宗室亲信，任令为所欲为，吏治极为腐败，统治秩序一度陷入混乱状态，甚至出现了“百官荒乱，诸侯并侵，国且危亡”（《史纪·滑稽列传》）的局面。这种情况不仅阻碍了封建官僚体制和君主集权制的形成，而且使整个国家基本上处于“不飞不鸣”的困境。桓子等为形势所迫，下决心改革图强，从整顿吏治着手，进一步促动法治改革，从富国强兵的基础上加强君主集权。在这种迫切要求下，作为“明公道而灭奸伪之术”（《管子·君臣上》）的黄老之学就自然应运而生了。

韩国的情况大致相同。韩国地当天下要冲，处于秦、楚、魏等强邻之间，外部压力一直很重，尽管纵横家信口宣称，韩国“地方千里，带甲数十万，天下之强弓劲弩，皆出自韩”（《战国策·韩策一》），但仍然无法抵挡住强邻的轮番攻掠。再加上领土大多“险恶山居”，物产不甚丰盈，势孤力单，更为重要的是法治改革的不彻底，一直没有出现像魏国李悝、秦国商鞅和楚国吴起那样较为彻底的变法运动，所以在韩国，腐朽的公族势力特别强大，成了阻碍和束缚社会发展的严重痼疾。从韩康子参与“三家分晋”，到景侯正式列为诸侯，曾一度出现了蓬勃向上的转机。可惜好景不长，自列侯（《系本》作武侯）开始，内忧外患接踵而至。在短短的二三十年间，朝内便由“重臣”（国君嬖臣）当途，他们专擅朝政，里通外国，大肆培植私家势力，成为一股削弱君权，阻挠集权化的反动势力。由此带来的严重后果便是“重臣”和国相之间的明争暗斗。轻则廷议对垒，重则贬斥倾轧，更有甚者，竟至采取暗杀手段。其为祸之惨烈，就连国君也难以免遭毒手。这种斗争波澜迭起，致使韩国政情日趋恶化，君主的威信长时期地树立不起来。为了扭转这一局面，立志改革的韩昭侯、申不害等所首先要考虑的，当然是尽快地找到并实施“明公道而灭奸伪之术”。在这样的历史条件下，申不害学黄老之术，向齐国寻求真理，又有什么难以理解的呢？

再从改革的具体过程来看。齐威王的改革，无疑是黄老之学的具体应用。据《史记·田敬仲完世家》载："威王初即位以来，不治，委政卿大夫，九年之间，诸侯并伐，国人不治。"这种表面的无为无知却掩盖着"藏于胸中"的"形名之术"。终于有一天，"威王召即墨大夫而语之曰：'自子之居即墨也，毁言日至。然吾使人视即墨，田野辟，民人给，官无留事，东方以宁。是子不事吾左右以求誉也。'封之万家。"又"召阿大夫语曰：'自子之守阿，誉言日闻。然使之视阿，田野不辟，民贫苦。昔日赵攻甄，子弗能救。卫攻薛陵，子弗知。是子以币厚吾左右以求誉也。'是日，烹阿大夫，及左右尝誉者皆烹之。"（《史记·田敬仲完世家》）黄老之学的核心部分要求君主在处理现实政治事务时，要牢牢抓住现实的名，即官吏的职务差遣及其言论声誉，一方面要"以其形因为之名"，做到因才授官、选贤任能，另一方面，也是更为重要的，就是要做到"执其名而侔其所以成"（《管子·心术上》），即根据臣下的职务差遣和言论奏议之名，来严格检验、核校他的实际表现，看他是否做到言行一致，是否真正称职，是否有违法乱纪的行为，并以检验的结果作为实施赏罚的唯一凭据，这就是道家的"正名"，即形名之术。威王的改革正是在这个帝王之术的指导下进行的，看来其功效是颇为显著的。

申子相韩昭侯进行的吏治改革，同样是在黄老形名之学的指导下进行的。昭侯八年（公元前355），在日益严峻的形势下，申不害出任韩相，两年以后，开始运用黄老形名之术对朝内腐败现状进行治理，同时又衡情度势，展开机智的外交斗争。司马迁赞扬申不害相昭侯，"内修政教，外应诸侯，十五年，终申子之身，国治兵强，无侵韩者"（《史记·老子韩非列传》）。申不害的改革，由于史料匮乏，无法加以描述，只能从其他文献的引用中略窥梗概。申不害的"修术行道"，表现在"内修政教"上，就是帮助韩昭侯运用"黄老形名之术"来指导现实政治活动。关于这一点，虽没有系统材料，但留存下来的昭侯用术的片断事例，却相当典型。例如，有一次，昭侯佯装亡失一片指甲，急忙四下寻找，"左右因割其爪（指甲）而效之，昭侯以此察左右之诚不"（《韩非子·内储说上》说六）。还有一次，昭侯暗中使人调查得知违犯禁令任牛马闯入苗田的详细情况，却暂时秘而不宣，待到时机成熟，采取突然行动，亲临现场，严厉责令"三乡举而上之”，并当场揭穿一些官吏企图隐瞒实情、欺君罔上的伎俩，致使“吏以昭侯为明察，毕悚惧其所而不敢为非”（《韩非子·内储说上》说六）。这两个生动的实例所表现的，还是“循名责实”、督察臣下言行的黄老形名之学，与齐威王的做法如出一辙。于此，我们更深刻地感受到司马迁所谓“申子之学本于黄老而主形名”论断的正确。

和许多学派的代表人物不同，申不害更注重实践，这就决定了他不可能把黄老之学的所有内容兼收并蓄、全盘继承下来，而只能是围绕着形名之学这个核心，有针对性地加以吸收和继承。

申不害的“形名之学”完全脱胎于稷下《管子》一书，表现了鲜明的齐学特点。例如，为了向君主阐明防止“蔽明塞听”现象的产生，申不害在自己的论著中，进一步突出了“贵名”（即正名）的重要性。他所表述的“名者，天地之纲，圣人之符”，是对《管子》“名者，圣人之所以纪万物也”（《管子·心术上》）的发展。他将“正名”观点提到纲领和原则的高度，在新的理论层次上把《管子》的“贵名”和“正名”的命题更精炼地概括为“贵名之正”，与黄老之学声息相通、血肉相连，表现了自己的思想是稷下黄老的再传衣钵。

申不害清醒地意识到，成功地运用形名之术，绝不是轻而易举的。对于君主来说，首先还有个“心术”修养的前提要求，这就是“静因之道”。申子的可贵之处在于，他不落前人之窠臼，在实践中对已有的理论成果有所发展。他在老子“地得一以宁”（《道德经》三十九章）和黄老之学“地之道静”的基础上，公开提出“地道不作，是以常静，常静，是以正方”（《北堂书钞》卷一百五十七引《申子》），把稷下黄老之学关于“静”和“正形摄德”的思想熔于一炉、统一起来，使它们更加精练、简赅和纯熟。至于他所表述的“因者，君术也”，“因则静矣”（《吕氏春秋·任数》），以及把“因”的具体要求归结为“身与公无事，无事而天下自极”（《申子·大体》），则都是来自稷下黄老“无为之道，因也”（《管子·心术上》）的思想。所有这一切都雄辩地证明，申不害对于黄老“静因之道”和“无为而制窍”（《管子·心术上》）的心术修养，确实已通过拳拳服膺，达到了精义入微的境界。由此可见，司马迁“本于黄老而主形名”的评断是合乎客观实际的。

三、“源于道德之意”析

进一步从哲学的意义上来探寻申子之学的思想渊源，对正确理解它在历史上的地位大有裨益。

司马迁在《史记》中曾郑重地指出了申子之学“源于道德之意”的事实，为我们正确认识它的历史地位指出了又一个重要途径。所谓“道德之意”，范围颇广大，可以包括道家全部形而上学，其性质则在于修养得“道”。

道家的“道”，本为“佐人主”、“莅天下”而设，具有“君人南面之术”（《汉书·艺文志》）的基本倾向。它所特有的“虚而无形”（《管子·心术上》）和“不能言”（《管子·内业》）、“不可说”（《管子·心术上》）的“无名”境界，恰恰是“无为”修养所致力的终极目标。申子之学“源于道德之意”，正是从这个意义上开始的。

前面曾引述刘向所谓“申子之书言人主当执术无刑（形）”的话，说明主张申不害的学说来自道家形而上学确有来历，并非臆测。但申不害本来是以“主形名”、讲“贵名”而闻名于世的，为什么我们又说他“无形”、“无名”呢？要回答这个问题，就必须了解道家的道论与其整个思想体系的关系。老子有所谓“玄德深矣、远矣，与物反矣”（《道德经》六十五章），黄老之学有所谓与物“异则虚”（《管子·心术上》）的主张，说明道家的道德论有与万物相对的意义。而“无形”、“无名”与“形名”的对立，则是这种对立在思想上的集中表现。那么，何以有这种对立呢？这是因为，作为“南面之术”，道家者流必须正视现实，研究有形的政治事务和政治活动，由此产生了形名之学；但是，形名之学能否付诸实践、发挥威力、进而获得成功，这就要看掌握形名之术的君主是否具有极深的人格修养，是否具备了应付现实矛盾斗争的心理、乃至生理上的条件。为了解决这个问题，道家的先哲们便转而研讨形而上的心术修养，这就是“道德”学说即“无形”、“无名”思想的由来。只有理解了这一点，才能真正领会到所谓“有形成于无形”（《管子·心术上》尹注），正是从“道德”修养的角度摆正了道德论和策略思想的位置。这一理论成果寓有丰富而深邃的思想内容，是道家先哲们为人类文化宝库贡献的灿烂瑰宝。申子之学一方面号称“形名”，另一方面又强调“执术无形”，追求“无形”修养的超越境界，这就再雄辩不过地证明了它的道家本色。

关于“无形”和“无名”的思想，虽然不是“道德”学说的全部内容，但却从两个重要方面表现着“道”的品德。第一，它告诫人主，对于“道”，切不可运用获取普通知识的方式去追求和把握，不论是抽象理性的思考，还是形象直觉的观照，在这个问题上，都全然失去了它们的功效，因为“道”本身即是“无”，它虚无缥渺、惟恍惟惚，不可名状。第二，也是更重要的，则在于给人主以启示：真正有“道”的人，就必须像“道”那样，“无形”，“无名”，不在形象和言语上示人以短、给人以测度和揣摩的任何缘由。老子说：“古之善为道者，微妙玄通，深不可识”（《道德经》十五章）。在他看来，只有做到知而不言，与物混同，使人“不可得而亲，亦不可得而疏；不可得而利，亦不可得而害；不可得而贵，亦不可得而贱。故为天下贵。”（《道德经》五十六章）概括起来，就是强调“成功遂事而不名有，万物归焉而不为主”（《道德经》三十四章），“不见可欲，使民心不乱”（《道德经》三章）。说来说去，无非是要君主进行“道德”修养，以做到“无形”、“无名”为最高境界，限制个人私欲，保持谦虚谨慎，以清醒的头脑、沉稳的心绪，迎接实际政治斗争的来临。

根据以上的理解，我们再来看看申子之学是如何“源于道德之意”的。申不害总结了实践经验，根据实际斗争的需要，把“无形”、“无名”的“道德之意”具体表述为“窜端匿疏”。他认为，善为人主者，要“窜端匿疏，示天下无为”（《申子·大体》），即混混沌沌，不做任何表现，避免在“形象”和“言语”上示臣下以短处，做到“无形”、“无名”，如此才能真正取得“近者亲之，远者怀之”的政治效果。这一思想的深厚基础在于对主臣矛盾的深刻洞察。申子曾一针见血地指出：“上明见，人备之；其不明见，人惑之。其知见，人饰之；其不知见，人匿之。其无欲见，人司之；其有欲见，人饵之。故曰：吾无从知之，唯无为可以规之”（《韩非子·外储说右上》说二）。当新生的封建官僚体制和君主集权制度尚处在襁褓之中，申子便发现了其与生俱来的弊病，目光该是何等的敏锐！然而联想到他提出的治理办法，可以看出，他只不过是在为这种制度的发展做一些补苴罅漏的工作。但是，不管怎么说，在他的影响下，韩昭侯确能较为自觉地实践“窜端匿疏”的术治。例如，为了防止失言，昭侯曾采纳臣下的建议：“凡有大事，未尝不独寝，恐梦言而使知其谋也。”（《韩非子·外储说右上》说二）这样的例子，还有多起，这里就不再赘述了。

贯穿于“道德”学说乃至道家全部思想内容的基本精神，是著名的“无为”思想。这是尽人皆知的事实。我们所要指出的是，“无为”也是贯穿于申子之学的基本思想，无论是“形名之学”，还是“窜端匿疏”，甚至“地道常静”，都从各自的角度表现了这一基本思想。更为难得的是，申不害还在实际政治斗争中，把“无为”思想加以具体化，使它在昭侯的施政过程中起了积极的指导作用。例如，有一次，昭侯嫌祠庙的猪太小了，“令官更之”，过后抬来一看，还是刚才那一只，于是便处罚了那个企图蒙骗君上的官吏。事后，昭侯对自己的辨识力颇为得意，向人夸耀，欣然面有喜色。针对这个情况，申不害及时指出了危险所在，并进行了大胆的劝谏。他郑重地指出：单凭个人的聪明智慧，正是导致大乱的根源。因为，个人感官所及的范围毕竟十分有限，“十里之间而耳不能闻，帷墙之外而目不能见，三亩之宫而心不能知”（《吕氏春秋·任数》），所以，耳目心智是“不足恃”的，只有弃智无思而行“静因之道”，才可永葆谨慎、清醒，立于不败之地。除此而外，像申子所主张的“无智弃知”，“圣君任法而不任智，任数而不任说”等等，都离不开道家“无为”修养，在历史上都曾产生重大影响。从这方面，同样可以看出申子之学孳乳于老子和黄老“道德之意”的客观真理性。

综上所述，我们认为，申子之学不属于法家思想的范畴，它源本于老子和稷下黄老之学，表现出鲜明的道家本色。在从战国到汉初的思想发展历程中，它独树一帜，卓然高标，有着深广的影响。尽管后来所谓“韩子杂家说”吸收、继承，甚至发展了它的某些内容，但却丝毫不能改变它的道家性质。

（原载《文献》1988 年第 3 期）

如何确定黄老之学的最初作品

何谓黄老之学？历史上究竟有无独立完整的黄老思想体系？若有，那么产生于何时、何地？最初的代表作又是哪部书？可以想见，回答这些问题绝非轻而易举。近年来，国内学术界对这个历史疑案的探索有了一定进展，但总的情况却不能令人满意。特别是某些研究者对确定黄老之学基本内容的标准选用不当，据以立论的材料失之片面，由此产生一些人为的雾障，有碍事实的澄清，必须认真对待。

一　问题的提出

要探明黄老之学的源头，首要的任务是正名，即回答什么是黄老之学，这是关键。有人抓住司马谈《论六家之要指》中论述道家的一句话："因阴阳之大顺，采儒墨之善，撮名法之要"，便贸然宣称，它概括了黄老之学的"理论体系"，是黄老之学的"主要特点"。[①] 并据此断言，黄老之学产生于战国末期的秦、楚等地，代表作分别是《吕氏春秋》、《鹖冠子》和帛书《经法》等。然后，为了让这个结论符合"存在决定意识"的观点，又勉强拼凑了两条理由，说，秦汉之际，奴隶制向封建制转变以及在全国统一的大趋势下，人民要求"休养生息"呼声的高涨乃是黄老之学产生的社会历史条件。[②]

约而言之，这种方法弱点有三。其一，断章取义，破坏原材料的完整及其内在逻辑。本来，"因阴阳之大顺，采儒墨之善，撮名法之要"的前面有一至关紧要的限定语，曰"其为术也"，是说黄老之学所以成为一种道术，是通过"因"、"采"、"撮"的办法来完成的。倘若认为凡是包含阴

① 吴光：《黄老之学通论》，80页，杭州，浙江人民出版社，1985；熊铁基：《秦汉新道家略论稿》，3页，上海，上海人民出版社，1984。

② 《黄老之学通论》，101～105页。

阳、儒、墨、名、法诸家的便可判为黄老之学，那么杂家且不说，荀况、董仲舒之流首先就应该成为黄老，这岂不滑稽？事实上，在司马谈那里，黄老之学的理论体系或主要特点恰恰不在于杂采众家，它的焦点或核心正落在道家之上，曰“至于大道之要，去健羡，绌聪明，释此（指儒家‘主劳而臣逸’——引者）而任术”，“其术以虚无为本，以因循为用”。这才是黄老之学的主要特点。舍此而奢谈“体系”或“特点”，只能是无核之果，无本之木。因为体系是围绕核心展开的。

其二，论据片面，缺少印证。求证历史问题，能否单纯以某位史家的某句话作根据呢？否。上面所评论的那种观点，错就错在完全以司马谈的一句话作为“理论纲纪”①，而没有把同时代大量的思想资料联系起来，这种从观念出发、先入为主的方法，难以合乎历史的内在逻辑。

其三，背景分析过于抽象，历史思考不足。为了让人相信黄老之学产生在秦国，便不顾历史的逻辑，把历史原因说成是制度的转变和统一的需要，这很难有说服力。事实上，秦国极端的法家政策是它并吞六国、统一天下的重要原因，而以后期黄老为指导思想的“文景之治”，却养肥了豪强地主和诸侯世家，起的正是瓦解中央集权的作用。到汉武帝加强皇权、罢黜百家，首当其冲的就是黄老之学。由此可见，制度的转变和统一的需要不能成为黄老之学产生的历史条件。

考察历史上某一思想派别的性质，既不能凭我们的主观意愿，更不应该形而上学地对待材料，正确的方法是依据“存在决定意识”的原理，对有关材料进行全面研究，从而找到大家公认的客观标准，根据材料的客观性和历史的辩证法来确定这一学派的性质。

联系到本课题，就要求我们，必须把《史记》中有关黄老的记载，与子籍中的黄老思想资料进行参验印证，从而确定黄老之学的基本内涵，并在此基础上，结合对当时社会条件的研究，才能最终探明黄老之学的发源地和最初的代表作。

① 《黄老之学通论》，邱汉生序，第2页。

二 《史记》中的黄老

司马迁著《史记》时，许多珍贵的古代文献或者毁于秦火战乱，或者虽幸免于难，却已残缺不堪，至不可读。但是，靠着司马氏父子两个人的艰苦努力，终于掌握了大量的官私藏书和丰富的民间传说资料，再加上司马迁严谨求实的学风，他们的著作达到了当时所能达到的最高水平。因此，《史记》对某些问题的记述，即如黄老之学，尽管只言片语，今天看来，却仍然不可轻易推翻。

《史记》载，战国中期齐国稷下学者慎到、田骈、接予、环渊等人“学黄老道德之术”（《孟子荀卿列传》），同时略早的申不害，他的学问是“本于黄老而主刑（形）名”的（《老子韩非列传》），战国后期的韩非则“喜刑名法术之学，而其归本于黄老”（同前），直到西汉中期，黄老之学仍然史不绝书。

首先应该明确，司马迁并未将“老子道德之术”与“黄老之学”混为一谈。他在明白指出申韩之学皆“本于黄老”的同时，又郑重指出：庄子之学“无所不窥，然其要本归于老子之言”，庄子“作《渔父》、《盗跖》、《胠箧》，以诋訿孔子之徒，以明老子之术”（同前）。可见，在司马迁的心目中，慎、田、接、环所学，申、韩所本的黄老，与庄周所归的老子之术的确是各有殊涵、泾渭分明的两个概念。①

总而言之，在战国中期以前，确实有一个不同于老子思想的道家流派，汉人把它叫做黄老，它的基本内涵就是所谓“道德刑名”。

司马迁论列汉朝实行黄老之术的，自盖公、曹参始，还有孝文、陈平、窦后、孝景、郑当时、邓章、王生、田叔、汲黯等等，著名者不下十余人。汉初黄老的主体源于齐学，是先秦黄老之学的发展形态，清静无为和因应形名自然包含在其中，如“盖公为言治道贵清静而民自定”，太史公赞曰：“参为汉相国，清静极言合道”（《曹相国世家》）。武帝时，汲黯

---

① 《黄老之学通论》，80 页。

"学黄老之言，治官理民，好清静"（《汲郑列传》）。再如"孝文好道家之学"（《礼书》），乃"本好刑名之言"也（《儒林传》）。再加上汉初黄老因袭采撮百家之学，强调"我无为而民自化，我好静而民自正"（《老子》五十七章）的道德论，恰可证明黄老之学的主要特点是"道德形名"学说。

三　子籍中的黄老

下面再从《申子》、《慎子》、《韩非子》、帛书《经法》等和《论六家之要指》以及其他子书中的有关内容对《史记》的记载加以验证。

（一）关于"道德论"

从现存的《申子·大体篇》（见《群书治要》卷三十六）可以看出，申子之学着重探讨了形名之术，但他的"去听则聪"，"去视则明"，"因则静矣"（《吕氏春秋·任数》），"地道不作，是以常静"（《北堂书钞》卷一百五十七《地部》一引《申子》）与道家的修养方法如出一辙。

慎子确信："大德精微而不见，聪明而不发，是故外物不累其内。"（《文选》沈休文《游沈道士馆诗》注，《养生论》注）实为道家之说。他标榜的"弃知去己"，"无用贤圣"与老子的"绝圣去智"形神一致（见《庄子·天下篇》）。他主张"泠汰于物，以为道理"，"动静不离于理"，言道兼言理，表明他的黄老之学更加融汇于齐学，日益倾向于道法结合。更有趣的是慎到赞扬"块不失道"（同前），与申子一样，用"大块"（大地）的敦厚清宁比喻道的浑朴静寂，与老子"地得一以宁"（《老子》三十九章）毫无二致。

韩非被称为法家思想的集大成者，其实，他的思想是集战国道法两家思想的大成。他说："道者，万物之始，是非之纪也"（《韩非子·主道》）；又说"夫道者，弘大而无形，德者，核理而普至"（《韩非子·扬权》），"虚静无为，道之情也"（同前）；"德者内也"，"神不淫于外则身全，身全之谓德，所得者乃神也，乃精也，身以积精为德"（《韩非子·解老》）。由此可见，除了受老子、慎子道论影响之外，他的道德论还受精气学说的影响，这一点极为重要。

帛书《经法》等也写道："虚无刑（形）……万物之所从生"（《经法·道法》），"虚无刑"即"道"。"道者，神明之原也。"（《经法·名理》）"恒无之初，迥同太虚，虚同太一"，"精静不熙"（《道原》）。这里，"道"是最初的本原，名叫"太虚"又叫做"精"，这精气之道同样具有静而不动的特点。

司马谈对道的认识可看做是对战国以后道家本原论的总结。他说"大道无形"，"混混冥冥，光耀天下，复反无名"，"虚者道之常也"（《论六家之要指》），从他主张"神者生之本也"来看，他所谓道还是指的精气。

自汉武帝独尊儒术，黄老之学被打入民间。这时，它便发挥固有的"长生久视"之用，并结合齐地原有的神仙方术，逐渐转衍为道教。道教亦称"黄老道"，除了传说黄帝修道得仙"以登云天"（《庄子·大宗师》）和老子"养寿长生"之外，更重要的是它直接继承了黄老之学的精气本原论和积德修养论，《太平经》的元气，《抱朴子》的道、玄、一，实际是黄老道德学说的发展变型。

（二）关于形名之学

据《大体篇》来看，申不害把形名思想归结为"贵名论"。他说"名者天地之纲、圣人之符。张天地之纲，用圣人之符，则万物之情，无所逃之矣"。"其名正，则天下治"，"其名倚，而天下乱。是以圣人贵名之正也"。这里的"名正""名倚"即指名与形是否契合，而如何实现形名契合（即名正）恰恰是他潜心揣摩的"术"。

慎到、田骈、接予、环渊之流是否探讨了形名问题，由于材料奇缺，目前尚不得而知，但据《四库提要》云："道德之为刑名，此（指《慎子》）其转关"，看来慎到是研究过的。

从今本《韩非子》中，可以较为清晰地看到黄老形名之术的内容。韩非一方面继承了申子所传的黄老之学，另一方面又直接从齐学《管子》那里汲取营养，又结合老师荀子的传授，对形名问题进行了细致入微的钻研，明确指出："有言者自为名，有事者自为形，形名参同，君乃无事焉。"（《韩非子·主道》）他主张"用一之道，以名为首"（同前），与申子"贵名之正"一脉相承。他还在《扬权篇》中详尽论述了形名之术。

帛书《经法》等指出："必有刑名，刑名立，则黑白之分已。""刑名已立，声号已建，则无所逃迹匿正矣。"(《经法·道法》) 又说："循名复一，民无乱纪"，"一者，道其本"(《经法·成法》)。把循名与归复于道联系起来，说明在作者那里，二者是有机的整体。再如："欲知得失，请必审名察实。刑恒自定，是我俞（愈）静；事恒自㐌（施），是我无为。"(《经法·顺道》) 这就在更高的层面揭示出"形名之术"是静因之道的具体表现。

司马谈站在汉初黄老之学的高度对黄老形名之术进行了理论概括和总结：道的作用就在于因循（"以因循为用"），"因"是君人者之"纲维"，（"因者，君之纲也"）它的具体应用就是"形名之术"。他说："群臣并至，使各自明也。其实中其声者谓之端，实不中其声者谓之窾。窾言不听，奸乃不生，贤不肖自分，白黑乃形。"(《论六家之要指》)"实"与"声"和韩非所谓的"事"与"言"一样，都是"形"与"名"的别称，而所谓"窾言"，则直接援用了申子"窾言无成"（见《史记索隐》）的现成词汇，以反对空话，至于他所向往的"端"，也就是申子"贵名之正也"的别一种表述。可见，由道德而形名，确系黄老之学的基本内涵。

四　最初作品出自《管子》

我们根据司马迁提供的线索研究了有关的诸子群籍，确认道德形名学说是黄老之学的主要特点。接下来的问题是，哪部著作是以这个特点为核心并成为最初代表作的？

众所周知，《老子》探讨了宇宙本原，事物的辩证关系，人生修养的原则和方法，以及政治战略和策略等等问题，建立了以"道德"为核心的思想体系，但它却没有提出形名概念，所以只能叫做《道德经》。

《庄子》的思想主流是"全性保真"，反映了庄周糠秕圣哲、鄙夷事功的人生态度，他所谓"道之真以治身，其余绪以为国家，其土苴以治天下"(《庄子·让王篇》)，明明告诉人们他对于治国平天下是不屑一谈的，他所孜孜追求的只是"知者不得说，美人不得滥，盗人不得劫，伏戏、黄帝不得友”（《庄子·田子方》）的逍遥境界，哪里还会考虑到“君人南面之术”呢？由此看来，老庄都不可能成为黄老之学的著作。

我曾著文①从外部条件和内在契机两个方面证明黄老之学最早发生在战国中期前后的齐国。目前，学术界越来越多的人认识到《管子》中以《心术》上下、《白心》、《内业》为核心的一系列篇章应该成为黄老之学的最初的代表作。但也还有一些学者对《管子》四篇的作者和思想体系存在不同认识，例如有人仍然坚持所谓宋尹遗作之说，也有人用本体论、认识论的西方哲学模式继续肢解和歪曲这四篇的原义，致使本来很清楚的线索被搅乱了。《心术》等四篇非宋尹遗著，今人辨之甚详。② 或以为系慎到等所作。然根据不足，难以成立。慎到著作，《史记》曰《十二论》，《风俗通》载三十篇，《汉志》合为《慎子》四十二篇。此后直到《旧唐书·经籍志》仍为原著，大约在宋代，《慎子》散佚，郑樵著《通志》，慎子就只剩下一卷五篇了。此外，接予有《捷子》二篇，环渊有《蜎子》十三篇，田骈有《田子》二十五篇，皆著录于《汉书·艺文志》道家，与《管子》并列，不存在混入《管子》的可能。《管子》大概为齐学佚名作者的著作集，刘向把它们划分为《经言》、《外言》、《短语》、《区言》等，是不科学的。应该逐篇考察成书时代。如《经言》中的《形势篇》讲“天常”、“地则”，显然不是春秋人的观念，而《内言》中的《问篇》却明系春秋后期作品③。我根据对《管子》各篇的初步考察，同意学界多数同志的意见，即《管子》大部分篇章作于战国时代，《管子》四篇约成书于战国中期以前，先于淳于髡、孟子、宋钘、慎到等人，与桓侯田午、威王因齐的时代相当，为早期稷下学士（似与所谓“彭蒙之师”同时，见《庄子·天下篇》）所著。

就内容而言，《管子》四篇的思想体系恰恰是道德形名学说。它在道论上的重大突破是改造老子的无名之道，树立了精气论的权威，揭开了形神关系论的序幕，为治心养寿之术开辟了新的道路。在德论上，发展老子

① 知水：《论稷下黄老之学产生的历史条件》，载《南京大学学报》，1988（2）。

② 祝瑞开：《先秦社会与诸子思想新探》，福州，福建人民出版社，1981。

③ 陈连庆：《管子问篇的制作年代》，载《社会科学辑刊》，1988（5）。

的积德和啬的理论，明确提出正形摄德、虚一而静的心术修养，并把老子的“闭门修养”改造为静因之道，[①] 强调开门而当，以静制动，以因应的办法处理形名关系，从而完成了道德形名一体的历史使命。《管子》四篇堪称黄老之学的开创之作。

我曾将《管子》四篇的内容与其他子籍中的黄老思想按其自身的概念逐一排比，发现不论韩非、司马谈，还是申不害、慎到，都从《管子》四篇中汲取了大量内容，以《管子》四篇为宗，构筑各自的思想体系。由于版面所限，此不一一列举。

最后请再回到司马谈。他所谓黄老之学“因阴阳之大顺，采儒墨之善，撮名法之要”并非虚言。纵观先秦诸子，没有任何一家能像《管子》那样具备这个特点。尤其重要的，是《管子》四篇不但本于“道德”，而且兼论“道理”，这就为稷下黄老由治气养心的内学伸向应时莅政的外学，即在道家的立场上“因袭采撮”百家之学，提供了内在的逻辑依据，因为《管子》中“阴阳儒墨名法”之流，都是缘“道理”展开的。这个现象在其他诸子书中都不曾发现。由此可以确信，黄老之学的最初的核心之作，只能是《管子》四篇。

（原载《社会科学辑刊》1989 年第 6 期）

① 知水：《稷下黄老玄学体系新探》，载《管子学刊》，1988 (2)。

黄老之学源于秦楚说质疑

最近，一些学者在若干论著中提出了新的看法，认为：黄老之学发源于战国后期的秦国和楚国，其最早的代表作是《吕氏春秋》、《鹖冠子》和长沙马王堆三号汉墓出土的帛书《经法》等篇。

“黄老道德形名之学”能否产生于秦国和楚国呢？这倒是个饶有兴味而又必须认真对待的问题。

一

如所周知，当秦相吕不韦在咸阳招致食客三千，“使人人著所闻，集论以为八览、六论、十二纪”（《史记·吕不韦列传》）之时，不仅所谓“稷下黄老学派”（郭沫若语）早已成为历史的陈迹，而且作为它活动基地的稷下学宫，也已冷落萧条多时了。从时间上看，说《吕氏春秋》是黄老之学的第一部代表作，是不符合历史实际的。

有人认为，吕不韦凭借现实的地位和权势，通过集论的方式来著书立说，其主要动机是“羞不如”田文等战国四君“下士喜宾客以相倾”的气派，或是“荀卿之徒著书布天下”的影响，这种动机部分地适应了秦国“欲以并天下”（《史记·秦始皇本纪》）的政治态势。但仅凭这些，仍然不能说明在吕不韦的指导思想上有树立道家思想权威的意图，和积极提倡黄老之学的现实意义。汉武帝为了加强统一而“罢黜百家”，首当其冲的就是黄老之学，吕不韦当然也不可能借口“欲以并天下”的统一事业，来大兴黄老之学和倡导“无为”、“因任”这样的软功夫。何况从商鞅变法以来，就不容许私家养客，自立门户，吕不韦这种做法在客观上，是与秦国的国情相违背的。说确切点，《吕氏春秋》在秦国问世，如非吕不韦遭时窃位，一手遮天，决没有实现的可能。这个居心叵测的智力投资，也与稷下黄老当时发扬集体智慧，献身法治改革的精神毫无共同之处。

历史表明，秦国自襄公受册封为诸侯，长时期邑于西陲，与戎狄杂处，虽经穆公奋发图强，终因社会制度的落后和国力单薄，不能顺利东进，与中原诸国相抗衡。这个严峻的形势，迫使秦人不能不依靠强力就地扩张国土，在独霸西戎的前提下，长时期地积聚力量，进行建国活动。秦人粗犷、坚毅、勇猛、深沉和一往无前的独特品格也由此锤炼而成。随着历史的发展进入到战国时代，长期落后的秦国也在外来的影响下，出现了封建生产关系的萌芽，迫切要求政治改革。商鞅变法的胜利，就是在这种形势下取得的。自孝公而下，历惠、武、昭三朝，"四世有胜"（《荀子·强国》），国势大振。到嬴政即位，秦国的当权者一直在商鞅"刑生力，力生强"（《商君书·说民》）的思想指导下，实行"弃礼义，尚首功"的过激政策，公开号召消灭"六虱"（即儒家的礼、乐、《诗》、《书》等等，法家视之为社会病害。见《商君书·靳令》），"燔《诗》、《书》而明法令"（《韩非子·和氏》），实行严厉的文化专制政策。在如此严重的高压气氛中，诸子百家学说，要想在这块土地上生根立足、自由传授，都是极为困难的，就连同时兼作一家之说的"商君之法"本身，也只不过是三晋法家的再传衣钵，为单一法治主义所支配。面对如此严峻的历史条件，哪里还敢求黄老之学立足的余地？

从成书体例和内容来看，在《吕氏春秋》各组成部分中，根本不存在贯穿始终的道家思想主线。《十二纪》借用齐国阴阳家的月令序次，在保存道家思想资料的春三纪里，所收蓄的主要是杨朱、庄周之流"养生重己"的思想，与"道德刑名之学"恰恰相背而驰。

《仲夏纪·大乐》篇中"道"的义蕴，与道家的"道"是不同的。如说"道也者，至精也，不可为形，不可为名，强为之谓之太一"。单从这句话看来，似乎与道家无甚差别，但对"太一"的解释就显然出于道家之外，分明自有师承。所称"太一出两仪，两仪出阴阳，阴阳变化，一上一下，合而成章"云云，仿佛来自儒家荀学或《易传》学派。《系辞上》说："易有太极，是生两仪"，"一阴一阳之谓道"。这种以道注儒的思想在《十二纪》中得到了发挥。例如《八览》的每一览均为八篇（《有始览》缺一篇，可能因错简羼入《序意》），八八六十四篇，结构严整，与《周易》卦数相符，可能也受到它的影响。

《十二纪》中的“道”与《序意》中的“圜道”（《十二纪》中也有《圜道篇》）一脉相通，也不是道家思想的最高范畴。“圜道”讲的是“天道”，即自然界的运动法则，还是脱胎于荀子的“天行”观念，与《周易·乾卦》卦象相吻合。《圜道》说：“精气一上一下，圜周复杂，无所稽留，故曰天道圜。”道家思想中的圣人，以“静”作为修养的归宿，所强调的“归根曰静”（《道德经》十六章）与后期黄老思想中的“有道之君贵静”（《韩非子·解老》）正好桴鼓相应，却和《圜道篇》中的“主执圜、臣处方”的基本精神大相径庭，后者体现的是纳道入法的思想主题。正是从这个要害点上，看出《吕氏春秋》不可能是黄老之学的代表作。

同样地，《吕氏春秋》在《八览》中，也是以阴阳家打头阵，接下来又提到墨、儒、法、道，各家兼收杂采，语无伦次。其中如《正名》篇论述“名正则治，名丧则乱”之道，《任数》篇直接宣扬“静因之道”，大讲韩昭侯用术的故事，则无疑是对黄老之学的剿袭。这些篇章甚至还不惜辞费，杂引《管子》、《申子》、《慎子》的语录，对黄老之术进行了折中的改造，呈现出杂家的本色。所有这一切，明明都是言不由衷，绝对不能和黄老之学混为一谈。

至于《六论》，在立论方法上还是以阴阳家开端，与各家零星思想资料搅拌在一起，最后，以专纪农艺知识的农家压轴，丝毫也看不出贯穿黄老之学的迹象。

有人还用《序意》篇中“黄帝诲颛顼”作为论据，企图证明黄老之学产生在秦国。这种说法同样毫无根据。

秦国本来没有阴阳家，也没有五方帝观念，自襄公时便开始的“作西畤，祠白帝”（《史记·封禅书》），可能受西南少数民族风俗的影响，与中华文化不同。到齐国阴阳家明堂月令思想形成时，秦国还没有作成五畤。齐人邹衍游历梁、赵、燕诸国，偏偏没有到过秦国。齐学西渐的真正开端，是公元前284年的五国破齐。从这时起，齐国阴阳家连同《管子》许多篇章，开始流向秦国，对原来的封闭状况有所突破。

吕不韦主编《吕氏春秋》，不仅编撰人员中可能有来自齐国的稷下学士，而且书中许多篇章也明显来自齐学。如《十二纪》采用的月令图式即源于《管子》中的《四时》、《幼官》等篇；《有始览》中的《应同》篇实是《邹子·始终》篇的孑遗。所谓“应同”，取应验相同之义。该篇把土、木、金、火四德配黄帝、夏禹、商汤、周文，接下来又声称：“代火者必将水”，“水气胜，故其色尚黑，其事则水。”（《吕氏春秋·应同》）这完全是邹衍五德始终说的再现，寓有深刻的政治内涵。按古代星历，齐之分野恰当玄枵次（女虚危宿），居北方属水，其帝颛顼，与周之分野（鹑火次）截然相对。在齐国阴阳五行家的意识深层里，周、齐德当火、水，因而主权递嬗相因，是命中注定了的。这与齐威、宣，直至湣王“欲以并周室，为天子”（《史记·田敬仲完世家》）的咄咄逼人的气势是一致的。秦平六国后，“更名民曰黔首”，“河曰德水”，用《颛顼历》，以十月为岁首，把古代星象学上的“颛顼之虚”完全颠倒了一个位置。原来，秦之分野本为鹑首次（井鬼柳宿），属南宫朱雀，与位处北宫的颛顼之虚遥遥相对。按五方序列，本应在明堂南室，其帝应为炎帝，与周一样，同获火德之瑞。根据五德始终（相胜）说的推演顺序，不仅绝对轮不到代周而天子，反而正当被推翻之列。这是秦国统治者必欲消除的隐患。面对百家争鸣、思想解放的大好形势，吕不韦便干脆采取“拿来主义”，把为齐国统治者服务的水德瑞应原封不动地移植过来，为秦国并吞周室、统一全国大造舆论。这个政治意图是灼然可见的。因而《吕氏春秋》所谓“黄帝诲颛顼”云云究竟是何居心，当然也是不问可知的。

众所周知，在我国古史传说中，黄帝本为颛顼的同族长辈，对《吕氏春秋》的作者来说所谓“黄帝诲颛顼”不正暗示着自号“仲父”的吕相国谆谆教导尚未成年的幼主秦王政吗？它所要序的“意”，一来是为了向天下昭告秦国的正统地位，二来是向国人显示“仲父”的权势，其良苦之用心，与黄老之学何干？

二

《汉书·艺文志》道家类著录有《鹖冠子》一篇，班固自注：“楚人，居深山，以鹖为冠。”今本《鹖冠子》考系伪书，清人早有定论。

本来，《汉志》著录《鹖冠子》只一篇，唐朝韩愈读到它时，已经变成十六篇，到北宋陆佃为之作注，又增至十九篇。按今本篇数完全与之相同，系逐代增多形成，可见并非原书。

书中《武灵王》、《世贤》两篇记有“武灵王问庞煖”的事迹。看来，这两篇似应为后人窜入的。《汉书·艺文志》上有《庞煖》二篇，著录于纵横家，自注云：“为燕将”。《世兵篇》上议黄帝，下论剧辛、燕王故事，疑当系《庞煖》内容，与黄老无涉。此外，在《学问》、《兵政》、《度万》、《近迭》各篇，讲庞子问鹖冠子以兵政事，可能也是东汉人伪托。因为在东汉时期，只有武将才在冠上“加双鹖尾，竖左右，为鹖冠”（《后汉书·舆服志下》），伪托者望文生义，误把言兵的作品羼入，造成思想混乱。仅举此一端，足见《鹖冠子》这部书早已丧失了对于黄老之学的代表性。

纵观《鹖冠子》全书，除《备知》一篇似为战国后期作品外，其余如《博选》、《著希》、《泰鸿》等篇，均避“正”为“端”，多系秦汉两代文字，这同书中迭见汉代流行的元气说一样，都寓有新的时代信息。

即使从内容来看，也很难考定今本《鹖冠子》就是黄老之学的作品。道家主张“去健羡，绌聪明”（《论六家之要指》）、“绝学无忧”（《道德经》二十章）。《鹖冠子》却断言“帝者与师处，王者与友处，亡主与徒处”（《鹖冠子·博选》），把师抬举到如此崇高的地位，在很大意义上，表明了鲜明的荀学特征。道家认为，“道”即“天地之始”，“德”为“万物之母”（《道德经》一章）。《鹖冠子》却说：“所谓道者，无已者也；所谓德者，能得人者也。”（《鹖冠子·圜流》）从语句上看，就不像道家口吻。又如，道家强调“人法地”（《道德经》二十五章），“地道不作，是以常静”（《申子》，《北堂书钞》卷一百五十七注引）。《鹖冠子》却正好相反，认为：“地广大深厚，多利而鲜威，法地则辱……故圣人弗法。”（《鹖冠子·近迭》）这些都在原则上违背了道家的基本思想，使《鹖冠子》难以列入道家著作之林。《四库全书》在编目中把它列入子部杂家，当然不是没有道理的。

由此可见，今本《鹖冠子》是一部地地道道的伪书，说不上代表哪家思想，因而探讨楚国能否产生这本伪书的必要性，无形中也就不存在了。

关于帛书《经法》等篇，情况要复杂一些。1973年，长沙马王堆三号汉墓中，与帛书《老子》甲、乙本一同出土的有《经法》、《十大经》、《道原》、《称》四篇。全卷自始至终高举黄帝旗帜，以“道德形名”学说为核心，熔黄老、阴阳、法家于一炉，展现了鲜明的黄老之学的风貌，散发出浓郁的时代气息。

此后，一些学者找出若干条论据，企图证明这些篇章为战国后期楚人所著。而另一些人则与之相反，认为战国后期齐国河上丈人、安期生一支应为它们的真正作者。甚至还有人断言《经法》等篇成书于公元前400年到351年之间，为黄老之学的真实源头所在。

平心而论，主张《经法》等篇作于战国初期的看法，论据是不充足的。其最大的缺点在于忽视作品的内在逻辑，过分依赖外部关系的考证。如根据史籍上的申不害、慎到、田骈、接予、环渊之流学本黄老的记载，便贸然确定《经法》等篇的成书年代，即是突出的一例。事实上，站在这个立场，从如此狭窄的角度，压根就看不出申不害、慎到之流学本黄老与《经法》等篇的成书有什么直接的联系。

同样，不论主张楚人所作还是主张齐人所作，目前看来，都没有直接的证据。但两相参较，后者似乎要更合乎情理。例如，如果有人用道家学派在战国至汉初的楚国故地影响一直很大，来证明《经法》等篇为楚人所作，那么另一些人或许更有理由认为，在同一历史阶段的齐国，道家的影响可能更大一些，他们至少会列举出一系列著名的道家人物，如慎到、田骈、接予、环渊、河上丈人、安期生、盖公之流，都是齐国道家的成员，多有著作传世（环渊虽为楚人，但长期生活在稷下）。如果前者进一步提出：战国时的长沙已是南方重要都市，后者便会马上指出：临淄要比长沙大很多，他们还会列举出高密、即墨等许多座闻名于世的重要都市，来加重论据的分量。如果前者继续用《经法》等篇与《老子》一样，同为韵文，来作为立论的基础，后者会更有信心地指出：《经法》等篇与《管子》中的道、阴阳、法诸家使用了几乎完全相同的语句，如“一言之解，上察于天，下极于地”，《十大经·成法》与《管子·内业》同；“逆节萌生”

句，《十大经·行守》与《管子·势》同；“安徐正静，柔节先定”句，《十大经·顺道》、《称》与《管子》中的《势》、《九守》同；如此等等，不一而足。他们甚至还会提出进一步的问难：《经法》等篇又杂有与《庄子》、《申子》、《慎子》、《国语》等多种先秦典籍完全相同的语句，按照前者的逻辑，岂不是说这部书既是楚人写的，同时也是韩人、鲁人、赵人、宋人写的吗？由此可见，前者的论点并未抓住问题的实质。究其原因，则在于他们处心积虑所要证明的，不是这些篇章的真正作者，而是更为抽象和空泛的东西，即作品出土处和作者籍贯的同一性。这种努力看来是徒劳的。因为随同帛书《经法》等出土的，还有帛书《老子》甲、乙本，帛书《战国纵横家书》和《春秋事语》，以及部分有关医药、农艺等其他方面的著作。难道所有这些都是楚人或者长沙人所作，都要从长沙挖掘出它们的作者来吗？显然没有必要。

问题的实质在于黄老之学自身。依汉人（如司马谈、司马迁、班固、王充）的理解，所谓黄老之学，就是指的“道德形名之学”，它的核心是“形名之术”，即君主用以审核臣下言行、整饬吏治的权谋策略。这样的学说必然要伴随着吏治改革的实践而孕育和产生，如慎到之流“皆学黄老道德之术”，背景就是田齐桓、威、宣之时的吏治改革，即“谨修法律而督奸吏”（《史记·田敬仲完世家》）的需要；再如申不害“修术行道”、“本于黄老而主形名”（《史记·老子韩非列传》），同样是与韩昭侯整肃吏治的斗争紧密相连的。由此可见，作为“君人南面之术”（《汉书·艺文志》），黄老之学不可能脱离这种紧迫的政治需要和孳孳求治的君主而独立产生。然而，这种特定的历史背景，在楚国却一直没有出现过。

不可否认，楚国文化源远流长、绚烂多姿，其中最引人注目的，是它的极富浪漫和神奇色彩的思维方式和表现手法。但是，黄老之学的侧重点恰恰不是落在这种超绝尘世的想象力和率意求真的潇洒品格上，它的强烈的政治倾向性、积极的实用精神和坚实的哲理基础，都表现了北方黄河流域的文化特征，与楚文化迥然相异。

楚是江汉一带的古老部族。当西周初期，熊绎封为楚子，与鲁公伯禽等共同拱卫成王。春秋时期，楚势力极度膨胀，庄王、灵王先后问鼎周室，震动华夏。但自乾谿之难，开始走下坡路，到战国中后期，已是势孤力单，国运衰败了。比较能说明问题的是，整个战国时期，楚国的当权者大都昏聩贪戾、不思振作，根本就没有考虑到整顿吏治的问题。其中最典型的，莫过于战国后期的楚怀王了。他贪图小利、胸无成竹、喜怒无常、偏听偏信、拒谏饰非，已是人所共知，根本看不出掌握了“南面之术”的任何迹象。此后的君主，如顷襄王、考烈王、幽王、哀王、王负刍之流，一代不如一代，更不可设想他们能有什么魄力创建作为“明公道而灭奸伪之术”（《管子·君臣上》）的黄老之学。可见，楚国既无整饬吏治的改革实践，又无锐意集权的英明之主，面对这样的客观现实，怎能断言《经法》等篇必为楚人所作呢？

以上的辨析说明，黄老之学源于秦楚说，论据薄弱，立说条件尚不成熟。谨请持此论者三思。

（原载《管子学刊》1989年第4期）

《尹文子》新证

今本《尹文子》，学者多疑其伪。近人或意为黄老之作。我以为，澄清这个问题，须从如下三个方面考察：(1) 以曹魏黄初末年仲长氏序为界，将以前有关材料认真排比、勘验，可获得尹文思想和《尹文子》内容的客观标准；(2) 深入齐学，对尹文的思想背景作一番切实的了解；(3) 立所谓"黄老申韩"为参照物。由此，随时核诸内证，则今本之真伪及学派，庶可不辩自明。

一、尹文思想与《尹文子》内容之客观标准

关于尹文及其思想，材料极为有限，且歧义迭出。最可疑者，当推《庄子·天下篇》的论列。该篇作者以为，有所谓"不累于俗，不饰于物，不苟于人，不忮于众，愿天下之安宁以活民命，人我之养毕足而止"的一派思想，而"宋钘尹文闻其风而悦之"，他们"作为华山之冠以自表，接万物以别宥为始"，"见侮不辱，救民之斗，禁攻寝兵，救世之战。以此周行天下，上说下教"，而且"其为人太多，其自为太少，曰：'请欲固置五升之饭足矣。'先生恐不得饱，弟子虽饥，不忘天下，日夜不休"。总之，他们是"以禁攻寝兵为外，以情欲寡浅为内"的。这无疑是墨家学说。《荀子》评论墨翟宋钘"上功用大俭约"(《非十二子》)，引宋子曰"明见侮之不辱，使人不斗"，"人之情欲寡，而皆以己之情欲为多，是过也"(《正论》)，批评宋钘"蔽于欲而不知得"(《解蔽》)，"有见于少，无见于多"(《天论》)，与《天下篇》所论相合，唯独不提尹文，不能认为是偶然的。《韩非子》叙述墨家一翼云："宋荣子之议，设不斗争，取不随仇，不羞囹圄，见侮不辱"，"是漆雕之廉，将非宋荣之恕，是宋荣之宽，将非漆雕之暴"(《显学》)。又云："言有纤察微难而非务也，故季(真)、惠(施)、宋(钘)、墨(翟)，皆画策也。"(《外储说左上》)同样未言尹文。

《孟子》记载孟轲批评宋轻"以利说秦楚之王"罢兵（《告子下》），仍无尹文。反观《庄子》其他篇章，亦不见宋尹连称并举。如"宋荣子，举世而誉之而不加劝，举世而非之而不加沮，定乎内外之分，辩乎荣辱之境"（《逍遥游》）。由此可见《天下篇》的宋尹并称显系孤证。

关于尹文的思想，唯一与《天下篇》所述相似的是《吕氏春秋·正名篇》：

> 尹文见齐（湣）王，齐王谓尹文曰："寡人甚好士。"尹文曰："愿闻何谓士？"王未有以应。尹文曰："今有人于此，事亲则孝，事君则忠，交友则信，居乡则悌，有此四行者，可谓士乎？"齐王曰："此真所谓士已。"尹文曰："王得若人，用以为臣乎？"王曰："所愿而不能得也。"尹文曰："使若人于庙朝中，深见侮而不斗，王将以为臣乎？"王曰："否。大夫见侮而不斗，则是辱也。辱则寡人弗以为臣矣。"……尹文曰："……王之令曰：'杀人者死，伤人者刑。'民有畏王之令，深见侮而不敢斗者，是全王之令也，而王曰'见侮而不敢斗是辱也。'……此无罪而王罚之也。"齐王无以应。

可见，尹文所谓"见侮而不敢斗"的意图，在于"全王之令"，维护国家法纪的尊严，这与宋子"见侮不辱"、"救民之斗"、"救世之战"的主张大相径庭；他标榜的士，不过是在奉行忠孝信悌的道德操守之外，又成为遵守法纪的典范，与墨者"不羞图圄"，"不知壹天下建国家之权称"的高义之士不可同日而语。《天下篇》的作者不理解这一点，贸然将尹文附丽于宋钘之后，造成千年不解之谜，现在是该澄清的时候了！

考察其他材料，尹文思想与《尹文子》之内容亦非墨家。

刘向《说苑·君道篇》载齐宣王问以人君之事，尹文对曰："无为而能容下，事寡易从，法省易因，大道容众，大德容下，圣人寡为而天下理。"有道家味道。

班固《汉书·艺文志》将《尹文子》著录于诸子略名家，自注："说齐宣王，先公孙龙。"后汉高诱注《吕览》："尹文，齐人，作《名书》一篇，在公孙龙前，公孙龙称之。”是《尹文子》又名《名书》，即谈名的书。《汉志》名家小序云：“名家者流，盖出于礼官，古者名位不同，礼亦异数，孔子曰：‘必也正名乎！名不正则言不顺，言不顺则事不成。’此其所长也。及謷者为之，则苟钩釽析乱而已。”据此，所谓“名家者流”，其正派者，有如儒家正名学说，而惠施、公孙龙之属则为“謷者”，不过“苟钩釽析乱而已”。《尹文子》的思想正是以儒家正名思想为核心的。

今本《尹文子》契合形名者约有四百余言，占全篇的四百之七八。初步考察，可知其中大部分与儒家正名相同。《大道上》开篇即云：“大道无形，称器有名，名也者，正形者也，形正由名，则名不可差，故仲尼云：‘必也正名乎！名不正则言不顺也。’”又云：“名者，名形者也，形者，应名者也。……今万物具存，不以名正之则乱，万名具列，不以形应之则乖，故形名者，不可不正也。善名命善，恶名命恶……使善恶尽然有分……故曰名不可不辨也。”“定此名分，则万事不乱也。”如此等等。可知，今本既非单纯“苛察缴绕”、“专决于名而失人情”（《论六家之要指》）的名辩之流，亦非督验言行的形名法术学说，而是正名定分、为政务治，与儒者之旨相吻合。晁公武《郡斋读书志》以为《尹文子》“诵法仲尼”，并非言过其实。

细味今本《尹文子》，可感觉出其内容是由正名而展开的思想体系，与《汉志》小序及著录的用意相同，说它非《汉志》之旧，恐难服人心。

二、今本与尹文之思想背景的一致

今本《尹文子》以正名为核心，杂以儒法道诸家学说，自谓“名法”，这与尹文的身世行迹是相符的。

尹文，齐人，生当齐宣、湣两朝，略早于荀子。当时，以《管子》为代表的法家思想在稷下学宫居于统治地位，而稍后，儒家的荀子竟三为祭酒，最为老师。齐国法儒并盛，一如当年管晏争辉，其场景之壮阔，是不难想象的。孔子云：“齐一变，至于鲁，鲁一变，至于道。”（《论语·雍也》）齐鲁地处比邻，风俗相近，儒家思想长期浸淫，直至汉代，还是

《诗》有《齐诗》，《语》有《齐论》。今本《尹文子》“诵法仲尼”，高标“名法”，与《荀子》有相似之处。这更触发了我的联想：如果从这个角度把代表齐学的《管子》与今本《尹文子》再作一番比较，那么，解决今本的真伪问题，不是可以另辟蹊径了么？

今本《尹文子》数引稷下学者之言以申其说，田骈、彭蒙、宋钘等均在其列，表明《尹文子》与稷下齐学的不解之缘。同时又引老子、孔子，批评各家之偏颇，则正是齐学那种开放包容、高屋建瓴特点的具体化。至于它对“小人”、“极于儒墨是非之辨”的痛恶，要求“明主诛之”的急切表现，与齐国官方对待墨者和搬弄是非者的态度如出一辙，没有什么难以理解的。如《管子·立政》曰：“寝兵之说胜，则险阻不守，兼爱之说胜，则士卒不战……私议自贵之说胜，则上令不行。”是以务必去之。今人对《尹文子》时引诸家，又时抨击之大惑不解，殊未知齐学自有其内在构成，绝不同于邹鲁之儒、三晋之法和老、庄之道的体系，今本《尹文子》既“诵法仲尼”，又抨击儒者之辩，恰恰表现了可以吸取某家之长，又不囿于其短的齐学特色。

作为今本《尹文子》核心的“正名”—“定分”思想，在战国时的齐国有着深厚的思想基础。《管子·君臣上》云：“名正分明，则民不惑于道。”“是故有道之君，正其德以莅民，而不言智能聪明，智能聪明者，下之职也，所以用智能聪明者，上之道也。”《管子·君臣下》曰：“君臣上下之分素，则礼制立矣。……故正名稽疑，刑杀亟近则内定矣。”《管子·幼官》云：（夏政）“定宫府，明名分，而审责于群臣有司，则下不乘上，贱不乘贵。”《管子·小问》云：“明分任职则治而不乱，明而不蔽矣。”《慎子·民杂》云：“君臣之道，臣事之，而君无事，君逸乐而臣任劳，臣尽智力以善其事，而君无与焉，仰成而已。”《慎子·知忠》云：“故明主之使其臣也，忠不得过职，而职不得过官。”《尹文子》曾引田骈语，强调“名法之所齐”（见钱熙祚：《尹文子校勘记》），说明它的思想核心是齐学的必然产物。今本《尹文子》云：“庆赏刑罚，君事也，守职效能，臣业也。……上下不相侵与，谓之名正。”（《大道上》）又云：“大要在乎先正名分，使不相侵杂。”引田骈、彭蒙之语：“雉兔在野，众人逐之，分未定也，鸡豕满市，莫有志者，分定故也。物奢则仁智相屈，分定则贪鄙不争。”《慎子》佚文中也有此例，文稍不同（见《吕氏春秋·慎势》引《慎子》）。这分明是源于齐学的土壤。

今本《尹文子》强调“法—术—权—势”循环而施治的方略，亦源于齐学。《管子》中有《明法》、《七法》、《重令》、《法法》、《任法》诸篇，又有《心术》上下、《白心》等篇，法术之说备矣。而权、势之论亦颇详赡。《管子·霸言》云：“夫欲用天下之权者，必先布德诸侯。……夫兵幸于权，权幸于地。故诸侯之得地利者，权从之，失地利者，权去之。……夫权者，神圣之所资也。”又云：“令兵一进一退者权也，……精于权，则天下之兵可齐，诸侯之君可朝也。”《管子·明法》云：“有权衡之称者不可欺以轻重。”《管子·兵法》云：“今代之用兵者，不知兵权者也。”《管子·山权数》云：“天以时为权，地以财为权，人以力为权，君以令为权。”是权由兵权谋一翼转衍而生。今本《尹文子》推崇“名法权术”，建议人君“处权乘势”、“乘权藉势”，不要出现“君权轻，臣势重”的亡国之征，亦齐学权衡理论具体而微者。

孟轲有云：“齐人有言曰：‘虽有智慧，不如乘势。’”（《孟子·公孙丑上》）可见“势”的观点是齐地的特产。《管子·七臣七主》云：“中主任势守数以为常。”《管子·明法》曰：“夫尊君卑臣，非计亲也，以势胜也。”《管子·法法》云：“势非所以予人也，人君失势，则人臣制之。”《管子·重令》云：“凡人君之所以为君者，势也。故人君失势则臣制之矣……故曰：势非所以予人也。”至于慎子之言势，已是尽人皆知。所有这些都为《尹文子》“乘势”、“藉势”的主张提供了丰厚的基础。《明法》提倡明主“有术”、“审法”、“察分”、“处势”，竟为《尹文子》法术权势论的形成提供了现成的楷范。

从对待儒法两家的态度来看，今本《尹文子》一方面主张“百度皆准于法”，以“名法刑赏”为五帝三王治世之术，另一方面，也看到法虽可令行禁止，却不可泯灭思想，使人心服。法之行于世也，虽“则贫贱者不敢怨富贵，富贵者不敢陵贫贱，愚弱者不敢冀智勇，智勇者不敢鄙愚弱”，终比不得“贫贱者不怨，富贵者不骄，愚弱者不慑，智勇者不陵”来得根本。于是要求“为人上者，必慎所令”（《大道下》），同时，又要把“仁义礼乐”作为治世之术，而且只有如此才可真正达到正名和定分。这种礼刑相辅、儒法并用的倾向在齐学《管子》中表现得极为突出。《管子》特别强调“利出一孔”，坚持法家功利主义原则，要求万事万物“动无非法”（《管子·明法》），“君臣上下贵贱皆从法”，才能够达到“大治”。它着重指明：法是“仪表”，是规矩准绳，既规定社会伦理道德的依据，“所谓仁义礼乐者皆出于法”（《管子·任法》），这个基本原则是毫不含糊的。同时又反复指出：真正善于牧民的，还得紧抓“国之四维”，用礼义廉耻教化臣民，作为法治的辅助手段，光是“明于法”，而不能“明于化”，“四维不张”同样有“灭亡”的危险，而四维之首的礼正是所谓“不逾节”（《管子·牧民》），即不逾“君臣上下之分”。可见，尹文儒法并用的思想明显来自齐学，只是由于正名思想的制约，其侧重点与《管子》恰好相反罢了。

今本《尹文子》又主张“以简治烦惑，以易御险难，以万事皆归于一，百度皆准于法，归一者，简之至，准法者，易之极”（《大道上》）。这种突出简易的为政纲领是齐国自太公立国伊始就奉行不替的基本路线，这已是尽人皆知的事实，无须进一步申辩。

由此看来，说今本《尹文子》非尹文或后学所作，于理亦难成立。

三、今本与黄老申韩之比较

从体系和范畴的高度来研究今本《尹文子》，可以明了它究竟倾向哪家思想，是否与上述论点一致，这是解决这个难题的又一关键。

今本在探讨治国方略时，提出了两套似乎不协调的系统，其一曰：

> 大道治者，则名法儒墨自废，以名法儒墨治者，则不得离道。老子曰：“道者，万物之奥，善人之宝，不善人之所宝。”是道治者，谓之善人，藉名法儒墨者，谓之不善人。善人之与不善人，名分日离，不待审察而得也。
>
> 道不足以治则用法，法不足以治则用术，术不足以治则用权，权

不足以治则用势，势用则反权，权用则反术，术用则反法，法用则反道，道用则无为而自治。故穷则徼终，徼终则反始，始终相袭，无穷极也（《大道上》）。

其二曰：

仁义礼乐，名法刑赏，凡此八者，五帝三王治世之术也。故仁以道之，义以宜之，礼以行之，乐以和之，名以正之，法以齐之，刑以威之，赏以劝之。故仁者，所以博施于物，亦所以生偏私；义者，所以立节行，亦所以成华伪；礼者，所以行恭谨，亦所以生惰慢；乐者，所以和情志，亦所以生淫放；名者，所以正尊卑，亦所以生矜篡；法者，所以齐众异，亦所以乖名分；刑者，所以威不服，亦所以生陵暴；赏者，所以劝忠能，亦所以生鄙争。凡此八术，无隐于人而常存于世，非自显于尧汤之时，非自逃于桀纣之朝，用得其道则天下治，失其道则天下乱（《大道下》）。

如不深究，很容易将前者说成“以道家为立足点”，或“以道家为本位”的，而把后者说成是儒家学说。其实，前段之道虽与名法儒墨并称，却并非道家之道，所引老子的话偏又不是对道做概念的界说，只在说明它的作用，总其意义，是说如用大道来治理，就无须名法儒墨纷辩争鸣，道是高于一切的，是开放的。

后段提出的八个治世之术，儒家偏多，作者又进行了一分为二的批判。值得注意的是，下面论述如何运用八术时，提出“用得其道则天下治”，“失其道则天下乱”的命题，这个道同样高于儒法八术之上，刚好可作前段之道的注解，亦即如果采取了符合道的办法来运用八术，自然就无须囿于一家之说了，这与“大道治者名法儒墨自废”，声息相通，毫无二致。这个道就是指“正确的方法或规则”。法术权势终始相袭，其实不过是一种符合道的战略观点。可见，这两段文字本质上并不矛盾。

凡体系者，必有核心。上引两段是否同一体系，就看它们有没有共同的核心。我的回答是肯定的，这就是道。然而，归结到具体问题，哪个范畴最足以表现道的意蕴呢？纵观全篇，当然是名。尽管今本承认名也有缺陷，但比较起来，它还是最根本的。如："无名，故大道无称（举）。""道行于世，则贫贱者不怨，富贵者不骄，愚弱者不慑，智勇者不陵，定于分也。"（《大道上》）可见今本之道，实即以正名定分为治者也。今本常常道法并述，认为"法之不及道也"，道的内容都是指的名治。战国中后期，诸子开始考虑对百家争鸣进行总结，以求得出新的认识。尹文应算他们中的佼佼者，尽管他自己不想以某家自命，但他的以名为本，名法杂糅的思想特点，还是被班固牢牢地擒住了。

这一特点究竟更接近哪家呢?《四库全书总目提要》谓："其书本名家者流，大旨指陈治道，欲自处虚静，而万事万物，则一一综核其实，故其言出入于黄老申韩之间。"验诸今本，知其不然。

《尹文子》之道既非老子想象的万物本原，亦非稷下黄老的精气，这从上述即可看出。《尹文子》的逻辑，是由道而理，由理而分，形名礼法于是乎生。"理"即事物之"所以然"。它斤斤计较"善巧之理"、"是非之理"，认定"凡天下万理，皆有是非"（《大道上》），体现了齐学内部"道理论"的一翼。这种开放的外向的合理化特点，相去"道德"修养论何止以道里计！它强调"为善与众行之，为巧与众能之，此善之善者，巧之巧者也"（《大道上》）；认为"专用聪明则功不成，专用晦昧则事必悖，一明一晦，众之所载"（《意林》引）；主张"君子非乐有言，有益于治，不得不言；君子非乐有为，有益于事，不得不为。故所言者，不出于名法权术，所为者，不出于农稼军阵，周务而已"（《大道上》）。这与道家无为之旨完全相悖谬。老子"绝圣弃智"，庄子"离形坐忘"，慎到田骈"无圣弃智"，所抨击的正是"聪明"、"巧善"、"是非"的有为行径，《尹文子》所是者，恰为道家之所非。

作为《尹文子》核心的"形名"学说，更表现了与黄老之流迥异的特征。就概念而言，黄老之学不问"名"的由来，只承认"物固有形，形固有名"（《管子·心术上》），"凡物载名而来"，而强调"圣人因而载之"（《管子·心术下》）。《尹文子》却不然，它不惮烦琐，辨之其详："名者，名形者也"，"形者，应名者也"，"称器有名"，等等（《大道上》），刚刚起步，就背离了道家无为原则，与黄老分道扬镳了。黄老形名之学主张"形名者，言与事也"（《韩非子·二柄》），"为人臣者陈而言"即是"名"，"君以言（名）授之事"即为"形"。《尹文子》却指出："名有三科"，"一曰命物之名，方圆白黑是也。二曰毁誉之名，善恶贵贱是也。三曰况谓之名，贤愚爱憎是也。"（《大道上》）并把这些叫做"名称"、"名分"，这又与黄老申韩拉大了距离。

黄老与尹文一样，都强调"正名"的重要性，但是，就目的而言，道家的正名在于"人主将欲禁奸"（《韩非子·二柄》），防止大臣犯上作乱、篡权弑君。《尹文子》则强调"大要在乎先正名分，使不相侵杂"，"名称者，别彼此而检虚实者也"，"名者，所以正尊卑"，考虑的是更为深远的制度人心问题。两者一内一外，泾渭分明。

一个要验言行，一个要正名分，这本身即告诉人们两者差别较大，不能混为一谈。在探讨具体的形名关系时，这种差异就更加显著。黄老主张"言（名）不得过实（形），实不得延名"（《管子·心术上》），强调"因应之术"的作用，认为"执其名（言）侔其所以成，此应之道也"，要求做到"其应物也，若偶之"（同上），"应物而不移"（《管子·心术下》），"若影之象形，响之应声也，故物至则应，过则舍矣"（《管子·心术上》）。这里，"应物"也就是"应形"，即用名检验形，也就是申不害所谓"以其名听之，以其名视之，以其名命之"（《申子·大体》，《群书治要》卷三十六）。韩非说得更具体："敕群臣陈其言，君以其言授其事，事以责其功。"（《韩非子·主道》）以其言检验其事功，"是以不言而善应"，这就叫"循名而责实"（《韩非子·定法》）。《尹文子》却主张"名者，正形者也，形正由名"，"有名，故名以正形"。不是检验形名（言行）契合与否，而是用名分来规范身份和行为。"今万物具存，不以名正之则乱，万名俱列，不以形应之则乖，故形名者，不可不正也。善名命善，恶名命恶，故善有善名，恶有恶名，使善恶尽然有分……故曰名不可不辨也。"又云："今即圣贤仁智之名，以求圣贤仁智之实"，"即顽嚚凶愚之名，以求顽嚚凶愚之实"。"今亲贤而疏不肖，赏善而罚恶"，"虽未能尽物之实，犹不患其差也”。显而易见，以名正形，用道德善恶的价值标准规范行为、约束思想，用刑赏的两手保证这种伦理政治的实施，应属儒者“克己复礼为仁”的正名范畴，与审合言行的道家之术风马牛不相及也。黄老形名坚持“功当其事，事当其言，则赏；功不当其事，事不当其言，则罚”（《韩非子·二柄》）。这种以“当”为准，只考察形名是否契合，不问有功无功，更不问善恶亲疏的黄老之术，与《尹文子》以善恶定赏罚的道德本位又差以千里。黄老申韩主张操名以应物，《尹文子》则反其道，大讲以形应名，这又在关键术语上表明自己别有所自，难与黄老之流并列于一家。

四、余论

以上论述说明，今本《尹文子》有系统、有核心，逻辑严整，无法割裂，它的思想不同于黄老申韩，而与《汉书·艺文志》的著录相吻合，与齐国的稷下之学血肉相连，有着深厚的思想渊源，必须承认它的真实性，给予应有的重视。

但是尽管如此，对待《尹文子》仍须审慎。清钱熙祚在今本校勘记中指出：“唐人引《尹文子》多今本所无。”他怀疑“脱简并在下篇”。这与曹魏黄初末年仲长氏序的存在一样，说明《尹文子》曾经后人厘定，确有缺脱。这就提醒我们，在使用今本时，既要考虑到它的残缺性，又须时刻警惕局部造伪的可能。只有牢牢把握客观标准和思想背景，内外参验，多方考察，才会尽可能地接近真实。

（原载《辽宁师范大学学报》1990年第6期）

韩非子与齐国黄老之学

司马迁著《史记·老子韩非列传》，指出韩非“喜刑名法术之学，而其归本于黄老”。可惜语焉不详，直至今日，学界对这一线索仍莫明究竟。对此，笔者曾做过一番探赜索隐的工作，现将基本思路整理成文，以就教于专家。

一、问题的提出

韩非是韩国诸公子，属贵族阶层。当时的韩国，处于秦、楚、魏三强包围之中，与韩同属三晋的魏国曾孕育了法家学派的两大瑰宝《李子》和《商君书》，这派学说又在强邻秦国取得了实践上的巨大成功。在秦、楚、魏的轮番进攻之下，韩国日见削弱。韩非多次上书韩王安，痛陈韩国之弊，提出变法革新、保卫祖国的建议，均未受理睬，于是发奋著书，阐述富国强兵、防微杜渐之法。在三晋浓郁的法治气氛的烘染下，《韩非子》不可避免地浸上了法家的色彩。如批评“儒者用文乱法，而侠者以武犯禁”，提倡“以法为教”，“以吏为师”，等等。故《汉书·艺文志》把它列入法家，与《李子》、《商君书》并列。而许多学者对韩非为三晋法家的正统传人深信不疑。

然而，有迹象表明，今本《韩非子》有许多内容不同于三晋法家。例如，三晋之法主张专任刑法，《韩非子》则提出法术势相结合的政治观点，并对商鞅之流的单纯法治政策提出了尖锐的批评。它说：秦孝公、公孙鞅虽变法使国家富强，却无术以知奸，所以孝公商鞅一死，能臣策士便纷纷假公济私、损害国家以牟个人利益。它还说：商鞅之法，斩一首者爵一级，把斩首的勇力等同于行政的智能，这必然要搅乱政府的工作机制，甚至带来严重的恶果（见《韩非子·定法》。下引《韩非子》只注篇名）。再如，三晋法家强调“能制天下者，必先制其民”，“能胜强敌者，必先胜其民”（《商君书·画策》），因此主张“以刑胜民”（《商君书·说民》）。李悝制定《法经》，内容有盗、贼、囚、捕、杂、具六部分（《晋书·刑法志》），惩罚的对象是广大民众。《韩非子》则一反这种态度，尖锐地指出：“闻有吏虽乱而有独善之民，不闻有乱民而独治之吏，故明主治吏不治民。”（《外储说右下》）“上古之传言，《春秋》所记，犯法为逆以成大奸者，未尝不从尊贵之臣也。然而法令之所以备，刑罚之所以诛，常以卑贱，是以其民绝望，无所告愬。”（《备内》）这无异于向李悝、商鞅之流所奉为神明的法治提出了严正的挑战。《韩非子》说：“人主不能明法而以治大臣之威，无道得小人之信矣。”（《南面》）“古者先王尽力于亲民，加事于明法。”（《饰邪》）这种取信于民的亲民治官思想与商君胜民制民的政策有着明显的差别。

如何解释这种看似矛盾的现象呢？过去人们往往采取简单的做法，认为凡与三晋法家一致的篇章即为韩非原著，此外则属羼入的“伪书”。这种方法源于传统的目录学，把古代文献分类的相对标准奉为金科玉律，并用以任意裁剪古书，这种方法在今天显然是不足为训的。

我认为，在没有确凿证据表明《韩非子》某篇为伪作的情况下，且不要急于下结论，最好先探索一下他的思想渊源。渊源探明了，今本《韩非子》总体上是不是一个完整的体系就会得到证实，上面所说的矛盾现象也就可以得到合理的解释。

韩非子的挟术和处势理论，显然源于申子和慎子。那么，还有没有更为深厚的文化渊源呢？具体说，今本《韩非子》中许多不同于三晋法家的思想内容究竟源于何处？其实，韩非的生活经历已经为我们回答这个问题提供了可靠的线索。韩非曾受业于儒学大师荀况，荀子在齐国度过了大半生，曾多次主持稷下讲坛，《荀子》一书，散发着浓郁的齐学气息。若说韩非从老师那里汲取到齐学的营养，当不会有错。《五蠹篇》为韩非赴秦之前所作，这一点曾得到他的同窗李斯的证实。该篇指出：“今境内之民皆言治，藏《商》、《管》之法者家有之。”这说明作为齐学总代表的《管子》在当时的韩国已经相当流行，因此，若说韩非直接从《管子》学到了齐国黄老之学，这也是合乎情理的。

外证确实了，接下来就提出了这样几个问题：（一）能否从本文上证明韩非之学源本于齐国黄老之学？（二）韩非如何吸取齐国黄老之学？（三）韩非之学归本黄老的动机是什么？或曰有没有促使韩非学习齐国黄老之学的客观必然性？

二、大量吸收齐国黄老之学

黄老之学起源于战国中期甚至更早一些的齐国，它是在老子“道德”论和齐国黄学①两大系统的基础上，由早期稷下学士综合条贯并创造发挥而形成的庞大思想体系，它集中地反映在汇编于稷下的《管子》一书中。就体系而言，它是以“道”为核心，以“德”、“理”为两翼展开的，以黄老之学为代表的齐学，其突出特点就是“德”、“理”结合（过去人们习惯说是“道”、“法”结合），这一结合的重大成果和集中代表，就是“形名之学”。战国中期的申不害曾学习这个理论，并把它付诸实践，帮助韩昭侯整饬吏治，取得了显著效果。一百年后，韩非又以更为宽阔的胸襟全面吸收齐国黄老之学。人们常常并称申韩。

只要认真研读一下《论六家之要指》，便可发现韩非子的黄老色彩。司马谈生活于汉初黄老极盛之时，他年少时曾习道论于黄子，深得道家精义，所著《论六家之要指》对儒、墨、名、法、阴阳之学多所指摘，唯独对“道德”一家赞不绝口，视为完美的典范。窃以为，这个“道德”家，所指的就是黄老之学的“道德形名”这部分：

> 夫神大用则竭，形大劳则敝，形神骚动，欲与天地长久，非所闻也。……神者生之本也，形者生之具也，不先定其神，而曰“我有以

① 黄、老之为学，合言则同，分言则异。《汉志》著录黄帝之书，以阴阳、五行、道家、兵家居多。出土帛书《经法》等四篇遵道、循理、奉法，熔阴阳名法于一炉，近人考证为《黄帝四经》，因与《老子》同载一帛，可证为黄学。今本《管子》书于《心术》等老学之外，更有阴阳名法兵家之学，由道理而理法，由理法而王霸、而文武、而刑德，是为黄学无疑。黄学为齐地土生之学，容另著专文评论。

治天下"，何由哉！

这就是道家"德"论的修养学说。

至于大道之要，去健羡，绌聪明，释此而任术。……其术以虚无为本，以因循为用。……群臣并至，使各自明也。其实（形）中其声（名）者谓之端（正），实不中其声者谓之窾（空），窾言不听，奸乃不生，贤不肖自分，白黑乃形。

这就是人君的形名之术。

班固著《汉书·艺文志》，在道家小序中说：道家者流，乃"历记成败存亡祸福古今之道，然后知秉要执本，清虚以自守，卑弱以自持，此君人南面之术也。"这在总体精神上与司马谈的看法相一致。

今本《韩非子》不惮其烦，多次引述田常弑简公，子罕僭宋王，易牙、竖刁蔽桓公，燕哙让位子之，三家灭智伯，楚灵王乾谿之难，崔杼弑庄公，李兑擅赵，卓齿用齐等故事，正是"历记成败存亡祸福古今之道"。书中屡屡劝谏君主要"爱其精神"（《解老》），"审合形名"（《二柄》），表现出黄老"道德形名"的特征。这些内容无一例外是从齐国黄老之学接受过来的。

韩非子说："夫香美脆味，厚酒肥肉，甘口而病形；曼理皓齿，说情而捐精，故去甚去泰，身乃无害。权不欲见，素无为也。事在四方，要在中央，圣人执要，四方来效，虚而待之，彼自以之，四海既藏，道（由）阴见阳，左右既立，开门而当，勿变勿易，与二俱行。"（《扬权》）齐国"道德"学说来源于老子，但已有发展，"道"由"气"来界说，"气"的细微者就是"精"，或叫做"精神"、"神"，是宇宙的本原，也是生命和智慧的源泉。"德"就是"得"，即获得"道"而化生万物，葆此"精"而求长生。（见《管子》之《心术上》、《心术下》、《内业》）韩非子把老子提出的"去甚、去奢、去泰"（《老子》二十九章）解释为保持体内之"精"、显然是受到了齐学的影响。齐国黄老认为，"人主者，立于阴"，"阴则能制阳矣”（《管子·心术上》），即君主暗中窥测百官群臣的南面之术。韩非子所谓的“道阴见阳”正是这种术论的概括和总结。齐学认为，人主在“道德”修养的基础上，要“洁其宫（心），开其门（耳目）”，面向实际政治，“督言正名”，做到形名契合（见《管子·心术上》）。韩非子的“开门而当”、“与二（‘二’即形名）俱行”同样是这一学说的概括。

韩非子说：“虚静无为，道之情也；参伍比物，事之形也。”“喜之则多事，恶之则生怨，故去喜去恶，虚心以为道舍。”（《扬权》）齐国黄老把“虚一而静”作为“德”的修养方法，指出“德者，道之舍”（《管子·心术上》），“虚其欲，神将入舍”，再清楚不过地表明韩非子思想的源头所在。

班固曾指出，慎到“先申韩，申韩称之”（《汉书·艺文志》）。众所周知，韩非主张“处势”，是对齐国黄老学派的重要成员慎到思想的继承和改造。其实，韩非子所学于慎到的，岂止是“处势”？他的“去智去贤”（《主道》）、“去智与巧”（《扬权》）分明源自慎子“去知去己”、“无用圣贤”（《庄子·天下》）甚至老子“绝圣去智”的观点；他的“去私曲就公法”（《有度》）、“奉公法废私术”（同上）与慎子所云“法之功莫大使私不行”、“法立则私议不行”（《慎子》佚文）精神一致。此外，他主张运用刑赏二柄控驭臣下（《二柄》）与慎子“明主操二柄以驭之”，主张“审名定位，明分辨类”（《扬权》）也与慎到尹文之流的“定分”思想具有渊源关系。

韩非之“挟术”源于申子之术，这也成为常识。然而从原著白文可以看出，韩非的术论还是直接揣摩了齐国黄老形名之学又加以发挥的理论成果。《管子》有言：“物固有形，形固有名，此言不得过实，实不得延名。姑形以形，以形侔名，督言正名。”“以其形因为之名，此因之术也”；“执其名，侔其所以成，此应之道也。”（《管子·心术上》）意思是说，事物本来有形有名，理想的情况是言不得过实，实不能过名，君主应当通过掌握“言”来做到“正名”。具体而言就是根据实际情况来给予名分，反过来又紧执其名以审核其形，做到形名契合，这就是“因应之术”。这个思想中经申不害的实际运用，到韩非子手里，得到升华。他说：“术者，因任而授官，循名而责实，操杀生之柄，课群臣之能者也。此人主之所执也。”（《定法》）其中“因任而授官”，是对齐学“因之术”的概括，“循名而责实”则是“应之道”的提炼。这个思想，在《主道篇》中又得到了更为具体的解释：“人主之道，静退为宝，是以不言而善应”，“言已应则执其契”，“符契之所合，赏罚之所生也。故群臣陈其言，君以其言授其事，事以责其功。功当其事，事当其言则赏；功不当其事，事不当其言则诛。明君之道，臣不陈言而不当。”这里突出的“当”字，与齐学追求“名之正也”的“正”具有同样的含义。这些思想在《二柄》篇中也作了同样的阐发。显然这是对齐国黄老之学这种一贯精神的继承。

韩非子反对三晋法家的“制民”、“胜民”之说，主张“明法亲民”同样只能来源于齐学。《管子·小问》描写了一桩有趣的故事。

> 桓公曰：“我欲胜民，为之奈何?”管仲对曰：“此非人君之言也。胜民为易，夫胜民之为道，非天下之大道也。君欲胜民，则使有司疏狱，而谒（举报）有罪者赏，数省而严诛，若此，则民胜矣。虽然，胜民之为道，非天下之大道也。使民畏公而不见亲，祸亟及于身。……危哉，君之国岌乎!”

这种主张亲民、反对胜民的话竟托管仲之口道出，说明在齐国，它已成为官方认可的“公论”，在“藏《商》、《管》之法家有之”的战国末世，这种观点给韩非子以巨大影响绝不是无稽之谈。

三、道论之归本于齐国黄学

在战国中期的齐国，黄与老结合的重要成果，一是形名之学，一是齐国的道论。齐国的道论既有“道法”论（黄）的一翼，还有“道德”论（老）的一翼。在“道法”论中，“法”往往就是“道”，它不限于单纯的刑法，也包含礼制的内容，其范围几乎涉及当时政治领域的所有方面。齐学的“法”之所以具有如此广泛的意义，就在于它有个以“理”为中介的最终原则。

韩非子的“法”主要是刑法，这与齐学不同，体现了三晋法家的特点。然而，值得注意的是，他从齐国黄学那里借用了“理”这个范畴，从而使三晋之法有了法哲学依据。

三晋法家专以刑法农战为务，它崇实事去无用，以法为教，以吏为师，根本不重视理论建设。纵观三晋学术成果，迄今尚未发现把“道”上升为哲学范畴的迹象，更不用说“理”了。《商君书》虽有“兴王有道，而持之异理”（《商君书·开塞》）语，但此处的“道”、“理”实乃方法之义；也还有“圣人知必然之理”、“有必胜之理”（《商君书·画策》），其意义仍不出具体的原因。《尸子》相传为魏人尸佼所撰，残篇中“理”只一见，“禹理洪水”，意义尚停在日常用语的水平上。《尉缭子》为魏人尉缭所作，书中“理”字也只一见：“凡将，理官也”，似重复着兵刑不分的古训，丝毫没有哲学意味。

齐国则不然，学者考证，今本《司马法》乃齐威王时追辑整理古代《司马兵法》并与《穰苴兵法》糅合的作品，其中多次出现“道”字，说明早在春秋时代甚至更早，齐国军事家就开始讨论战争之“道”了。其后的孙膑、彭蒙、为申韩称道的慎到、韩非的老师荀子都多次提到“道”、“理”。而对“道”、“理”阐述最全面而深刻的，当然首推《管子》。《管子》中说：“道也者，万物之要也。”（《君臣上》）“道”是万物的根本法则。“形生理”（《幼官》），“理”也是事物的规律（“物之理”，《君臣下》）。《管子》常将“天地之道”、“天理之理”相提并论（见《侈靡》），也说明了这一点。具体而言，《管子》中的“道”往往与“常”并列，类似普遍规律的意义；理则与“数”、“度”等联称，代表着具体的事物法则。“阴阳者，天地之大理也，四时者，阴阳之大经也。”（《四时》）可见，“理”也就是“经理”（规律），所谓“大理”，也就是“道”。作为荀况的学生并饱读《管子》之书的韩非，能提出“道，理之者也”（《解老》），“道者，万物之所然也，万理之所稽也”等命题，这丝毫不足奇怪，他的贡献只是把齐国黄学有关“道”“理”关系的思想表达得更简练一些，除此，并没有什么特殊的开创意义。

“理”的提出，表明齐国的政治方略已经寻找到更为符合逻辑的自然基础或根源，并成为沟通政治与自然的桥梁。齐学强调“别交正分之谓理，顺理而不失之谓道。”（《管子·君臣上》）这与“居身、论道、行理”（《管子·

经言》）的指导原则一样，表现了天人合一的政治哲学特点。“道理”论的确立，为齐国开放性的“道法”学说的盛行提供了理论依据，甚至也成为韩非子的“道法”学说的蓝本。《管子》书多次提出“彰道明法”（《宙合》）、“道法行于国”（《法法》）、“明君重道法”（《君臣上》）、“法者天下之至道也，圣君之实用也”（《任法》）等“道法”相连的命题，说明齐国政治方略的实施，已不再表现为君主主观意志的随意流露，而是遵“道”循“理”，符合天地规律的圣明之治。齐国法治（即政治）由此获得了崇高威望。对此，荀况深有体会，他说：“道之与法也者，国家之本作也。”“无道法则人不至。”（《荀子·致士》）他甚而更明确地主张一切都要“壹于道法”（《荀子·正名》）。这说明，被韩非奉为圭臬的“道法万全”，“以法为本”，“以道为常”云云，同样离不开齐学的孳乳，只不过在三晋法治主义的制约下，他不可能把自己的法规定得像齐国黄学那样宽泛罢了。

韩非对齐国道论的吸收是有选择的，即侧重在黄学“道理”（法）论的一面，这在对待老子“道德”修养学说的态度上也表现出来。在谈到“治气养心”之法时，他援引稷下黄老之学，提出“去智去贤，去勇去强”（《主道》），“去甚去泰”（《扬权》）。在解老时，把老子的“德”解释为“神不淫于外则身全，身全之谓德，德者，得身也。”“德”即“以道为舍”。直接利用了齐学“德者道之舍”（《管子·心术上》）的提法。把老子的“积德”说成是“思虑静”、“孔窍虚”，所以“德不去”、“和气入”，这与齐学“虚一而静”的“正形摄德”论也是一致的。进一步分析还会发现，韩非对老子和齐国“道德”学说的继承仅到“德”为止，即便是对于“德”，也进行了一番违背“道德之意”的改造。《解老》云：“身以积精为德，家以资财为德，乡国天下皆以民为德”。在积精之外，又塞进了占有资财，拥有民众的强力思想，染上法家气味，这样的“德”似乎可与法、术、势等概念一样，成为君主为政施治的诸多方法之一，它的哲学意义势必丧失殆尽。在老子那里，“德”是指气化氤氲的宇宙发生过程，它与“道”同出，是“道”论得以成立的重要依据，也是“道”的品德，其地位之高，有如天地之母；在齐国，它是“物得以生生”，“智得以职（执）道之精”的代名词，也是“道”—“气”—“精”集聚化育的发生过程，它与“道”无间，拥有超绝群伦的绝对权威，可是到了韩非子，它却几乎与“道”绝了缘，还受到了严重歪曲。如：“夫道者，弘大而无形，德者，核理而普至。”（《扬权》）“德”成了说明“理”的普遍性的注脚。再如“啬”，在老子那里原是葆有“德”的意思与“积德”、“含德”、“抟气”等含义是相近的，它的对象是道家的“道”。韩非子却说：“啬之谓术也生于道理，夫能啬也，是从于道而服于理者也。”（《解老》）这样“损之有损”的为“道”修养就被改造成服从规范的法治学说了。

韩非子在道论上扬黄抑老是有深刻的社会政治根源的。他站在绝对君主主义的立场上，赞同“以法为教”、“以吏为师”政策，并主张坚决取缔“轻禄重身”（或“轻物重生”）、“离世遁上”的“高傲”之士（《八说》），不给自由的思想和不合作的行为留下一丝活动的余地。在他的心目中，国家的一切事务莫大于法，境内所有的人没有服从君主之法以外的权利，“积精为德”只能是君主独享的特权，没有必要上升到“道”的高度，成为普遍的方法，更不能让它妨碍法的绝对独尊地位。由此可见，韩非子反对三晋法家把矛头指向广大人民，表现了不同的政策目标。但政策本身，即“以法为本”，维护法的绝对权威并没有改变。所不同的，是吸收了齐国黄老主要是黄学的大量内容。这些东西看起来不同于三晋法家，实质上，经过韩非的筛选过滤，成为“以法为本”思想的有力补充，两者互相配合，相得益彰，使韩子之学成为不同于齐晋之学的独具特点的思想体系。作为这个思想体系哲学基础的道论，一方面使它从粗陋不堪的三晋法家脱离出来，另一方面又公开声明自己只作刑赏之法的基础，绝不同于齐学“德”“理”兼容、王霸一体的开放结构。韩非子说：“夫缘道理以从事者，无不能成！”（《解老》）这种理性万能的哲学虽较三晋法学精致，但比起齐学来，毕竟太狭窄了。

四、归本黄老的社会根源

韩非何以于法家学说之外向齐学讨求灵丹妙药？我认为，这是因为齐国黄老之学的特殊功利目标符合了解决韩国现实危机的实际需要。齐国黄老之学本来是要为田氏政权“谨修法律而督奸吏”（《史记·四敬仲完世家》）的政治需要服务的，它的形名之术、势治学说以及法治理论所针对的主要是奸邪之臣，这与韩国所要解决的严重社会问题是一致的。

韩立国之初，主权旁落，重人国相之间展开了惊心动魄的内部斗争。“重人者，无令而擅为，亏法以利私，耗国以便家，力能得其君，此所为重人也。”（《孤愤》）哀侯六年，韩傀为相，严遂重于君，二人相为仇雠，势如水火。重人严遂为泄私愤，访求刺客聂政，于东孟之会刺杀韩傀，混乱中竟连哀侯一并杀害。宣惠王时代，国运操纵在公仲、公叔手中，两家轮流把持朝政，他们里通外国，借主之名以市于外，借外之势以重于内，连贯宣、襄、釐（僖）三朝。这期间，韩国整个政局，从决策、定交，到用人、建储，在两大山头势力之间引起尖锐复杂的利益冲突，出现了持续的恶性反复。到了韩王安时代，重人韩玘跋扈横行，在多种“亡征”集结之下，韩国业已堕落到毁灭的边缘。

面对朝野内外“虎狗”（奸臣）横行、奸蠹成堆的腐败现象，韩非一方面多次上书韩王安，劝谏他严肃法纪、整饬吏治，同时埋头著书，警醒世人。从韩国严重的政治危机和韩非处心积虑的治官目的不难看出，韩非沿着前辈申不害的道路向齐国黄老之学寻求“明公道而灭奸伪之术”具有历史的必然性。

长期以来，学界盛行一种观点，认为韩非之学是为秦国统一天下服务的，在人们眼里，“韩非是新兴地主阶级的思想代表，并不是韩国的思想代表”。其实，韩非囚死强秦，他的思想学说在秦代并未实行过，这就在实践上证明他的思想与商鞅以来的秦国政治有着很大差别。韩非之死，过去人们一直沿袭司马迁的说法，以为是李斯的陷害，可事实却不完全是这样。韩非使秦时，正逢四国攻秦，秦国君臣震恐，姚贾自荐出使四国，主张运用外交手段，“绝其谋，而安其兵”（《战国策·秦策五》）。这时，客居秦国的韩非贸然进言，一口咬定姚贾是“以王之权、国之宝，外自交于诸侯”。他还以姚贾出身卑微、少年无行，请求秦王政治其罪。逼得姚贾不得不奋力辩解。结果韩非理屈，秦王“乃复使姚贾而诛韩非”。这场辩论说明了什么？它说明贯穿今本《韩非子》的治官目的与秦国一贯的重农重战和策士外交的传统是相背离的，这样的作品不可能产生于秦国。同时用事实证明今本《韩非子》是一个完整的作品，不应予以割裂，它的作者不是别人，正是来自韩国的韩非。韩非口吃，不善道说，盖因内心的正直耿介与外界的黑暗险恶长期冲突所致。多少年来，韩国大臣卖国牟私，给国家造成了难以治愈的创伤，这个惨痛的现实已经深深嵌入韩非的脑海深处，压抑凝聚为一个牢固的情结，一遇时机，便会连同久淤心头的悲愤化作炽热的岩浆，喷发出来。他不顾国情时势的变异，一味坚持尊主卑臣，反对大臣外交，这是他得罪姚贾、罹难强秦的直接原因。同时也说明他的这个思想只能来源于“谨修法律而督奸吏”或“明公道而灭奸伪之术”的齐国黄老之学。

五、简短的结语

综合起来，可以归纳出以下几点结论：第一，韩非思想的主要目的是整饬吏治、加强君主集权，它是韩国社会现实的必然要求，也是学习齐国黄老之学的必然结果。第二，韩非通过多种途径接受齐国黄老之学，主要是跟从老师荀况并直接阅读《慎子》、《管子》等齐学原作。韩非子的最高范畴“道”来自齐国黄学的“道理”论，它不同于道家的“道德”之“道”，具有理性主义的绝对权威，是他遵道、循理、奉法的理论基础。第三，韩非子反对旧贵族、反对儒者之流的中庸道德观，主张耕战，强调以法为本、以吏为师，这些未脱三晋法家的本色；他的治官论、处势和挟术理论、精神学说和道理论则源于齐国黄老之学。两者以“道理”为核心和基础，互相补充，相得益彰，既不同于粗陋的三晋之法，又不同于熔“德”“理”于一炉的开放性的齐国黄老，成为一个独立的思想体系。汉朝前期，它以“韩子杂家说”（《史记·韩长孺列传》）之名流行于世，恰恰说明了它的特殊地位和影响。

（原载《管子学刊》1991年第2期）

《管子》的主流属“黄帝之言”

黄帝有没有学说？持否定论者以为黄帝乃是传说人物，怎么会有思想呢？他们偏偏忘记了，战国之世，被托名立说的岂止黄帝。孟夫子不是曾大力抨击过那位“为神农之言者许行”（《孟子·滕文公上》）么？许行倡言“贤者与民并耕而食，饔飧而治”的大道理，上以说诸侯，下以传弟子，他所宗奉的“神农之言”看来是有体系的学说。据今人研究，某家学派的著作如《老子》、《庄子》、《商子》等，不一定都是其创始人如老聃、庄周、商鞅等手著，可这并不妨碍它们被称为老子之学、庄子之学、商君之学。由此看来，有没有黄帝之学，关键不在于黄帝是否确为信史人物，也不在于他有没有著书立说，只要在他的名号下形成一定的成体系的思想，就可名之为学。拿着这个理解来看战国之世，可以说，以黄帝为名号的学说体系不但有，若按汉人的目录分类法，还不止一家。《汉书·艺文志》著录黄帝之书，以阴阳、五行、道德、兵家居多，对此当然不能熟视无睹。黄帝之学在当时应有特定的称谓，战国后期，司马迁称“喜刑名法术之学而其归本于黄老”（《史记·老子韩非列传》）的韩非就曾明确宣称：“黄帝有言：上下一日百战。”（《韩非子·扬权》）这里所谓的“黄帝之言”和“神农之言”一样，应是其学说体系的代名词。这说明在当时，“黄帝之言”不但有著述，其内容还与刑名之学有关。

阴阳五行学说在“黄帝之言”的体系化过程中，起过很大的作用。在阴阳家的学说中，黄帝明堂行令的思想是核心内容，意义深远。《尸子》佚文中有这样一段：

> 子贡问孔子：“古者黄帝四面，信乎？”孔子曰：“黄帝取合己者四人，使治四方，大有成功，四方不计而耦，不约而成，此之谓四面也。”①

① 《太平御览》皇王部人事部引，见孙星衍辑本。

其实，所谓四面，本是阴阳家黄帝四时行令的学说，《礼记》解释得好："四面之坐，象四时也。"（《礼记·乡饮酒义》）《管子·四时》有"中央曰土（黄帝）……其德和平用均，中正无私，实辅四时……国家乃昌，四方乃服。"《尸子》的作者以及后来的著作家忽略了阴阳家明堂行令的图式，一厢情愿地以人治主义来理解黄帝四面，他们的解释免不了要离谱。

马王堆汉墓出土帛书《经法》等四篇古佚书的真实性是无可争议的，其中《十大经》有一个比较形象的描述，把黄帝明堂行令的思想生动地再现出来：

> 昔者黄宗（即黄帝）质始好信，作自为象（像），方四面，傅一心，四达自中，前参后参，左参右参，践立（位）履参，是以能为天下宗。①

《尸子》所记载的孔子师徒讨论的"黄帝四面"，在这里得到了它的正解。我引这段话，不只是为了解释《尸子》。《十大经》据说属于汉人所谓黄老之学，它把阴阳家黄帝明堂行令学说作为自己立说的内容，看来不是随意安排。这种做法，在《韩非子》那里也可找到印证。今本《韩非子·解老》有"轩辕得之（道理），以擅四方"的话。按《韩非子》中的"道理"有"情实"之义，与《立命》中的"质始好信"相通。擅，《说文》释为"专也"。段玉裁注"专当作嫥，嫥者，一也。"那么，"以擅四方"就是"以专四方"或"以一四方"，这又与《立命》所谓"方四面，傅（即专）一心，四达自中"正相吻合。由此可见，黄帝明堂行令的阴阳家说早已为"归本黄老"的韩非和据说为黄老之代表作的《十大经》的作者所接受，成为各自思想体系的一部分。

司马谈论说道德（即黄老）之为术，首先提到"因阴阳之大顺"

① 《十大经·立命》，见马王堆汉墓帛书整理小组编：《马王堆汉墓帛书·经法》，45页，北京，文物出版社，1976。

(《论六家之要指》，见《史记·太史公自序》)。什么是“顺”？按《说文》：“顺，理也”。《管子·四时》：“阴阳者，天地之大理也；四时者，阴阳之大经也；刑德者，四时之合也”。《经法·论约》：“四时有度，天地之李（理）也。”①《经法·论》：“理之所在，胃（谓）之［顺］。”“失理之所在，胃（谓）之逆。”②《论约》又从相反的顺序予以说明：“一立一废，一生一杀，四时代正，冬（终）而复始，□事之理也。”③ 因此，所谓“阴阳之大顺”，也就是“阴阳之大理”。而“因”在此处只可作“因袭”、“沿用”讲。这样一来，“因阴阳之大顺（理）”就与韩非子所谓“轩辕得之（道理）”合上了拍，意即“因袭了阴阳家四时刑德的大经大理”。我们知道，黄帝的宗法政治权威是齐国田氏树立起来的，而黄帝的理论权威则是齐国阴阳家树立起来的，离开了“因阴阳之大顺”，就很难理解黄学何以姓黄。

把“理”上升为比较抽象的政治概念，很可能是齐人的发明。《说文》释“理”，本义为治玉。郑玄《乐记》注云：“理者，分也。”意即剖析。除了阴阳家剖判天地、离析阴阳之外，这个思想又与兵家、法家密切相关，而这三家恰恰都在齐国发生、发展。李泽厚先生作《孙老韩合说》一篇④，提出兵家辩证法的概念，我以为是有启发意义的。兵家注重分析矛盾，在瞬息万变的军事斗争中迅速把握敌我力量对比形势，因而对动静、安危、方圆、先后、攻守、多寡、得失、生死、短长等等矛盾必分析而后作出当机立断的抉择。今本《孙子·虚实》提出“知动静之理”的命题，集中表现了这种辩证思维方法。临沂银雀山汉墓出土的《孙膑兵法》中也多次提到“理”的概念。

古代兵刑不分，从哲学上看，也是如此。《吕氏春秋·荡兵》有言：

家无怒笞，则竖子婴儿之有过也立见；国无刑罚，则百姓之悟

---

① 《马王堆汉墓帛书·经法》，38 页。

② 同上书，28 页。

③ 同上书，38 页

④ 参见李泽厚：《中国古代思想史论》，北京，人民出版社，1986。

（忤）相侵也立见；天下无诛伐，则诸侯之相暴也立见。故怒笞不可偃于家，刑罚不可偃于国，诛伐不可偃于天下。

在兵家和法家那里，冲突和变化是永远的主题，斗争哲学是他们讨论不完的科目。兵家辩证法在法家那里具有完全相同的方法论意义。韩非服膺"理"，注重分析矛盾，强调"物不并盛，阴阳是也，理相夺予，威德是也"（《韩非子·解老》）。这种蔽于分而不知合的道理在一分为二的无穷演进中不断显示出巨大的威力。"理"是阴阳、兵、法三家紧密结合的哲学基础。《孙子》有"黄帝胜四帝"（《孙子·行军》）之说，《韩非子》有"轩辕得之（道理），以擅四方"之说，这是兵法二家与阴阳家相通的证据所在。

这三家的另一个共同点是都尊奉黄帝为最高权威。兵家相信"黄帝百战"（《鹖冠子·世兵》），为战神；法家则以为黄帝在一日百战的君臣关系中运用刑名之术，乃是集权专制的成功者。而这两者都被容纳入阴阳家黄帝四面的体系中去。司马迁说邹衍"先序今以上至黄帝，学者所共术"（《史记·孟子荀卿列传》），既然说"共"，就不是一家，至少离了兵、法、阴阳三家是不好理解的。其实，当时的形势，按汉人的说法，已是"百家言黄帝"（《史记·五帝本纪》）。战国史官所作的《世本》从黄帝起始。儒家后学编辑的《大戴礼记》有《五帝德》、《帝系》两篇，也以黄帝为首。《庄子》有"世人所高，莫若黄帝"（《庄子·盗跖》）的感慨，说明在战国中后期，在黄帝之学的崛起浪潮中，黄帝形象越来越高大，以至成为百家所共同尊奉的最大权威。

第三个共同点是这三家在今本《管子》中都可找到踪迹。《管子》中的阴阳学说自不待言。兵学有《兵法》、《霸言》、《地图》、《参患》等篇，《乘马》、《七法》乃阴阳与兵政之结合，其中不乏法治理论。至于《管子》中的法家说，只要提出《隋书·经籍志》将它著录于法家类，就可一目了然了。

《管子》不但以"理"贯通阴阳兵法学说，还在"理"的基础上把儒家学说也囊括进去。在《管子》那里，礼、法同出于"道理"。《管子》的核心之作《心术上》云：“礼出乎义，义出乎理，理因乎道。”又说：“法者同出”，“法出乎权，权出乎道”。① “理”乃是事物之分，礼法都在分的基础上展开各自的思想内容，并互相作用和渗透。法以定分为目标，慎子云“定赏分财必由法”（《慎子·威德》），“法之所加，各以其分”（同上《君臣》）。他的街兔市兔之辩历来为学者所称道，成为定分思想的精彩比喻。荀子学主儒术，他的著名的群分说成为礼论的基础。他这样设问道：“人何以能群？曰：分。分何以能行？曰：义。”（《荀子·王制》）君主的任务就在于“明分使群”、“管分之枢要”（《荀子·富国》）。这与前面引的“礼出乎义，义出乎理”是完全一致的。荀子强调“礼者，法之大分，类之纲纪”（《荀子·劝学》），又在分理的基础上，表现出齐学王霸一体、文武并用、礼法相辅、刑德兼养的特色。

“理”一方面成为采撮百家之学的理论基础，另一方面，又是“道”的具体化。《管子·心术上》云：“心之在体，君之位也，九窍之有职，官之分也。心处其道，九窍循理。”正表现了这种关系。在这个前提下，“别交正分之谓理，顺理而不失之谓道”（《管子·君臣上》）。“理”上总于“道”，下分为“法”（即“别交正分”，包括礼），由于它的内在传导，“道”和“法”（礼法结合之“法”）才得以结合起来，因此，“理”才是“道法之所从来，是治本也”（同上）。《管子》屡屡“道法并用”，“道法”成为一个专门用语。“道”和“法”的结合，只有明白了“理”的中间层次，才可说得通。《慎子》、《尹文子》、《荀子》、《韩非子》讲“道”论“法”，都与齐国《管子》中的“黄帝之言”有关。

齐国“黄帝之言”不但用“理”（道法）统摄了阴阳、兵、法、刑名、儒等学说，还改造了老子的“道德”修养学说，创造了属于自己系统内、具有齐地特色的“道德精气论”，并用“道”作为最高范畴，联结“德”、“理”，贯通内外，完成了庞大体系的建构工作，这个成果集中地表现在《管子·心术上》篇中。

① 据郭沫若等：《管子集校·心术上》，见《郭沫若全集》历史编第6卷《管子集校（二）》，420页，北京，人民出版社，1984。

值得注意的是，稷下学者或《管子》各篇的作者，虽然做了这个纳老入黄的工作，却从未提到老子之名，这种现象可以说明很多问题，但主要的原因可能是这样：在稷下学宫，齐国学者们所积极建构的是黄帝之学的大厦，百家之学是它的原材料，他们从来未想到要把谁抬举到与黄帝并列的高度。这又从一个侧面证明，以“道”为核心，贯通“德”、“理”，融汇百家的《管子》之学，在先秦，可能只有“黄帝之言”的名称。

（原载《管子学刊》1997 年第 2 期）

关于“黄帝之言”的两个问题

自马王堆汉墓帛书《经法》等四篇古佚书重新问世以来，国内对黄老之学的研究已经取得了可喜的成果。本文在前人以及自己过去研究的基础上，继续就以下几个问题进行探讨，欢迎批评指正。

一、五行学说与黄帝形象

目前学术界基本上同意黄帝旗号首先由战国时代田氏打出的观点。至于它的具体过程、条件和意义，却没有得到应有的重视，因此在研究黄帝旗帜何以能够打出这个问题时，理由总是不那么充分，论据也显得薄弱。比如一些学者因袭了《淮南子·修务》的说法，以为“世俗之人，多尊古而贱今，故为道者，必托之于神农、黄帝而后能入说。”这在原则上当然不错，但是联系到具体的历史实际，为什么是齐国的田氏，而不是别的诸侯打出黄帝旗帜？为什么田氏打出的是黄帝，而不是别的古代帝王的旗号？黄帝在当时社会和观念形态的背景上究竟占有何种地位？具有何种意义？很显然，要回答这些问题，《淮南子》的说法是不够的。

田氏打起黄帝旗号主要是出于宗法上的考虑，这一点已经得到大多数学者的认可，我也同意，下面愿就五行学说在这一行动中所起的理论作用提出一些初步的看法。为了论述方便，现将《陈侯因資敦》铭文转引如下：

> 唯正六月癸未，陈侯因資曰：“皇考孝武桓公，恭哉，大谟克成。其唯因資，扬皇考昭统，高祖黄帝，迩嗣桓文，朝问诸侯，合扬厥德。诸侯寔（敬）荐吉金，用作孝武桓公祭器敦，以蒸以尝，保有齐邦，𣥺（成）万子孙，永为典常。”

文据郭沫若氏《稷下黄老学派的批判》所引①，铭文古字已由郭氏改为今字。

铭文中的“因資”即战国田齐威王因齐，“皇考孝武桓公”当是因齐之父，田齐桓公午。铭文称“陈侯”而不称“齐侯”，这和《陈侯午𣪘》铭文自称“陈侯午”一样，与《左传》所谓“有妫之后，将育于姜”，并“代陈有国”（见《左传》庄公二十二年）的预言一致。陈为妫姓，宗法上为虞舜之后，颛顼之苗裔，属黄帝系统。因齐宣称“高祖黄帝”，直接点破主题，意义极为重大。

春秋战国之世，所谓黄帝云云，和其他传说的上古帝王一样，多为神话，荒诞不经。然而，就在这同一时期，在传说的上古神谱中却兴起了一股建构宗法族谱的潮流，首当其冲者，就是黄帝和炎帝。

关于黄炎关系，较早的，也是相对可靠的资料是《国语·晋语四》的记载：

> 昔少典娶于有蟜氏，生黄帝、炎帝。黄帝以姬水成，炎帝以姜水成，成而异德，故黄帝为姬，炎帝为姜。二帝用师以相济也，异德之故也。

何谓“德”？按“德者得也”（《礼记·乐记》）。所得者何？“德也者，得于身也”（《礼记·乡饮酒义》）。“所得以生谓之德”（见《经籍纂诂》引《贾子·道德说》）。黄炎“所得以生”是不同的。金文“生”又通“姓”，许慎《说文解字》云：“姓，人所生也。……因生以为姓。”由此可知，黄炎异德实是说二帝为两姓，两姓相济，当是世为婚姻的表述。西周春秋之世，姬姜二族之间就是这种“用师相济”的关系，因此有关黄炎关系的这种传说自然不会有别的解释。

可是在春秋战国之际，却出现了一种新鲜的说法，一反异德相济的并

① 郭沫若：《十批判书》，134页，北京，人民出版社，1954。又见氏著《两周金文辞大系图录考释》，图录206，考释219，上海，上海书店出版社，1999。

列关系和黄先炎后的排列顺序，倡言炎黄嬗代之说。这种说法，以《越绝书》的表述最为精粹。按《越绝书》或谓子贡所作，《七略》以为伍子胥撰（见《史记·孙子吴起列传》索隐、正义），当然，还有人说是后汉人袁康等伪造。今人仓修良先生研究后指出：《越绝书》是一部地方史，由战国后期人追记汇编而成，但直到东汉还有人附益。① 那么关于黄炎关系的传说到底属于哪个时期呢？还是先让我们看看《越绝书》是怎么说的：

> （计倪对越王勾践：）……臣闻：炎帝有天下，以传黄帝。黄帝于是上事天，下治地。故少昊治西方，蚩尤佐之，使主金；玄冥治北方，白辩佐之，使主水；太皞治东方，袁何佐之，使主木；祝融治南方，仆程佐之，使主火；后土治中央，后稷佐之，使主土。并有五方，以为纲纪，是以易地而辅万物之常。王审用臣之议，大则可以王，小则可以霸，于何有哉。（《越绝书·计倪内经》）

这段话包含了很多意思。首先，我以为，它的五行观念比较原始，排列次序也较奇特，与两汉之际出现的《世经》大不相同。如起点从西方少昊开始，不但与《世经》不同，就是与《管子·四时》、《幼官》、《吕氏春秋·十二纪》、《礼记·月令》等也完全不同。内容上没有《世经》太昊（皞）伏羲氏、炎帝神农氏、黄帝轩辕氏、少昊（皞）金天氏，颛顼高阳氏那样整齐的配制系统（见《汉书·律历志》），不像两汉之际的思想。另外，炎黄排列的先后顺序的改变，在今本《管子》中也可找到旁证。《管子·封禅》记载，管仲对桓公说：古者封泰山禅梁父者七十二家，所能记下的只有十二家。按时间先后，这十二家是：无怀氏、虙（伏）羲、神农、炎帝、黄帝、颛顼、帝喾、尧、舜、禹、汤、周成王。其中，以无怀氏始，神农、炎帝并未合一，且无两昊（皞），却多出帝喾，也不同于《世经》系统，和《计倪内经》一样，当为汉以前的旧记。

“炎帝有天下，以传黄帝”，有似谶语，其所应验的对象正是田氏代齐

① 仓修良：《〈越绝书〉是一部地方史》，载《历史研究》，1990（4）。

(姜)，这点许多学者早已指出。这里所要强调的是，炎黄嬗代还有一种理论上的依据，那就是五行相生观念。

据学者研究，五行相生说的产生要早于相胜说。① 我以为，早期的相生说以原始的五方四时排列顺序来表示其隐含的政治意图，出现的时间当在春秋战国之际，代表作应是《管子·幼官》。《幼官》以黄帝为五行中的总设计者，与《计倪内经》的提法近似，其意义耐人寻味。此后，到战国中期，《管子》中的《四时》、《五行》又发展了《幼官》的明堂图式，使五行的自然相生理论更加完备，直至战国后期出现更为整齐完备的《十二纪》和《月令》图式。相生说的五行顺序是木火土金水，这是明确的，而炎帝火德，黄帝土德，在春秋战国之际也是明确的。《左传》昭公十七年有"炎帝氏以火纪"，哀公九年则有"炎帝为火师，姜姓其后也"等记载。《幼官》、《四时》、《五行》中央黄帝，有土德之瑞，更是不言而喻。《计倪内经》的五行相生系统从西方金德开始，历北方水德，东方木德，南方火德，最后落在中央土德，联系到该篇前面"炎帝有天下，以传黄帝"的主题，可以肯定，这种五行排列是有意的安排，精心的设计。当时未见有明确的五德终始思想，但利用这种较为原始的五行相生次序暗示后土黄帝代替炎帝而有天下，其意图是明确的。《幼官》突出中央黄帝，《四时》、《五行》乃至后来的《十二纪》、《月令》都把黄帝置于夏秋之交，列在炎帝之后，也与这种思想有关。

古来政权更替，要有两种形式，一曰征伐，二曰禅让。田氏代替姜氏，用的是第二种形式，禅让而用相生说，不是顺理成章么？

无独有偶，大约四百年后，田氏代齐的种种做法在王莽代汉的政治变幻中又一一重演，不但为我们了解田氏代齐提供了一个生动的同类例证，而且更直接地通过王莽及其爪牙利用古史资料和五行相生说制造受禅舆论，让我们寻觅到这种理论起根发源的消息，从而证明战国田氏当是打起黄帝旗号，创造炎黄嬗代说的始作俑者。

刘歆是否伪造过五行相生说，伪造古史系统，伪造记载"伪史"的

① 杨向奎：《五行说的起源及其演变》，载《文史哲》，1955 (11)。

《左传》、《国语》，经学家是有争论的，近世学者也有争论，这是非常有价值的论题，在此我并不打算全面予以讨论，仅就与本文有关的两点提出个人的理解。其一，原始的五行相生说与节气、物候有关，是古代以农立国的产物，当然不能是刘歆伪造的。抽象的五行相生说至迟在董仲舒《春秋繁露》中早有论述，也轮不到刘歆来发明。但刘歆对五行相生说与历史和政治的关系，确有发展的主观愿望和客观条件。《世经》目前也不能证明必为刘向、刘歆父子所编造，但的确符合了他们重新编排古史系统的意图，增益的可能性是存在的。《世经》以五行相生说把古代的帝王更迭系统作了整齐的排列，可是，从"太昊伏羲氏"到汉朝建立，其间禅让者有之，征伐者有之，如何不问情由，一概而论？五行相生说本应针对禅让式的政权更替而发，这里却成了古来所有政权递嬗的普遍规律。正是在这一点上，《世经》的编者们无意中露出了编造古史系统的马脚。不过，在炎黄、尧舜、汉新嬗代上，五行相生说的运用倒是符合规则的。这个规则古已有之，不同的只是古代的更原始，更含蓄，而刘歆、王莽之流则非要把它说破不可。

其二，宗法制是古代社会一项极为重要的社会制度。上古先民对自己的姓氏、族系十分重视，不论走到何处，一个人总是要设法辨明人我的宗法关系，因此，对于自己世系的观念是不会出现大问题的。如田氏称"高祖黄帝"，不但在先秦典籍中可以找到根据，就是在王莽代汉后颁布的《自本》中也得到了证明。《自本》云：

> ……自黄帝至于济南伯王，而祖世氏姓有五矣。（师古曰："济南伯王，莽之高祖。"）黄帝二十五子，分赐厥姓十有二氏。虞帝之先，受姓曰姚，其在陶唐曰妫，在周曰陈，在齐曰田，在济南曰王。……姚、妫、陈、田、王氏，凡五姓者皆黄、虞苗裔，予之同族也。《书》不云乎："惇序九族。"其令天下上此五姓名籍于秩宗，皆以为宗室，世世复，无有所与。（《汉书·王莽传中》）

王莽改制是在托古的招牌下进行的，他的篡汉也不例外，这里的宗法世系应当是托古而来。托名于古者，于古代资料当有所依托和凭借。

王莽既然声明自己是黄帝之后，五行当土德，而他代汉受禅又必须利用五行相生说。可是，按照相生说，土德之前应为火德，而汉朝的瑞应却偏偏不是火，而是水。武帝时，创设了三统说，回复到夏正，五行究竟改了位次，一变而为土德之瑞，色上黄，数用五。若按相生说，王莽代汉受禅，新朝应居金德才是。可是这样一来，就与王莽自家的宗法来历发生矛盾。这是王莽不能允许的。于是，一班学者们便在改变汉朝的德瑞上动开了脑筋。这样，汉应火德，为唐尧之后的说法就出笼了，《世经》把这个新成果郑重地编入五行相生的历史发展系统中。梓潼人哀章更造了一个铜匮，上署“赤帝行玺某（指刘邦）传予黄帝金策书”字样，献给王莽。王莽旋即颁布文告，宣布代汉受禅：

> 予以不德，托于皇初祖考黄帝之后，皇始祖考虞帝之苗裔，……赤帝汉氏高皇帝之灵，承天命，传国金策之书，予甚祇畏，敢不钦受。（《汉书·王莽传上》）

这段材料与《陈侯因資敦》铭文的内容非常接近，它说明不论是田氏，还是王氏，都把宗法——祖先崇拜看得高于一切，他们以禅让的形式，夺取姜齐和炎汉的政权，都是在黄帝旗帜下进行的，五行相生说是为了实现这个目标服务的。有趣的是，到了东汉末年，曹丕又一次表演了这一幕历史活剧。不过，对于本文，那已是画蛇添足了。

战国中期，田氏仍然坚持打起“高祖黄帝”的旗号，还有一层新的意义，那就是利用五行相胜说，制造黄帝家族与水德的特殊关系，为取代周室而制造舆论。

《陈侯因資敦》铭文提到“皇考孝武桓公恭哉，大谟克成”。田午的“大谟（谋）”是什么？下文有个解释，那就是“高祖黄帝，迩嗣桓、文，朝问诸侯，合扬厥德”。也就是说，要仿效黄帝和齐桓晋文，成为诸侯的霸主甚至帝王，以此来弘扬黄帝宗族的统治（见前释“德”）。这个“大谟”，一直被齐国田氏奉行不替，历威、宣两朝而发扬光大。宣王时，“大谟”又成为“大欲”。齐宣王问齐桓晋文之事，被孟子看出他的“大欲”是“辟土地，朝秦楚，莅中国而抚四夷”（《孟子·梁惠王上》）。到湣王时，齐国伐宋、割楚、西侵三晋，泗上诸侯、邹鲁之君皆俯首称臣，兵锋所向，莫不恐惧。湣王三十六年，自称东帝，史家说他“欲以并周室为天子”（《史记·田敬仲完世家》），其“大谟”已暴露无遗。如何使为田氏代姜服务的思想转而为取代周室服务呢？齐国尊养的稷下先生们又在五行运转的规律上动开了脑筋。

五行相胜也发生在春秋战国之际。春秋时代有所谓“水火金木土谷”的“六府”说（见《左传》文公七年），已露相胜端倪。后来又生出明确的“火胜金”、“水胜火”的说法（见《左传》昭公三十一年、哀公九年）。到了齐宣王时代，稷下先生邹衍根据时代需要，总结历史上的五行思想，创立了“五德终始说”，完成了相胜说的体系化，并根据相胜说安排了明确的古史系统。据《扬子法言·重黎》“黄帝终始”注：“世有黄帝书，论终始之运”。可见，终始之运是冠以黄帝名号的。按《史记·孟子荀卿列传》，邹衍曾著有《终始》、《大圣》、《主运》之书十余万言，《汉书·艺文志》著录《邹子》四十九篇，《终始》五十六篇，惜久已不传，只可在今本《吕氏春秋·应同》篇中见到它的孑遗，其文曰：

> 凡帝王者之将兴也，天必先见祥乎下民。黄帝之时，天先见大螾大蝼，黄帝曰：“土气胜。”土气胜，故其色尚黄，其事则土。及禹之时，天先见草木秋冬不杀，禹曰：“木气胜。”木气胜，故其色尚青，其事则木。及汤之时，天先见金刃生于水，汤曰：“金气胜。”金气胜，故其色尚白，其事则金。及文王之时，天先见火赤乌衔丹书集于周社，文王曰：“火气胜。”火气胜，故其色尚赤，其事则火。代火者必将水，天且先见水气胜，水气胜，故其色尚黑，其事则水。水气至而不知，数备将徙于土。（《吕氏春秋·应同》）

谁应水德之瑞？当然不会是别人。《左传》早就说过：“陈，水属也。”（《左传》昭公九年）陈应水德的理由很多，但最有意义的是黄帝与水德的关系。郯子曾说过："黄帝氏以云纪，故为云师而云名。"（《左传》昭公十七年）云乃水气所积，可见在春秋时代，人们心目中的黄帝就与水气有关。杨向奎先生认为上古黄帝一系以龙蛇为图腾，"轩辕"即"玄鼋"。①《说文》释"鼋，大龟也"。韦昭注《国语·周语下》"天鼋"时指出："天鼋，即玄枵，齐之分野。"《尔雅·释天》云："玄枵，虚也。"虚乃上古天文学中二十八宿之一，位居北方，以龙蛇为象，后世称玄武，按五行说北方属水，正应在玄鼋——轩辕头上。《楚辞·天问》上有"焉有虬龙，负熊以游"的问题，杨先生以为虬龙即天鼋。所谓"虬龙负熊"的说法正影射着陈氏的祖先黄帝兼有水、土二德的品格。《管子·幼官》保留了齐国早期阴阳家的明堂图式，按图黄帝居中，以土德制约四时，可篇目却偏偏叫做《幼官》，近人考证为玄宫之误。玄宫于明堂图式位居北方，行冬政，君服黑色，治阴气（即水气），用六数。土德、水德并重，这一思想在今本《管子》中堪称独步。第十四卷由《水地》、《四时》、《五行》三篇连翩而成，《四时》、《五行》以黄帝土德为中心，《水地》以水为主要内容，篇名水地并重，也表现了黄帝除土德之外，还与水德有着某种特别的关系。《水地》讲述了一个传说，更有意义：

> （水）生蚋与庆忌……庆忌者，其状若人，其长四寸，衣黄衣，冠黄冠，戴黄盖，乘小马，好疾驰，以其名呼之，可使千里外一日反报。（《管子·水地》）

按蚋一头而两身，其形若蛇，实类玄武，庆忌似黄帝，二者同出，不正是"虬龙负熊"的最好注脚么？至此，似乎可以理解为什么邹衍在讲了一番"代火者必将水"之后，又紧接着宣布"水气至而不知，数备将徙于土"。水德不行，但五行之数已齐全，其后自然有土德接替。总之，无论哪一种情况，黄帝的后代陈（田）氏总是要"承天景命"的。

其实，邹衍的担心是多余的，田氏与水德的缘分早就铁定了。《左传》

① 杨向奎：《论〈吕刑〉》，载《管子学刊》，1990（2）。

不是有陈乃“颛顼之族”（《左传》昭公八年）的话么？《尔雅》不是说玄枵又叫“颛顼之虚”（《尔雅·释天》）么？《庄子》更有“颛顼得之（道），以处玄宫”（《庄子·大宗师》）和“黄帝处北水”（《庄子·知北游》）的明言，直接点破了主题。如此看来，作为黄帝和颛顼苗裔的陈（田）氏正应水德又有什么可以怀疑的呢？

历史传说中还有旁证，《左传》说“陈，太皞之虚也”。“太皞氏以龙纪，故为龙师而龙名”（《左传》昭公十七年）。龙师之虚而育有熊（黄帝）之后，“虬龙负熊”的传说于此似乎也可看到其发轫之点。

然而，历史往往会捉弄人，湣王后期，齐国衰败，稷下先生流落他乡，五行相胜说也传到各地，秦相吕不韦主编《吕氏春秋》时，有门客将邹衍的五德终始说塞入《有始览》，取“应验相同”之义，定名《应同》，毫不掩饰移植的意图。秦统一天下后，齐国又有人进言，大讲五行相胜的主运说，点出“今秦变周，水德之时”的主题，终于促使秦始皇在全国推行水德政治（《史记·封禅书》）。齐国田氏君臣煞费苦心，历时多年建构起来的水德之运，却被来历不明的秦国冒名顶替了。

二、《黄帝四经》与汉初黄老之学

《管子》中的“黄帝之言”，体系虽然庞大，但其结构在出土帛书《经法》等四篇古佚书中得到集中体现。探寻先秦黄帝派道家学说，实是受了它们的启发和促动。

《经法》等篇与《管子》中的“黄帝之言”有着极为密切的联系。《经法》的第一篇题名《道法》，一上来就点出全篇的主题：“道生法。”所谓“道生法”并非指“法”从“道”合理地推导出来，而是由有“道”之人（即君主）制定，用《道法》的话说，就是：“故执道者生法而弗敢犯殹（也），法立而弗敢废之也。”《经法》的作者把“道生法”作了直观的解说，在“道”和“法”之间加进了“执道者”这个中间环节。这和《管子·任法》中“生法者，君也”的提法一致，更在语言结构上与《管子·法法》相同。《法法》说：“圣人能生法不能废法而治国”。这个生法的

"执道者"（或"圣人"）所执究竟为何"道"?《道法》又接着论述道："虚无刑（形），其裻冥冥，万物之所从生。"按裻本义为衣背之中缝（《说文》），或通督，《庄子·养生主》："缘督以为经"。督为督脉，即人体身后之中脉，是裻即中。《管子·心术上》"虚无形谓之道"。《内业》："凡道无根无茎，无叶无荣，万物以生，万物以成，命之曰道。"可见，在"道"的本体意义上《经法》与《管子》之学是相通的。

在认识这微妙莫测的"道"上，《道法》认为只有通过"虚无有"才能做到，因此提出"执道者"要"无执"、"无处"、"无为"、"无私"。《管子》有"虚一而静"之法，《心术上》说："人皆欲知而莫索其所以知。其所知，彼也；其所以知，此也。不修之此，焉能知彼，修之此莫能（如）虚矣"，因此提出了"无臧（藏）"、"无设"、"无求"、"无虑"的节目，在"道德"修养论上二者也是一致的。

《道法》的作者认为，有了"虚无有"的修养，便可以认知形名了，"天下有事，无不自为刑名声号矣"。原校注者引《韩非子》的《主道》、《扬权》作此句注脚。其实，《管子》中早就有言："物固有形，形固有名"（《心术上》），"凡物载名而来"（《心术下》），在提法上更有些哲学意味，显示了理论指导的原则性。

至此，进入形名之学的领域。《道法》认为，只有具备了"公明"、"正静"、"无私"的"道德"修养的人才可知形名的玄机。它指出："天下有事，必有巧（考）验，事如直木，多如仓粟，斗石已具，尺过（寸）已陈，则无所逃其神。故曰：度量已具，则治而制之矣。"《管子·白心》有言："名正治备，则圣人无事。"《韩非子》也曾多次论述他的参验形名之说，《扬权》云："上操度量，以割其下，故度量之立，主之宝也。"这又在参验形名这个重要论题上看出三者的一致。

关于因应之术，《道法》主张："应化之道，平衡而止，轻重不称，是谓失道。"它要求人主不应过分有为，违背自然，而要采取放任态度，做到以静制动，恰到好处。这里所说的"应化"，在《管子》中是个重要论题。《心术下》有："与时变而不化，应物而不移"。是变还是化，要以"应"为原则，不作过多的干预，"物至而应；过则舍矣"（《心术上》）。这与所谓“平衡而止”的说法极为近似。

接下来，《道法》又谈到“四时、晦明、生杀、輮刚乃天地之恒常”的阴阳家说，“男农女工乃民之恒事”的农事学说，“贤不肖不相放（妨）”、“贵贱有恒位”的儒者说教，“任能毋过其所长”的“畜臣之道”（形名之术），以及“去私而立公”的“使民之恒度”（法治学说），在体系结构上与《管子》因袭、采撮百家之学相同。

这就是《经法》第一篇《道法》的内容，也是全书的总纲。它为统治者提供了遵道而制法的理论依据。而用短短的一篇文字就把黄帝之学的体系阐述得如此清楚，表明它在《经法》中的核心地位。

帛书第二经《十大经》的最后一篇《顺道》与《管子·势》的许多内容相近，其中引人注目的仍是“道德形名”的思想。第四经《道原》论析“恒无”、“太虚”的“恒一之道”，以“虚”为“道舍”，“一”为“道号”，“无为”作本体，“中和”为其用，然后宣称圣人“察无形”、“听无声”、“抱道执度，天下可一”的道理，与《老子》、《管子》、《淮南子》等相近。此外，《经法》中的《名理》也集中讨论了“道德形名之学”。

“道德”学说之外，《经法》中《国次》、《君正》讲兵政，《六分》、《四度》、《论》、《亡论》讲治法，《论约》以阴阳大理大经为绳约；《十大经》以《立命》打头，论述黄帝四面、四时行令的思想，《五政》、《果童》仍讲阴阳，《兵容》、《本伐》讲兵政，《成法》讲名法，第三经《称》专门论说阴阳大顺。总之，帛书的“道理”论仍不离阴阳兵法这三家，与稷下《管子》的“黄帝之言”遥相呼应。

帛书的“道理”论更突出地表现为“因阴阳之大顺”的意味。《经法·四度》有“极而反，盛而衰，天地之道也，人之李（理）也，逆顺同道而异理，审知逆顺，是胃（谓）道纪”。“极而反，盛而衰”，本为人们从一年四季循环往复中得出的认识；“同道异理”，正表现了“道”为总的本原、“理”为具体分支的思想；“理”所强调的仍是一个“分”字。而所谓“道纪”就是“道”的总条理。

《论约》有言：“始于文而卒于武，天地之道也；四时有度，天地之李（理）也；日月星辰有数，天地之纪也。”所谓“文武”，即前引的“立废”、“生杀”，春夏主生长，当属文，秋冬主肃杀，当为武。《君政》云：“天有死生之时，国有死生之正（政），因天之生也以养生，胃之文，因天之杀也以伐死，胃之武。[文] 武并行，则天下从矣。”文武并用源于阴阳家的天时大理。在文武并用中，《经法》的作者更重视文，《四度》有“用二文一武者王”的话，《六分》则有“主惠则臣忠者，其国安”。这就把自己和三晋商韩之流区别开来，后者以为君臣、君民之间无惠爱可言，只有计算之心和威强之势，与三晋相比，帛书这种思想，自然更接近《管子》之学。

《十大经》多以黄帝君臣问答形式讨论政治问题。《立命》开宗明义，点出黄帝四面为像的主题，这就在体系上为该篇定下了“因阴阳之大顺”的基本框架。接下来，《观》又通过黄帝之口，讲了一堆宇宙生成、阴阳剖判的来历。“黄帝曰：群群（下缺六字）为一囷，无晦无明，未有阴阳。阴阳未定，吾未有以名。”这种无名的混沌状态，与《老子》和《管子·内业》的道体观相同。接着又说：“今始判为两，分为阴阳，离（厘）为□四 [时] ……下会于地，上会于天”。在这个天地大理的基础上，“春夏为德，秋冬为刑，先德后刑以养生”。这就又提出刑德问题，与《管子》的阴阳学说通了气。《管子·四时》有言：“德始于春，长于夏；刑始于秋，流于冬。”《十大经·兵容》又论述因时而动的思想：“圣人之功，时为之庸，因时秉□，是必有成功。”《管子》有言：“春采生，秋采蓏，夏处阴，冬处阳，此言圣人之动静开阖诎伸浧儒（盈缩）取与之必因于时也。时则动，不时则静。”（《管子·宙合》）可见二者所言实为一事。正是在所谓“因天时，与之皆断”的基础上，《十大经》的作者告诫统治者“当断不断，反受其乱”（《十大经·兵容》）。这句话在汉代是极为流行的谚语，广为各阶层人士所引用。

《十大经·前道》有言：“王者不以幸治国，治国固有前道，上知天时，下知地利，中知人事。善阴阳（下缺二十一字）[名] 正者治，名奇者乱，正名不奇，奇名不立。”可见，古代三才说在《十大经》作者手里倒真的成了万能的魔棒，任意挥舞，使“阴阳之大顺”在包容了刑德之后，又把形名也囊括进去，再一次显示了由“道理”而形名法术的黄学逻辑，并与前面所说“道德”论互相渗透、融合。

因为帛书《经法》等四篇古佚书具有以上一些特点，我同意它们就是《黄帝四经》的看法，进而认为它们是“黄帝之言”的重要物证。

我们感谢前人在整理《黄帝四经》方面所做的工作，特别是他们在注释中援引了大量古代典籍，互相印证，总共不下二三十种，使我们一看便可感受到它们在思想发展的历史中应处于什么位置上。所引各书以《管子》最多，《韩非子》、《淮南子》、《文子》、《国语·越语》其次。《黄帝四经》出土的马王堆三号汉墓下葬时间是在汉文帝前元十二年（公元前168），淮南王刘安受封于文帝前元十六年，其招致苏飞李尚之流编著《淮南鸿烈》当在封王之后，晚于《黄帝四经》，这是肯定的。《文子》与《黄帝四经》有很多共同之处，但是《四经》每每以“黄帝曰”引起议论，《文子》却以“老子曰”代而替之。我以为，“黄帝之言”称“黄老”，是司马迁时代的发明，当在景、武之间。《文子》称老子，以代黄帝，似当晚于《四经》而成书。至于《管子》、《韩非子》、《国语·越语下》与《黄帝四经》孰先孰后，目前众说纷纭，尚未寻找到公认的定时立论的标准。不过，可以肯定的是，不论《四经》写定于何时，它终究是目前可见的西汉文帝以前“黄帝之言”的确凿证据，作为其他古代文献定时定位的客观标准是无可怀疑的。

《黄帝四经》的发现，使许多悬而未决的问题可以得到解决，至少它可以证明“德”、“理”结合的“道”论结构是“黄帝之言”的最核心的内容；阴阳兵法儒家相互间的渗透、融合乃是黄帝“道理”学说的基本前提和逻辑延伸。行文至此，我不禁想起先师刘毓璜先生十几年前的一个提法，他说：“作为道家学说的一个支流，‘黄老之学’的新鲜内容是其中的‘黄帝之学’。司马迁撰《史记》，说慎到学‘黄老道德’，申韩‘本黄老’，着眼点是以‘黄’御‘老’，以‘老’入‘黄’。”① 联系本文上面的分析，应该承认，老子的“道德”思想是被稷下学者以及《黄帝四经》的作者改造后吸收容纳在“黄帝之言”的体系结构中的。

① 刘毓璜：《先秦诸子初探》，239页，南京，江苏人民出版社，1984。

上面，我们从思想体系上论证了《管子》和《黄帝四经》应属于“黄帝之言”。那么，接着的问题是，它们与司马迁使用的“黄老”一词又是什么关系呢？这个问题首先与汉初的形势有关。

战国时代是诸侯并争、竞于气力的时代，强力思想是它的时代主题，法家学说颇受各国统治者欢迎，齐国也不例外。虽然《管子》也提出过“静而治，安而尊”（《管子·法禁》）、“安徐正静，柔节先定”（《管子·势》）的观点，也主张文武并用，但它却更强调以武为本，骨子里沉醉于法治学说。它认为

> 文有三侑，武毋一赦。惠者，多赦者也，先易而后难，久而不胜其祸；法者，先难而后易，久而不胜其福。故惠者，民之仇雠也；法者，民之父母也。（《管子·法法》）

这种崇尚法治、以法为本的思想与齐国“谨修法律而督奸吏”和“欲以并周室而为天子”的总的政治方针是一致的。

汉初，天下复归一统，然而，大战之后，经济凋敝，民生艰难，诸侯势盛，四裔不宁，汉朝仍处于风雨飘摇之中。因此，所谓“安定清静”、“与民休息”就成了这时的政治主题。《史记》此类记载极多，文帝时贾谊提出“牧民之道，务在安之而已”（《过秦论》，见《史记·秦始皇本纪》），集中表现了这个时代主题。这就是汉初的现实。

《黄帝四经》流行于汉初，其中有些适应时代需要的言论，如前引之“用二文一武者王”，“主惠则臣忠者其国安”，还有“审于行文武之道则天下宾矣”（《经法·君正》）。所谓“宾”即“宾从”，指诸侯王服从天子而定期朝觐。然而，“黄帝之言”相对于三晋之法，虽有韧性特征，但在汉初，仍显得过于强硬。其中的“道理”说固不待言，就是“道德”论，也主要是注重君主个人的虚静修养和形名之术，虽然在本质上与汉承秦制的政治主导路线相符合，但毕竟不能作为公开的号召，解决眼前的社会安定的大问题。在这种情况下，讲求“安定宁一”、“清静无为”的《老子》的重要性日益显露出来，地位也日见重要。帛书《老子》乙本与《黄帝四

经》抄写在同一块帛上，就说明当时是把《老子》和《黄帝四经》相提并论的，也就是说，《老子》已经上升到与“黄帝之言”并驾齐驱的地位了。

但是黄老连称究竟要有个过程。司马谈《论六家之要指》中的道德家其实指的是“黄帝之言”，他习道论所跟从的老师自称“黄子”，而不称“黄老子”或“老子”，说明此时还没有“黄老”之称。但是到了司马迁所处的景、武时代，《老子》的地位更加突出。《史记·儒林传》记载，窦太后好《老子》，召辕固生问儒者对《老子》书的看法，当听到辕固生贬《老子》为“家人言”，立即暴跳如雷，硬逼着辕固生入圈刺豕，辕固生险些因此丢了性命。大概是由于窦太后的大力提倡，《老子》书与“黄帝之言”平起平坐终于得到普遍承认，“黄老”连称也得以实现，但在表述上仍存在含混不清之处。司马迁对黄老的称呼有三种不同形式，值得注意：(1) 慎到、田骈、申不害、韩非等或“学黄老道德之术”（《史记·孟子荀卿列传》），或“本于黄老”、“归本于黄老”，而庄子却“归于老子之言”（《史记·老子韩非列传》），是黄老、老子为二。(2)“窦太后好黄帝、老子言，(景) 帝及太子、诸窦不得不读《黄帝》、《老子》，尊其术”（《史记·外戚世家》）。“陈丞相平少时，本好黄帝、老子之术”（《史记·陈丞相世家》）。是“黄帝言”、“老子言”为二。(3)“孝文好道家之学”（《史记·礼书》），“孝文帝本好刑名之言”（《史记·儒林传》），是“道德”、“形名”为一。这说明汉初《黄帝》、《老子》各有著作，即“黄帝、老子言”并行于世（第二种）；而“黄帝之言”已称为“黄老”，并与“老子之言”并行（第一种）；道家即形名（第三种），与《论六家之要指》论“黄帝之言”相同。由此可见，司马迁所谓“黄帝”、“黄老”、“道家”、“形名”都是指“黄帝之言”。用合称“黄帝之言”和“老子之言”的“黄老”来指代“黄帝之言”，这是司马迁犯的一个不大不小的错误。当然，这种错误只能是出于习惯。

要之，黄帝作为齐国田氏的政治旗号，其树立，在理论上主要归功于五行学说，相生说和相胜说代表了两个发展阶段，其直接的动因是田氏代姜和“欲以并周室为天子”的政治目的。黄帝不仅仅是个政治旗号，在它之下形成了有体系的学说，这就是所谓“黄帝之言”。《管子》中成于稷下学宫时期的许多作品缘着“德”、“理”结合的“道”论展开的思想体系，当属“黄帝之言”的范畴，马王堆汉墓出土帛书《黄帝四经》是“黄帝之言”存在的有力物证。汉初，黄帝书和老子书并行于世，合称“黄老”。积久成习，“黄老”又成为“黄帝之言”的代名词，而“黄帝言”之名反倒暗淡下去。随着“黄帝言”的湮没无闻，后人更误以为汉初“黄老”是《老子》之学的别称。这个错误，应予纠正。

（原载《管子学刊》2000 年第 1 期）

第二编

《韩非子》研读

韩非子政治文化观片论

中国历史上的社会文化思想在本质上都属于政治文化观的范畴，都以政治价值标准为核心，对社会和文化现象的思考，几无例外，这是它的根本特征。不过，尽管纯粹的文化思想和社会学说从来不曾独立出现过，但并不意味着这份思想遗产将永远淹没于哲学史或其他研究领域之中。目前，从政治文化的角度批判传统文化的工作已经开始，本文从整理韩非子的政治文化观入手，选择几个问题试加分析。

一

近几年对传统文化的热烈讨论，主要是针对儒家学说的，其他各家学说往往被排斥在外。历史告诉我们，除了儒家之外，先秦诸子的主要几家都没有失去影响，这之中，韩非子思想的影响尤其深远。

韩非子思想是韩国政治现实的必然结果，但不等于说它只能适用于韩国。事实上它的影响远远超出了它的故国。秦王嬴政纵然幽杀韩非，却并没有妨碍他的思想在秦国的传布，秦国君臣后来还是接受了部分韩非子学说。汉初黄老之学复兴，韩子之书受到尊崇，就连他从《管子·白心篇》继承下来的对汤武革命的批判和“弊冠新履不可倒置”的生动比喻，都成了黄老之学同儒家之徒展开激烈争辩的现成有力论据，被运用得得心应手、天衣无缝。汉宣帝强调汉家制度本以“霸王道杂之”，实际上指的正是“韩子杂家说”。此后，尽管形势起了变化，韩子遭到非议，被打入冷宫，但他所投下的影响却没有因此而消失。他的思想一方面凝固为现实的政治制度，另一方面经过乔装改扮，沉积下来，成为民族文化精神不可或缺的组成部分。直到现在，韩非的尊主卑臣、忠君爱国、奉公废私、清廉尽职等政治信念，仍能引起极大的共鸣。今天，当我们回顾传统文化的时候，如果把焦点仅仅落在孔孟原著、周易经传和程朱陆王上面，就不可能正确理解作为统治思想的文化，也不能获得对下层社会和人民的文化——心理结构的全面认识。如此具体的目的尚难达到，遑言中国文化？因此，从《韩非子》及其他学派的思想资料中来挖掘中国传统文化的根源，作为现时文化史研究的一种得力补充，不但是完全必要的，而且也是不容迟缓的。

二

韩非子激烈的社会批判思想比较集中地表现了他的政治文化观。

展读《韩非子》，立刻会被其中激烈的社会批判思想所震撼。《韩非子》论辩之激扬、言辞之犀利、博喻之宏富，与作者思想的邃密、心怀的激越、情绪的悲愤相表里，突出了个性鲜明的批判精神。

就目的而言，韩非子与老庄哲学大不相同。老子主张“佐人主”“莅天下”，以“濡弱谦下”的姿态，进到“无为而治”的思想佳境，因而谋求施政务治的“自然之道”。他的思想矛头，自然就对准了那些麾师争霸、灭弱吞小的诸侯，表达了对战乱频仍、风起云蒸的苦难现实的深深忧虑和对“强盗头子们”的强烈愤慨。到了战国时代，面对强国并争相王，策士救急解纷的扰攘乱世，庄子痛感世人道德的沦丧，为主体人格屡遭践踏摧残而惋惜、而哀恻，遂萌发了掊击世俗邪恶的超越意识。他主张超凡脱俗，追求绝对的率性和逍遥，衷心颂扬自然天真，对世间一切扞格自然的人为行动表示了不屑一顾的轻蔑。与此迥然不同的是，韩子的主题本为如何加强君主集权，因而在对待社会尤其是变革时期的社会现实上，便不可能像老庄那样，持虚无主义态度，而只能站在新制度的立场，批判传统社会与传统道德。这种态度的世俗性质使它不可能像老庄社会批判思想那样来得彻底、来得洒脱。

战国时代是“古今一大变革之会”。在政治法权领域里，私有制（即地主、官僚、封君、自耕农民所有制）战胜传统的宗族公有制，君主集权和官僚体制取代宗法分封制度，经过数百年的激烈斗争，已成定局。但在思想文化上，新与旧、公与私的斗争正在持续，形势仍较复杂。是像孔孟之徒那样，稍加损益，继续维护传统宗族伦理道德，还是顺应时代的要求，为新道德的诞生而推波助澜、摇旗呐喊？韩非必然地选定了后者，对抵触新政体的虚伪道德作了深刻的揭露和无情的鞭挞。在他眼里，只有君主集权的国家利益才是至公，传统宗族道德观念非但是不公，相对国家利益而言，简直就是大私。楚人直躬检举父亲偷盗，便国利民，本来是大公的行为，但却偏偏受到宗族乡党的诮让；鲁人为保老母，临阵畏怯脱逃，置国家大命于不顾，理应严惩，而儒者却赞不绝口，只能说明以儒家为代表的旧道德“乱国”、“危主”，与新政权相矛盾的实质。韩非进而指出：传统社会所称扬的所谓“仁人”、“君子”、“侠客”、“高士”等等，不过是些“为故人行私”和“枉法曲亲”的“私人”、“蠹虫”，正由于他们的存在，才造成了“吏有奸”、“损公财”、“毁法制”、“旷官职”、“民不事”、“令不行”、“君上孤”等一系列严重危害，直接动摇了国本，因而必须彻底廓清，才能致“人主之公”于安稳牢固。

韩非旨在反对宗族伦理的激烈言辞，毫无疑问具有进步意义。不过，由于对社会革命期望过高，对社会发展的复杂性估计不足，因而表现出一定的空想性，显得过于偏激。他曾尖锐批判的传统道德原本包含一些普遍意义，不可能也不应该在一个早上扫荡净尽。何况宗族制度也并没有因为一次或几次革命而埋葬，只是受到一定冲击，退出了国家政体，由前台转到幕后，固守着家庭阵地，成为中央集权制度的一个有力补充。由这两个根本因素的制约，后来的统治者便只能选择儒家道统而非法家学说作为统治思想。尽管韩非憧憬的人人奉公法、行公事、做公人的纯而又纯的集权制国家始终不曾出现过，但他的社会批判思想却时时提醒人主防备一切破坏集权主义的奸人和私行，它的基本精神贯穿于整个中国历史，成为一切明君忠臣的思想武器，尽管他们不愿提起韩非的名字。

三

韩非政治文化观的核心，是极端的国家主义，其实质不是民族国家的利益，而是君主的集权。由此而来的，是在中国民族文化精神中占有重要地位的政治实用主义和庸俗功利主义思想。韩子明确主张，任何人，不论是政府官吏，还是平民百姓，一切言行必须以国家法令为准则。凡符合国家法令者为是，反之为非。他说："明主之国，令者，言最贵者也，法者，事最适者也。……故言行而不轨于法令者必禁。"（《问辩》）这种实用主义思想带有浓厚的政治色彩，是形名之学的必然结果："听不参则无以责下，言不督乎用则邪说当上。……有道之主，听言，督其用，课其功，功课而赏罚生焉，故无用之辨不留朝。"（《八经》）其结果，便必然要求"举实事，去无用"；"不道仁义"，"不听学者之言。"（《显学》）显而易见，政治实用主义具有鲜明的反文化特征，它必然导致法家焚书从吏与道家愚人之心的珠联璧合。这种思想的另一面，是极端的庸俗功利主义。韩非有一句名言常为学者们称道："夫言行者，以功用为之的彀者也。"（《问辩》）所谓功用，无非是君主国家政治需求的满足，不以满足国家利益为目标，不以国家意志为准绳的言行都是无用的。他举例论道：锋利的矢镞如用来漫无目的地发射，叫做妄发，纵使偶中秋毫之末，也不算善射。"今听言观行，不以功用为之的彀，言虽至察，行虽至坚，则妄发之说也。""故明主之国，无书简之文，以法为教；无先王之语，以吏为师。"（《五蠹》）在韩非看来，儒者、纵横家、侠客、私属、商工之人统统成为与国家法令相左的"妄发之徒"，必须严格取缔。这种以国家—君主的利益来判断利害臧否的思维定势，对民族文化心理结构的形成，起到了关键性作用。不论是重农抑商、立公废私、尊主卑臣的社会政策，还是崇实用、薄思辨，尚质朴、反浮华，重理性、轻情感，尊人文、耻神道的文化精神，无一不与这种政治文化观紧密联系在一起。

四

韩非政治文化观中另一个久为人们忽略的内容，就是与国家主义相辅而行的重民思想。韩非思想的矛头，始终不曾对准下层民众，这是与法家李悝、商鞅截然不同之处。在他看来，士农工商之中，工商是必须限制的，士则应该警惕提防，只有农最为可靠，君主统治的基础正是广大农民。韩非曾旗帜鲜明地指出：“闻有吏虽乱而有独善之民，不闻有乱民而独治之吏。故明主治吏不治民。”（《外储说右下》）这一思想不但适应了君主集权和官僚体制初步创设的需要，而且对贯穿于整个中国古代历史的加强集权、削弱相权的政治主题同样具有普遍意义。韩非不无同情地说：“上古之传言，《春秋》所记，犯法为逆以成大奸者，未尝不从尊贵之臣也。然而法令之所以备，刑罚之所以诛，常于卑贱，是以其民绝望，无所告愬。”（《备内》）他提醒当政者：“人主不能明法而以制大臣之威，无道得小人之信矣。”（《南面》）只有切实稳定社会基础，使下层农民既有生计保障，又有余力从军参战，君主才会有条件从容莅政、饬官肃制，确保集权的稳固、国家的久安。本来，反对私利，是韩非思想的一大主题，但是他所抨击的不是一般意义上的私利，而主要是指大臣的背主牟利、传统宗法道德观念及其破坏君主集权的行为和思想，如“五蠹”之人的妨害农战、违法犯禁等等，种种所谓的私，主要是相对于人主和国家而言的；至于一切在崇上抑下、尊主卑臣的大前提下，符合“公义”的行为，哪怕表现出极端的自私自利，也必须加以保护。这就出现了一个有趣的现象，即一方面是坚决取缔与国家公义相抵牾的私行和虚伪道德，另一方面却是鼓励有利于集权国家的狭隘的自为自利。这就从另一侧面暴露出韩非重民思想的政治功利性质。韩非主张人主要善于因势利导，把臣民的营利活动吸引到农战上来，靠法的威力使他们的小利小我仿佛百川灌河融汇到人主的大利大我中来。极端君主集权思想正是通过政治功利主义的内在传导与重民思想统一起来。

五

国家主义和重民思想相结合的逻辑发展，必然是极度膨胀的世俗主义，这条理路恰恰为中国文化的乐感性特点奠下了最牢固的基石。令人惊异的倒不在于韩非为这个基础的奠立作出了贡献，而在于他从某种意义上自觉地认识到了问题的实质。

中国文化一直笼罩着一层温馨的暖色幕纱，弥漫着一种乐观情调。在这里，人被推尊为万物之灵、宇宙的精华、自然的主人，人们一直怀着这样一种信念，人生不是苦难和罪孽的渊薮，无需神明的拯救和彼岸的慰藉，天堂的美妙远不如“男耕女织”和“对酒当歌”的现世欢乐来得实在。这种文化精神，正隐含着一种盲目乐观和享乐放纵的危险倾向。中国文明的早熟，一方面表现于男耕女织这个千年不易的固定模式的过早确立，另一方面便是由此产生的政治结构和文化精神对它的顽强的“固置作用”。

《六经》的出现，表明世俗主义的文化心理基础业已奠立。从孔子到荀子，先贤们一直在探索着道德律的现实根源。同时，与崇拜灵界信仰的宗教心理进行不懈的斗争。韩非从老师那里接受了世俗主义思想，直截了当地抨击任何出世行为和观念。他一再呼吁，任何人必须无条件地放弃逃避现实的动机和行动，哪怕是对君主持不合作态度，也断乎不予通融。他要求人主在强迫人们循规蹈矩遵守法律的同时，必须悉心培植“乐生重死”的世俗观念。“人不乐生则人主不尊，不重死则令不行也。”（《安危》）就是说，人不乐生，便不会为富而致力于农耕，为贵而拼命于疆场；人不畏死，而法律不灵，政令难通。这就无异向世人宣告，国家法律政令之可行性基础，就在于世俗文化心理的形成。同时，也使我们从这个视角，发现乐感文化的深刻根源不是别的，正是君主集权制度！

韩子思想中的这些内容，如果从当时历史条件出发，应该承认是有进步意义的，在客观上有利于官僚政体的形成，有利于国家的统一。但是，问题的另一方面却是，历史不能割断，文化道德可以超越历史阶段和阶级阶层的界限，没有文化和道德而能长久的国家是不可想象的，在这点上韩非对文化道德采取虚无主义态度便是不可取的了。

（原载《锦州师范学院学报》1989年第3期）

韩非的道理论及其在诸子天道观中的地位

天道观是中国古代对至上神或终极存在的认识，在诸子思想体系中具有基础性的作用，是认识中国古代社会特点的重要途径，也是政治史、社会史、宗教史、哲学史研究的重要课题。把韩非子的道理论置于天道观的历史结构中来考察，对进一步理解春秋战国时期的政治变革和社会变革具有不可替代的作用。过去的研究虽然有所涉及，但是留下的余地仍然很多，所以本课题的意义是显而易见的。

一

司马迁称韩非之学"原于道德之意"，又说它"归本于黄老"，这已经得到学界的普遍认可。韩非子的"道理论"就是改造老子道德论而获得的理论成果。

道本义为道路，可引申为途径、来源、方法等意义。在老子、韩非那里，道大体有两种含义，一为万物之情实，即事物的本来状态、样式或方法，一为万物的由来、根源或终极原因。也就是说，既是指万物的所然，又是所以然，既是现象，又是本体。老子所谓"道法自然"是最为精要的概括。道以自然为法，即万物按照自己本然的样子存在，不需人为的干预，更不可赋予任何既定的道德意义，所以又称为"无名"。可是，凡物一落言诠，便成有限，按照黑格尔的逻辑，"凡有限之物都是自相矛盾的，并且由于自相矛盾而自己扬弃自己"①。否定性的规定，当然也是一种规定，说"无名"，不啻是说它是种种有名之外的一种名，"无名"究竟也是一种名。同理，道不具备仁义礼智信这些具体的既定的道德特征，这又从反面成就了它的非仁义礼智信的道德，反对某种道德其实是在树立一种新

① ［德］黑格尔：《小逻辑》，贺麟译，177页，北京，商务印书馆，1980。

道德，标榜自然的必然要走向新的不自然，这就是道家思想的根本矛盾。韩非接受了老子的道德论，也就接受了这个矛盾。

理的本义为玉石的纹理。由于治玉须按玉石的自然纹理进行，所以又指治玉，即把玉从浑然天成的璞（玉、石混合的东西）中剖析出来并加以琢磨，因而理又具有分辨、整治的含义，后引申为狱官的称谓，所以又有法的意义。由于整治必须合乎客观法则，理便又从人事外化为自然的客观法则。理的这种含义在韩非的前辈和同时代人的著作中已屡见不鲜，有的甚至已经与道联系起来，作为自然的本体了。例如，《商君书·画策》云："圣人知必然之理，必为之时势，故为必治之政，战必勇之民，行必听之令。是以兵出而无敌，令行而天下服从。"这里的必然之理，当是必然的趋势，具有规律、法则之义，不合规律、法则的事是不会形成一种必然的趋势的。《庄子·天下》评论稷下学者慎到，说他"泠汰（注：犹听放也。）于物，以为道理"，即把听任万物之自然作为遵循的法则。在稷下三为祭酒、最为老师的荀子对道、理有更深一层的理解，《荀子·修身》云："君子……其行道理也勇。"也是把道理作为行动的原则的。《解蔽》云："凡人之患，蔽于一曲而暗于大理。"所谓大理是指事物的普遍规律。《大略》云："凡百事异理而相守也。"事物不同，理也相异。毫无疑问，这些思想对韩非关于理的思想产生了重大影响。此外，虽有争议但大体可信为战国时代作品的《管子》部分篇章、长沙马王堆出土帛书《经法》等、山东临沂银雀山出土竹书《孙膑兵法》以及今本《鹖冠子》、《尹文子》、《司马法》等都有关于道理的思想，这些对韩非的道理论可能也会有所影响。但是，这些影响是如何发生的？又是怎样表现的？这个问题较大，需另作专题研究。这里所要说明的是韩非在前人的基础上，建构了独具特色的道理论，使它成为自己的政治主张的思想基础，只是在这个意义上，它才显示出特殊的价值。

关于韩非思想中道、理的内涵是什么，两者是如何联系起来的，其特点是什么，下面一段文字比较集中地给予了回答：

> 道者，万物之所然也，万理之所稽也。理者，成物之文也；道者，万物之所以成也。故曰："道，理之者也。"物有理不可以相薄（迫），物有理不可以相薄，故理之为物之制。万物各异理，万物各异

理而道尽稽万物之理，故不得不化；不得不化，故无常操；无常操，是以死生气禀焉，万智斟酌焉，万事废兴焉。天得之以高，地得之以藏，维斗得之以成其威，日月得之以恒其光，五常得之以常其位，列星得之以端其行，四时得之以御其变气，轩辕得之以擅四方，赤松得之与天地统，圣人得之以成文章。道与尧舜俱智，与接舆俱狂，与桀纣俱灭，与汤武俱昌。以为近乎，游于四极；以为远乎，常在吾侧；以为暗乎，其光昭昭；以为明乎，其物冥冥；而功成天地，和化雷霆。宇内之物，恃之以成。凡道之情，不制不形，柔弱随时，与理相应，万物得之以死，得之以生；万事得之以败，得之以成。道譬诸若水，溺者多饮之即死，渴者适饮之即生。譬之若剑戟，愚人以行忿则祸生，圣人以诛暴则福成。故得之以死，得之以生，得之以败，得之以成。（《韩非子·解老》）

道是指万物的本然状态，这是从总体上说的。那么，具体言之，万物各自究竟是怎样的呢？韩非用理来回答这个问题。理就是每个具体之物的内部联系，它的特点是一物与他物相区别，在区别中把握万物。

韩非对此有具体解说："凡物之有形者易裁也，易割也。何以论之？有形则有短长，有短长则有小大，有小大则有方圆，有方圆则有坚脆，有坚脆则有轻重，有轻重则有白黑。短长、小大、方圆、坚脆、轻重、白黑之谓理。"（《解老》）可见，理所表现的是事物各自的特点。它注重个别事物的规定性。

道表示的是万物的总体（all），理则是个体，如果用一这个字来表现道理的内涵，那么道是大一（The One）①，理却是小一（one），大一包含

① 陈荣捷先生解释"万物皆异理，而道尽稽万物之理"作"Everything has its own principle different from that of others, and Tao is commensurate with all of them (as one)"，即把"稽"训为"同"，认为"道"把所有的"理"总和为"一"。参见 Wing-Tsit Chan, *A Source Book in Chinese Philosophy*, Princeton: Princeton University Press, 1963, p. 260。不过，他并没有把道和理的关系理解为一种渗透、贯穿或同一的关系。Munro 氏的观点对此有所补充，他把道理解为 one, being, permanent entity, a permanent unitary entity that permeates the many changing phenomena。见 Donald J. Munro, *The Concept of Man in Early China*, Stanford: Stanford University Press, 1969, pp. 122, 123。

在所有的小一之内并囊括所有小一，正如我们说全体（all）和每一个（every one）相等一样，道和理也是相等的，只是着眼点不同。道注重从总体上把握对象，理则强调个别事物的特点，两者是一而二，二而一的关系。道注重总体，但总体不能凭空存在，必须由个别上升到一般；理强调个别，个别不能孤立独存，必须在他物比照下才有特点。

道理合一是矛盾的统一，是大与小、一与多的统一。“理为物之制”，是个别事物的抽象限定，比如此物与彼物不同，昔时状态与今日者又不相同，这是因为“万物各异理”的缘故。可是在道看来，“万物各异理”正是世界的本来状态，表现个别事物的特点是所有的理的共性，理以它的异而达到同。正是在这个意义上，韩非提出“万物各异理而道尽稽（《说文》段注：‘稽，同也。’①）万物之理”的命题，从而赋予道理以辩证法的含义。

道既是理的总和，又是理的超越。按照韩非的逻辑，理是片面的，凡物有生有死，即有生理和死理，但不管是生是死，都是合乎道的，因此就有了超脱于具体之物的常道。道一方面通过理而成为万物的本然状态，另一方面又通过对理的超越而脱离具体之物的限制。同和异是同一的，就道与万物相同的一面来说，它是变化的，② 就它超然物外的另一面来说，它又是不变的，即它的变是不变（常道）的。这就是变与常相统一，两者互为条件、互相转化，具有辩证法的特征。“道尽稽万物之理，故不得不化，不得不化，故无常操”说的正是这个道理。③

---

① 段玉裁：《说文解字注》，275 页，上海，上海古籍出版社，1988。陈荣捷先生即采此说。

② 陈荣捷先生认为，由于道尽稽万物之理，consequently，everything has to go through the process of transformation。参见 Wing-Tsit Chan，*A Source Book in Chinese Philosophy*，p. 260。从道的角度，即从总体来看，万物自然是不断变化的，永远处在变化流转当中。

③ 王晓波、张纯先生受 Derk Bodde 氏的启发，也认识到道的以变为常的特点，并进一步认为韩非的道论具有一与多、精神与物质相统一的特征，表现了有机的自然主义或整体的自然主义，仍属于中国哲学的主流。Hsiao-po Wang & Leo S. Chang，*The Philosophical Foundations of Han Fei' s Political Theory*，Hawaii：University of Hawaii Press，1986，p. 47，pp. 21-22，p. 25。

由于道理具有变常统一、机动灵活的特点，所以“死生气禀焉，万智斟酌焉，万事废兴焉”；“道与尧舜俱智，与接舆俱狂，与桀纣俱灭，与汤武俱昌”；“凡道之情，不制不形，柔弱随时，与理相应，万物得之以死，得之以生；万事得之以败，得之以成”。道与理不同，它不受具体的个别之物的限制（confined），因而柔软灵活（flexible），不论正理反理皆能适应，生者合乎道，死者亦合乎道，成者原于道，败者亦原于道，这正是“天地不仁，以万物为刍狗，圣人不仁，以百姓为刍狗”（《老子》五章）的自然品格的具体表现和升华。因此陈荣捷先生认为：“对韩非来说，道并非是个性泯灭的无差别的统一体（Tao is not an undifferentiated continuum in which all distinctions disappear），相反，却是事物的具体性和确定性的真实原因”。“这是一个激进的观点”，“它把道家的哲学提到一个新的高度”，“为公元 3 和 4 世纪的新道家（即玄学）的成长导夫先路”。①

韩非对变常统一的重视，与他的历史观、人性论和法治主张有着必然的联系。由于道理合一，而万物各自有特殊的理，每物又有自己与时变化的理，那么从总体上看，由此理到彼理（即道）就不是一成不变的，掌握政权的人必须随着物理的变化而变化（“故不得不化”），不能拘泥于凝固僵化的原则和模式（即“无常操”）②。就人性而言，也是一样，时世转移，条件变化，人性也必然引起相应的改变，没有永恒不变的道德观念和人性状况，随着历史的演进，“上古竞于道德、中世逐于智谋，当今争于气力”（《韩非子·五蠹》）就是合乎道理的抉择。韩非的人性论之所以具有环境论的特征，原因即在于此。在道理论的基础上，韩非提出“世异则事异，事异则备变”（《韩非子·五蠹》）的政治原则，认为历史发展了，治道也该相应地变化。比如“当今”之世，人性恶化，君臣矛盾日益尖锐、复杂，这个形势必然要求统治方法由礼制向法治，由单纯的法治、术治和势治向着循环互补的方向发展。政治必须遵循道理，才能随物变化、与时迁

① Wing-Tsit Chan，*A Source Book in Chinese Philosophy*，p. 252，p. 261.

② E. R. Hughes 把“无常操”译做“it has no fixed frame”，意即没有固定不变的模式。见 E. R. Hughes，*Chinese Philosophy in Classical Times*，London：J. M. Dent & Sons LTD.，1942，甚得其意。

移，适应历史的前进脚步。正是在这个意义上，韩非才说："道者，万物之始，是非之纪。"（《韩非子·主道》）至此，变化、柔软、灵活、适应等道理的品德成为名副其实的原则（principle）。这就是韩非子道理说在政治上的意义所在①。

这个思想与先秦其他学派在天道观上处于尖锐的对立之中。通过以下的比较，可以大体认识它的特点并初步确定它在先秦乃至在中国思想史上的特殊地位。

二

如所周知，儒家是讲天命的。儒家的天命概念具有浓厚的伦理色彩和人本精神。本来，天命表现出一定的神秘特征，它来自周代的敬天思想。司马迁谓殷人敬畏上帝鬼神（《史记·高祖本纪》），这可以从今日发现、整理的大量的殷墟甲骨卜辞中得到印证。周革殷命，虽然在天命观中发生了一场变革，加入了大量的人本和民本思想的内容，但对天或上帝的崇拜并未推翻。《尚书·周书》各篇表现出临事必卜筮而行的宗教特点，《左传》、《国语》中关于周人卜筮和使用《易经》的大量史实的记载，以及周原甲骨卜辞的发现，都说明周人同样敬畏天帝鬼神，只不过这时的宗教观念中加进了民本思想的内容，它适应了武王伐纣的政治需要，为西周统治者重建宗族的统治秩序和政治权威、加强氏族内部团结提供了理论上、宗教上的依据。不过，据汉代公羊学的观点，周代文化的突出特点在于"文"，即注重礼乐教化的人文精神②，至春秋时代，人们沿着周代文化中的人文主义思路继续前进，对天命发生了怀疑、甚至动摇，但这只是问题的一个方面；另一方面，也是主要的，仍然相信天命鬼神，保持了临事必

---

① 对于道理合一、变常统一在政治上和人性上的具体表现，王晓波、张纯先生概括得也比较精当。参见 Hsiao-po Wang & Leo S. Chang，*The Philosophical Foundation of Han Fei's Political Theory*，pp. 47-51。

② 董仲舒：《天人三策》，见《汉书·董仲舒传》，2518页，北京，中华书局，1962。又见《史记·高祖本纪》赞。

卜筮而行的传统。孔子是殷（宋）人之后，又生活在保存周代文化较为完备和系统的鲁邦，对传统宗教观念有其突破宗法局限、强调普遍之爱（仁）的一面，更有继承保留的另一面。他说："君子有三畏：畏天命，畏大人，畏圣人之言。小人不知天命而不畏也，狎大人，侮圣人之言。"（《论语·季氏》）可见孔子是畏天命的。那么，孔子的天命究竟是有人格特征的神呢，还是自然无为的宇宙本身呢？这在迄今所见的孔子言论中似乎很难找到确实的证据。我们所能确定的只是孔子对待传统的宗教观念以及神人矛盾采取了一种较为开明的态度。比如他一方面承认鬼神的存在，另一方面却强调人事的意义。樊迟问知，他回答："务民之义，敬鬼神而远之，可谓知矣。"（《论语·雍也》）子路问事鬼神，他却反问："未能事人，焉能事鬼？"（《论语·先进》）子路又问死后之事，他又反问："未知生，焉知死？"（《论语·先进》）这些都说明孔子在神人关系上总是把人事置于优先的地位，同时也说明他对可实证的人事与不可实证的鬼神的区别有着清醒的认识，表现了求实的倾向。由此推断，他对天和天命的态度不会不同于这种人本主义精神。孔子畏天命，却从不奢谈天道。子贡曾说："夫子之文章，可得而闻也，夫子之言性与天道，不可得而闻也。"（《论语·公冶长》）《论语》又记载"子不语怪、力、乱、神"（《论语·述而》）。这说明孔子虽然相信天命，却并不重视天的神秘性，那么，他所推崇的又是天命的哪些内容呢？孔子曾在宋国遭遇桓魋率众围攻，脱险后感慨道："天生德于予，桓魋其如予何！"（《论语·述而》）天之所以庇护，是因为自己保存了它所赋予的德。前面曾经论及，孔子的德已经突破了周代宗法血缘的樊篱，扩大为对所有人的一种同情或道德观。如果这种推论不错，那么，孔子的天命观较之周代宗法天命思想又具有革新的意义，至少可以说它具有从旧的狭隘的血缘宗教向新的人类大同观念过渡的特征和意义。再如，孔子在匡，当地人以为是阳虎而围之，孔子叹道："文王既没，文不在兹乎？天之将丧斯文也，后死者不得与于斯文也。天之未丧斯文也，匡人其如予何！"（《论语·子罕》）所谓"斯文"，也就是德。不管是否人格神，天的"唯德是依"，"唯德是辅"的本质不变，这就是孔子从周公天命思想继承的理性成分。在孔子看来，尽管时有古今之隔，地有南北之限，敬德、斯文、仁义的天命却是一贯如此、永不改变的。惟其超越了尘世的有限性，和天融为一体，升华为天命，所谓德或仁这样的道德理性才会成为永恒的力量。汉儒董仲舒所谓“道之大原出于天，天不变，道亦不变”①，一语道破了儒家天命思想的实质：为理想的仁义道德和现实的礼乐文化寻找到一个恒常的终极依托或最高根据。不过，在孔子那里，天命并未受到过分的崇拜，它只以自己崇高、纯洁的特征表现着仁德的伟大，真正要成为松柏，做一个仁人，还是要靠人们自己的努力。总之，天命是恒常的，天命中的仁德当然也是恒常的，而人之追求道德的完善，达到仁的境界的努力也绝不会因为时势的变异，环境的改观而有所减弱，这与韩非注重变化的道理论是有所不同的。

孔子没后，儒分为八，其中引人注目的是所谓“子思之儒”（《韩非子·显学》)。荀子将子思孟轲相提并论，目为同道（《荀子·非十二子》)，后遂有思孟学派之称。司马迁作《孔子世家》，谓“子思作《中庸》”。《汉书·艺文志》著录《子思》二十二篇，今佚。传说今本《礼记》中的《中庸》为子思所作，学者有不同见解。不过，从思想内容上看，与孟子性善论是相通的，可补充孟子思诚哲学和性善论缺乏终极根据的不足。孟子的天命观与他的人性论有着直接的内在联系。前引孟子所言，谓耳目口鼻四体之欲虽出于人类的自然本性，可是因为它们不合天命的道德规范，所以君子不称其为性（人的本质属性）。可见，天命乃是道德本体，只有合乎这个道德本体的，才配得上称性。《中庸》所谓“天命之谓性，率性之谓道，修道之谓教，”是这一思想的集中代表。在这个意义上，合乎天命的就是善的，因而也才是真的，人性中善的部分才是真的，才配称性。反过来，人生的修养就在于向自己里面寻求并挖掘善和真的资源。由于善决定真，那么回复到这种善和真的境界就叫做诚。所谓道德修养无非就是做到诚，即回复到善而真实的本性。这就是思诚哲学的基本精神。孟子说：“万物皆备于我矣，反身而诚，乐莫大焉”（《孟子·尽心上》)。说的正是这个道理。由于诚就是真，真就是善，善就是天命，因此，在自己里面实

① 董仲舒：《天人三策》，见《汉书·董仲舒传》，2518～2519页。

现了诚，就可以知性，从而知天。孟子所谓："尽其心者，知其性也，知其性，则知天矣。存其心，养其性，所以事天也。"（《孟子·尽心上》）前面说过，孟子的性善实际上说的是心善，所以知性与尽心、存心是一回事。所谓尽心、知性、知天具有相同的道德修养的意义，这就是思诚哲学的基本精神。正是在这个意义上，孟子确信："诚身有道，不明乎善，不诚其身矣。是故诚者，天之道也，思诚者，人之道也。"（《孟子·离娄上》）真实的善是天生的，反身而诚，反省思诚则是人为努力所应遵循的轨道。至此，又和《中庸》哲学沟通起来。《中庸》云："诚者天之道也，诚之者人之道也。诚者不勉而中，不思而得，从容中道，圣人也。诚之者，择善而固执之者也。"有生而诚者，有学而诚之者，比较起来，孟子似乎更强调思诚的后天努力的重要性。不过，道德的善源于天命，这一点与孔子是一致的，但比孔子更为明确，表现了对人的道德主体自觉的更为大胆的肯定。这个思想一方面在发挥人的主观能动性，摆脱天命的神秘性上与韩非的道理论有所靠近，但在道德本体论上却又拉大了距离。

儒家的道德本体论至荀子而为之一变。伦理本原的天变为自然本体的天。他强调自然界的运动变化有自己固有的规律，不以人的意志为转移。他说："天行（道）有常，不为尧存，不为桀亡"（《荀子·天论》）。不独如此，鬼神在他那里也失去了神秘色彩，成了自然变化的代名词："列星随旋，日月递照，四时代御，阴阳大化，风雨博施，万物各得其和以生，各得其养以成，不见其事而见其功，夫是之谓神。"（《荀子·天论》）天道和鬼神都退掉了拟人化的道德色彩，成为独立的自然本体。正如古希腊的智者安蒂芬（Antiphone，又译安提丰）认为"自然不过是自私自利而已"① 一样，荀子的天道自然论作为人性的根据，结果只能是性恶论的。在他看来，人性就是人的自然性，而自然性是不具备任何道德色彩的。这种见解既不同于儒家孔孟之流，后者认为天命鬼神是作为道德本体而真实存在的，又不同于道家老子之流。因为在老子看来，道或天道鬼神虽然不

① 转引自［美］萨拜因：《政治学说史》，上册，盛葵阳、崔妙因译，54页，北京，商务印书馆，1986。

具有仁义礼智的道德品德而以自然为法，可是万物自然本身却是一种新的道德。荀子的天道观取老子道法自然的观念，而剔除其以道为德的新的道德观，表明他的思想处在矛盾之中。比如，人性自然为恶，天道又自然无德，那么他所坚持的道德、礼法又从何而来呢？为了回答这个问题，他只得求助于“圣人之伪”，认为“礼义法度者，是圣人之所生也”，“礼义者，是生于圣人之伪，非故生于人之性”（《荀子·性恶》）。可是，圣人也是人，既然是人，就一样是性恶的，既然性恶，又如何能生出礼义法度呢？上一章已经指出，他一方面用心来作为伪的根据，可见，他的性和伪是矛盾的；另一方面，他又企图用性恶本身作为道德的根据，结果这种道德只能是一种伪道德，也就是谭嗣同所以批评它为乡愿的原因。由此可见，荀子的礼治主义与他的人性论和天道观是自相矛盾的，它反映了历史转变时期部分士人在传统和现实之间的犹豫和彷徨，他们的思想是混乱的。一方面承认人是自然的产物，人性为恶，因而拥护变法、革新、实施法治；另一方面又不愿完全放弃传统的伦理道德和统治方法，希望以礼治为主，因而承认心的道德倾向。可见，就政治的和伦理的内容而言，荀子的自然天道观与他的礼治主义是脱节的，这和他以性恶作为道德的本原一样，是最终导致其思想体系走向破产的致命内伤。不过，他的天行有常的自然天道观给他的学生韩非极大的启发，为后者最终超越心性善恶范畴，迈入形式上的环境论的新天地，从而在天道观和人性论里实现彻底的变革铺平了道路。

三

在天人关系问题上最富于宗教意味的是墨家学说。前一章曾经提到，墨子相信人性恶，而且恶到了“若禽兽然”的地步，因此他主张用无差别的兼爱来拯救人类。可是这种爱不但在人性上找不到根据，就是在有差别的“仁爱”所赖以存在的人心那里也无法找到落脚之地，于是只好求诸上天。这就是他的天志明鬼思想之所以必要的逻辑前提。与儒家不同的是，墨子的天有时又称做“天鬼”，“上帝鬼神”，“天志”又叫做“天鬼之志”

（见《天志上》、《天志中》、《非命中》），具有一定的人格特征。他说："天必欲人人相爱相利，而不欲人人相恶相贼也……爱人利人者，天必福之，恶人贼人者，天必祸之。"（《墨子·法仪》）"天之意（志），不欲大国之攻小国也，大家之乱小家也。强之暴寡，诈之谋愚，贵之傲贱，此天之所不欲也。不止此而已，欲人之有力相营，有道相教，有财相分也。"（《墨子·天志中》）又说："吏治官府之不洁廉，男女之为无别者，鬼神见之；民之为淫暴寇乱盗贼，以兵刃毒药水火，退无罪人乎道路，夺人车马衣裘以自利者，有鬼神见之。是以吏治官府，不敢不洁廉，见善不敢不赏，见暴不敢不罪，民之为淫暴寇乱盗贼，以兵刃毒药水火，退无罪人乎道路，夺人车马衣裘以自利者，由此止。"（《墨子·名鬼下》）可见，天是福善祸淫的最高主宰。关于墨子的宗国，历来有争论，一说宋国，一说鲁国。宋国有目（墨）台氏，墨氏盖其后也。史载墨子曾助宋御楚，这些表明他与宋国可能有的某种关系。他的学说尊天敬鬼，兼以异别，与周人文化差异较大，却接近于殷人，因此说他出自宋国似更可信。墨氏敬天鬼、倡兼爱，中外学者因而把他比之于耶稣式的宗教家。① 其实，两者有相似之处，更有差别。首先，墨子的兼爱与耶稣的普遍之爱（universal love）接近②，墨者的社团生活与早期基督教相似，但是墨子的上帝鬼神不具有明确的一神特征，没有造物能力，更无复活、拯救和审判的功能。也就是说，作为理性的终极根源，墨氏的上帝鬼神与基督教的上帝有相似之处，但不是相等同的。比如兼爱，墨子强调它是没有差别的，可是它的赏善伐恶本身就违背了兼的原则，起码对善恶是有区别的。基督教不同于它的前身犹太教的最重要的标志就是它宣扬"太阳照善人，也照恶人"，不论善恶，上帝

① H. G. Wells, *The Outline of History*, New York: The Macmillan Company, 1921, pp. 505-506.

② 西方汉学家有用 Universal Love 转译"兼爱"的，见 A. C. Graham, *Studies in Chinese Philosophy and Philosophical Literature*, New York: State University of New York Press, 1990, p. 19。又见 Bertil Lundahl, *Han Fei Zi: The Man and the Work*, Institute of Oriental Languages, Stockholm University, 1992, p. 15。Translated by Fung Yu-Lan, *A History of Chinese Philosophy*, *Vol. I: The Period of the Philosophers*, Princeton: Princeton University Press, 1983。

一体加爱，与这样的普遍之爱比较起来，兼爱仍显得狭隘和简陋。当然，对本文来说，我们仍要强调墨子的上帝鬼神作为终极根据的意义，它是墨家社会正义所凭依的条件。在墨子看来，人不具有理性，上帝却是理性的根源，所谓上帝的理性就是义和兼爱。墨子说："义者，善政也。""义不从愚且贱者出，必自贵且知者出。""然则孰为贵，孰为知？曰：天为贵，天为知而已矣。"因此，"义果自天出矣。"（《墨子·天志中》）所谓义，它的具体表现就是兼爱和互利，墨子说："天之爱天下之百姓"，"顺天意者，兼相爱交相利，必得赏；反天意者，别相恶，交相贼，必得罚。"《墨子·天志上》墨子为什么要宣扬上帝具有义和兼爱的本性呢？看来这与他的救世主张是分不开的。关于救世的动机这里暂且不提，而如何救世则有必要加以讨论。前面讲过，墨子尚同，由里而乡，由乡而国君，由国君而天子，由天子而天，层层上同，天是实施兼爱的最高权威和终极根据，因此它必须是最贵、最知的，也必须是义和兼爱的。如此，它才有资格和能力督促天子以兼爱治天下。墨子云："吾所以知天贵且知于天子者有矣。曰：天子为善，天能赏之；天子为暴，天能罚之。天子有疾病祸患，必斋戒沐浴，洁为酒醴粢盛，以祭祀天鬼，则天能除去之。"（《墨子·天志中》）天比天子高贵、比天子智慧，他的赏善罚暴其实是针对天子的，如果揭去其宗教的外衣，就会发现，所谓"天志"其实不过是抽象的"人志"，墨子用以控制和威慑天子的，竟是人类理性本身。这种善良的理想虽然外化为上帝之义，却仍然无法阻挡世俗权力的无限膨胀，也无法掩盖它与世俗权力的矛盾冲突。墨家的中绝表面看来似乎是它的宗教形式不适合中国文化的实用特点，其实，更深一层的原因却是掩盖在宗教外衣下的追求平等的愿望与中国社会制度中的宗法等级特点的冲突，是它与政治集权制度无法调和的矛盾，而这些正是韩非思想所着意维护的。由此可以看出墨子天志思想与韩非道理论的差异在于一个要用外化为天志的普遍的人志去限制君权，一个却是竭尽全力破除任何对王权的限制。墨家的最高主宰是天，韩非的最高权威是君王自己，如此而已。

墨子与韩非的另一个无法调和的矛盾是对"命"的不同看法。墨子相信天志，可是这种所谓的天志其实是抽象的人志的外化，除了天志，他不相信还有人类无法抗拒的“命”。他说：“此世未易，民未渝，在于桀纣则天下乱，在于汤武则天下治，岂可谓有命哉？”（《墨子·非命上》）世道还是这个世道，人民还是这些人民，桀纣统治，就会天下大乱，汤武统治，就会天下大治。治乱的关键掌握在人的手里，哪有什么命呢？这种非命思想与天志观念是一致的。天志既然是不变的，那么义所包含的兼爱、交利原则也是不变的。人们只要兼相爱、交相利就是尚义，也就是顺从天志，因而必定得福；反之，逆天志而动，则注定有祸。是福是祸完全掌握在自己手里，根本没有什么不可捉摸的命。打个不甚恰当的比方，天志好比银行账户，兼爱、交利犹如存款，相恶相贼仿佛透支，兼爱相利者有福，就像存款而有利息；相恶相贼者有祸，就像亏空透支而收抵押一样。是盈是亏储户心里是清楚的，全凭自己掌握。韩非则不同，在他那里，天命就是道理，道理是万物的本然情况，它无形无象、变动不居、不可捉摸，人是自然的一部分，只能被动地适应环境，不能抗拒道理。他说：“夫智，性也；寿，命也。性命者，非所学于人也。而以人之所不能为说人，此世之所以谓之为狂也。”（《韩非子·显学》）这里的命即指人的自然寿命，他认为寿命是自然注定的，人没有能力改变。他所谓的“天有大命，人有大命”（《韩非子·扬权》），也是指的人的自然寿命，人不应过分纵欲，只能“谨修所事，待命于天”（《韩非子·扬权》），被动地享用自然赋予的寿命。既然人的寿命是自然注定的，那么为了保护它，就只好“重命畏事”（《韩非子·六反》），谨小慎微，尊上敬长，决不能有半点违抗，这样就由个人引申到社会。韩非关于“数”的思想同样表现了他对命运无常的畏惧和屈服。他说：“众人多而圣人寡，寡之不胜众，数也。”（《韩非子·解老》）这个数就是必然的趋势，是不可抗拒的力量，也就是道理。“不乘天地之资而载一人之身，不随道理之数而学一人之智”，徒劳而无功（《韩非子·喻老》）。数就是道理的必然趋势，就是事物的本来的趋势，它无形无象、不可捉摸，与人的主观能动性是对立的。“天下有信数三：一曰智有所不能立，二曰力有所不能举，三曰强有所不能胜。”（《韩非子·观行》）“故以表示目，以鼓语耳，以法教心。君人者释三易之数而行一难知之心，如此，则怨积于上而怨积于下。”（《韩非子·用人》）其实，术就是根据自然之数而设的策略，它的灵活诡谲、捉摸不定和它所表现的数一样，使人畏惧、使人拘谨。可见，数与人心处于矛盾之中，也就是说，道理与人心处于对立之中，它所给予人类的，不是自由和自主，而是奴役和限制。韩非重情实、轻人心，重物轻人，恰恰是源于对命的迷信。通过以上的比较，我们似乎发现了这样一种悖论（paradox）：墨子信天志，反倒处处高扬人的自觉能动性，表现出新鲜、活泼的个性；韩非不畏天，不信邪，却固执自然的命和数，在他的笔下，人类麻木不仁、死气沉沉，缺少活力和个性，这种现象值得深思。

四

比韩非略早一些时候兴起的另一派自然论者，是阴阳五行家。阴阳和五行结合起来并作为一个学派，一般认为是春秋战国之际的事。关于这派的著述，《汉书·艺文志》著录有十余种，惜已亡佚。所幸今本《管子》、《吕氏春秋》、《礼记》以及其他一些子书中还保存它们的若干条材料。关于这派的思想学说，司马谈《论六家之要指》有较为系统全面的评述：“尝窃观阴阳之术，大祥而众忌讳，使人拘而多所畏，然其序四时之大顺，不可失也。”《汉书·艺文志》诸子阴阳家小序也评论道：“阴阳家者流……敬顺昊天，历象日月星辰，敬授民时，此其所长也。及拘者为之，则牵于禁忌，泥于小数，舍人事而任鬼神。”可见，阴阳家是以天文历数物候为其内容的一个学派，当然其末流则往往流于鬼神迷信。另外，从这派孑遗的作品来看，他们还往往以四时五行附会政治和人事，其中最突出的成果是所谓五行相生相克说。所谓相生说是指木火土金水五行依次转化的运行规律，即木生火、火生土、土生金、金生水、水生木，如此循环往复，运之无穷。五行又与四时相配，形成了当时的按时行令的明堂月令图式，《管子》的《四时》、《幼官》、《礼记·月令》、《吕氏春秋·十二纪》都有所反映。春秋战国之际，五行相生与五德相配，衍生出五德递嬗的政权更替的运行模式，为禅让式的篡夺制造舆论，最典型的事例当数田氏代齐。春秋战国时期，有人用“炎帝有天下，以传黄帝”[①] 这类谶语，暗示应以火（炎帝之德，炎帝，姜姓之祖，齐为姜姓之国）生土（黄帝之德，陈即田氏，姓有妫，为黄帝苗裔）的相生顺序，完成田氏代姜的政治行动。战国中期，齐人邹衍（约前305—前240）根据时势发展又创立五行相克说，他著《主运》篇，声称五行还有相克关系，即火克金、金克木、木克土、土克水、水克火。据他推算，周为火德，齐应水德之瑞（据古代天文学，齐为玄枵之分野，玄枵又称颛顼之虚，处玄宫，居北方，当应水德），以水克火，顺乎五行相克规律，为齐湣王“欲以并周室，为天子”（《史记·田敬仲完世家》）提供理论根据。可惜，湣王败亡后，稷下学宫解散，这个理论成果被带到秦国，保留在《吕氏春秋·有始览》中，篇名《应同》，取应验相同之意，成为秦国吞并两周、统一天下的思想武器，表现了明显的移植的痕迹。这个学说显然是粗糙的，缺乏思辨色彩，但是它把四时五行与政治结合起来，进而把春生夏长归于德的一类，秋收冬藏归于刑（肃杀）的一类，推衍出刑德兼用的治国模式，与儒家学说有相通之处。司马迁在评论驺衍思想时指出：“然要其归，必止乎仁义节俭、君臣上下六亲之施，始也滥耳。”又说：驺衍主张“尚德”，以德“整之于身，施及黎庶”（《史记·孟子荀卿列传》），这些都说明其中包含着一定的理性因素。尽管四时五行的运行模式已向道理论的历史观迈进了一步，但仍未最终脱离道德天命观的窠臼，带有浓厚的神秘色彩。这个神秘化的齐学成果为汉代今文经学提供了思想资源，甚至对经学的谶纬化产生了重大影响。它主张德主刑辅、敬鬼神、畏灾异，这些又都成为韩非批判的目标。

五

以上所述儒、墨、阴阳家的天或多或少都具有伦理道德的特征，他们所宣扬的各自的道德观念又都毫无例外地渗透到天的神秘特征里面。从政

① 《越绝书》卷第四《计倪内经》载计倪对越王勾践语，32页，上海，商务印书馆，1929年影印明双柏堂刊本。

治思想上分析，可知任何哲学宗教观念上的凝固化的东西明里暗里都在试图保护着某种传统。德国社会学家马克斯·韦伯有较为深刻的理解，他认识到，中国古代的天、天命是旧的社会秩序与理性规范的卫道士和避难所，对王权具有一定的限制作用。① 韩非的自然主义的道理观与此截然不同。它虽受荀子“天行有常”观念的影响，但由于这个观念的革命性并不彻底，无法满足现实的需要，所以他才转而直接从道家老子之学汲取营养。老子韩非标榜道法自然、听任万物自生自灭，不承认宇宙有任何神秘的道德理性的支配力量。但是，两派在对待传统的伦理文化上仍有很大分歧，它主要源于道德论和道理论的差异。老子认为，道是万物本体，它无往而不在，它的特点是混沌空虚、无欲无为，没有任何既定的伦理色彩，因此叫做“无名”，即无法用世间通用的道德观念（主要指周代礼乐文化）表达的一种境界。由此，老子创立了一种新的道德范畴，这就是无名之德，柔弱谦虚、混沌无为之德，无用之德。这种德相对于周代礼乐文化注重实用的特点来，毋宁说更接近人类道德的精神境界。这样，老子从反对周代礼乐文化的天命论出发，又回归到自己设置的道德天命论的家园。不信，请看：“天地不仁，以万物为刍狗；圣人不仁，以百姓为刍狗。”（《老子》五章）天地圣人以宽容的态度对待万物群生，这样的德对于汲汲于居仁行义和斤斤计较名分得失的儒家道德来，不是更显得从容和大度么！如果承认宽容是道德的极致，那么比之基督的普遍之爱、佛陀的慈悲和孔子的忠恕来，老子的“不仁”似乎应当具有同样深远的意义。老子抨击儒家的仁义，是认为它违背了自然无为的本体，过于狭隘了。他说：“大道废，有仁义；智慧出，有大伪；六亲不和，有孝慈；国家昏乱，有忠臣”（《老子》十八章）。在老子看来，礼乐制度既是人性浇薄的产物，反过来又是它的原因，矫治的最好办法莫过于放弃现行的礼乐文化，挣脱仁义礼智的枷锁，返璞归真，恢复纯厚素朴的天性，这才叫做“有道”。遵循这样的道，出路就只有一个：回归自然，恢复小国寡民的原始生活。这种态度

① Max Weber, *Confucianism and Taoism*, Abridged by M. Morishima, Translated by M. Alter and J. Hunter, London: London School of Economics, 1984, pp. 7, 9.

虽然对当时处于衰退之中的周代礼乐文化有一种冲击作用，但仍然不完全适应新兴势力的需要，在某些方面，甚至不利于新的集权统治。因此，韩非一方面赞成对仁义礼乐的道德伦理作彻底的攻击，另一方面又反对人们因此而走向逃避现实之路，认为这种人属于“离世遁上”的“轻物重生之士”，应该归入禁除之列。此外，老子的道德强调柔弱虚静，这也不符合新兴势力变法图强的功利目标。他们需要的是一种既能冲破传统天命鬼神道德观的羁绊，又不致重新作茧自缚的实用的政治哲学，为现实的变化作出合理的解释，替未来打开已经半开的闸门，让改革的洪流尽情地奔涌，这是道家的道德论之所以让位给道理论的内在契机。令历史家感到惊奇的是，这个契机不早不迟，恰恰为韩非牢牢地擒住了。

韩非仔细地研究了当时流行的各种学说，在商、管之法中找到了历史变化的学说资源。商鞅主张历史变化的发展观点，认为“治世不一道，便国不法古。故汤武不循古而王，夏殷不易礼而亡。”（《史记·商君列传》）为他的政治改革构筑理论基础，代表了三晋法家的思想倾向。韩非在三晋法家历史观的基础上，把齐国《管子》之学的道理论加以条贯提炼，用以解释老子的道德学说，从而把道理哲学发展到一个新的阶段。老子认为“孔德之容，唯道是从。”（《老子》二十一章）道是什么样，德自然也该是什么样。但是他过分强调道德的虚静柔弱的一面，致使道德脱离了万物，具有神秘特征。他说：“物壮则老，是谓不道，不道早已。”（《老子》三十章）物有生、有长、有壮、有老，道则不然，它无为无欲，永葆生命，于是便与物脱了节，成为独立于物之外的神秘的道德本原，与道法自然发生了矛盾，老子所谓“先天地生”，所谓“独立而不改”（《老子》二十五章）即是典型的表述。道与物的脱节，使它具有一种凝固、僵硬的道德性质，这尤其不利于转变时期新兴势力变法改革的实际需要，因而成为法家必须加以改造的突破口。韩非即缘此而进，构筑他的道理学说。他说：“夫道者，弘大而无形；德者，覆理而普至。”（《韩非子·扬权》）“道，理之者也。”（《韩非子·解老》）通过理这个中介环节，道与物的联系更加密切、更为具体，这样就剔除了老子道论中的神秘因素，为注重情实的法治学说打破了传统的桎梏，开辟了一条康庄大道。在韩非这里，道不过是理的总体，理是物的情实，凡遵从道理的，必然要随物而化、因时而动，有什么样的物，就有什么样的道理，与物迁移、随时变化就是服从道理，就是有德。离开了物的变化这个道理，任何道德都是虚伪的、不真实的。至此，道德论中发生的这场变革得以完成。

当然，说到这场变革之得以完成，还有韩非的老师荀子的一份功劳。他的自然之天在老子和《管子》的道与韩非的道理之间起了传导作用。

承认这一点，不等于同意荀子的自然天道观与韩非的道理说毫无差别，事实上它们之间存在着实质的不同。具体而言，在荀子的表述中，天的运行仍有自己的规律。所谓“天行有常，不为尧存，不为桀亡”，虽然失去了拟人化的道德能力，却仍有脱离具体事物的独立倾向，未能彻底摆脱神秘的因素。它以自己独立、绵亘的特征表现出一种超越具体之物的品格（常），映衬在人类社会生活上，就是“百王之无变，足以为道贯”（《荀子·天论》）。既然有百王无变的道贯，那么古今又有什么不同呢？荀子认为“古今一者，诗书礼乐之道也，伦常也。”（《荀子·儒效》）诗书礼乐中的伦常，也就是人类社会的道，它与天道一样是亘古不变的。至此，在逻辑上，天人相分便又复归于合一了。在对待历史和现实的态度上，荀子主张“古今一度也”。杨倞注：“古今不殊，尽可以此度彼，安在其古今异情乎？”（《荀子·非相》）荀子主张以今持古、法后王、称文武，其政治主张具有一定的保守性，都与“天行有常”、“百王无变”的独立的常道有关。到了汉代的董仲舒，竟明确地宣称：“古之天下，亦今之天下，今之天下，亦古之天下。”“天不变，道亦不变。”（《天人三策》）韩非则不同，他的道是变常统一，与“尧舜俱智，与接舆俱狂，与桀纣俱灭，与汤武俱昌”的。因为它有理的中介，所以才能以更为柔软灵活的面貌彻底地遏制传统道论中背离万物的神秘倾向，更适合新兴势力变法图强的政治需要。由此可见，理是韩非完成这场变革的关键所在。

（原载《求是学刊》1999 年第 6 期）

孟子荀卿韩非子对人的本质的认识

如果说人性是指人所具有的诸种属性（attributes）的集合，那么，人的本质就指其中使人区别于他物的根本属性（essential nature）。①战国时期的人性善恶之争，是从道德伦理的方面表达的对人的本质的看法。过去对儒家人性思想有过一定研究，但仍需要作进一步的思考，而对韩非的人性思想则研究较少，更需要下气力仔细研究，而且，把韩非关于人的本质的认识放在诸子思想的历史结构中加以考察，则是非常有意义的。

一、孟子：性善论能否成立？

孟子和荀子的人性论虽然出发点不同，但却都是把人的心当做善的源泉，而把情作为恶的根据。他们都承认人性内部善恶对立的事实，他们的道德标准、价值取向也是一致的。或者说，他们事实上都认为人的本质是善的道德良知。

众所周知，孟子承认嗜欲乃是人性的一部分，可是说到人的本质，他却毫不迟疑地认为只有良知良能才足以当之。他说："人之所以异于禽兽者几希，庶民去之，君子存之。"（《孟子·离娄下》）这种异于禽兽的微弱的东西是什么呢？从孟子思想的内容来看，当然是人性中的善端。他曾举例说："舜之居深山之中，与木石居，与鹿豕游，其所以异于深山之野人者几希。及其闻一善言，见一善行，若决江河，沛然莫之能御也。"（《孟子·尽心上》）舜居深山，与野人、禽兽几无异处，可是一朝闻道，便欣然向善，其势竟至不可阻挡，这是为什么呢？按照孟子的思想，可以肯定这是因为舜心中的善端未曾泯灭之故。所谓善端，就是恻隐、羞恶、辞

① 参见 Donald J. Munro，*The Concept of Man in Early China*，Standford：Standford University press，1969，p. viii，p. 15。

让、是非之心，它们是决定人之所以为人的本质。孟子在论述不忍人之心以后，又进一步强调说："由是观之，无恻隐之心，非人也；无羞恶之心，非人也；无辞让之心，非人也；无是非之心，非人也。"（《孟子·公孙丑上》）没有"四端"，竟连做人的资格也丧失了，这恰恰从反面告诉人们，存于人心的善端才是使人区别于禽兽的本质属性。在孟子看来，只有循着善端扩而充之的仁义礼智之教才是使人性之树常青的雨露和阳光；反之，若仅仅满足于"饱食、暖衣、逸居"而背离仁义教化，那样，人群"则近于禽兽"（《孟子·滕文公上》）。说近于禽兽，是因为"暖衣"、"逸居"里面多少还包含着人的努力，人类若连衣物、房屋也抛弃了，那就真的等同于禽兽了。孟子善辩，论辩中常用是否符合人道作为武器，攻击论敌，著名的辟杨墨就是典型的例子。他说："杨氏为我，是无君也；墨氏兼爱，是无父也。无父无君，是禽兽也。"（《孟子·滕文公下》）在孟子心目中，忠孝乃为仁义在臣子身上的具体表现，按照这个逻辑，杨朱不忠，墨翟不孝，违背了仁义道德，因而也就丧失了人性中的本质属性，当然不齿于人类。君子则恰恰相反，"君子所以异于人者，以其存心也。君子以仁存心，以礼存心。"君子居仁行礼，以存心中的善性，当然是人性的楷模。但是，由于人之心中皆有善端，因而都有居仁行义、成为君子圣人的内在根据。正因为这一点，孟子相信"人皆可以为尧舜"（《孟子·告子下》）。在孟子看来，人是伟大的，因为他能发扬自己本性的善，推己及人，从而成为圣人。

关于孟子的性善论，有着不同的看法，因为涉及方法论问题，所以需要引起注意。美国著名汉学家葛瑞汉氏（A. C. Graham）在宋儒那里受到启发。他引用苏轼（1037—1101）的话"昔者孟子以善为性，以为至矣。读《易》而后知其非也。孟子于性，盖见其继者而已。夫善，性之效也。孟子不及见性而见夫性之效，因以所见者为性。"（《苏氏易传》）意思是说，孟子把性的效果当做性本身，把效果之善当做本身之善。他又引胡宏的话"孟子道性善者，难美之词也，不与恶对"，来加强自己的论据，认为，孟子只说到人性趋向仁义，或把人趋向仁义称做性善，并未说人性本身是否善恶。①

葛氏之有如此见解，与他对中国哲学的一个特点的认识有关。他认为，中国传统，特别是上古时代的传统里有一种“是”（即如时下所谓的“事实认识”）和“应该”（“价值认识”）一分为二（dichotomy）的倾向，当时的思想家只取“应该”而舍弃“是”，或以“应该”代替“是”。② 按照他的逻辑，孟子事实上是把人性向善的趋势（即“应该”）当做人性本身的属性（即“是”）。他认为，性善论在孟子时代只粗具形态，到了南宋，朱熹用天理贯穿万物，人性作为“是”的范畴，即人性本身是什么的问题才开始触及。③

葛氏的见解颇有启发意义，它涉及如何看待中国古代思想的理论深度的问题，不过，若能把“一分为二”换成“合二而一”（duality），或许更符合中国传统的特点，中国古人重视的恰恰是“合”，而非“分”，“二重性”（即此即彼）比“二分性”（非此即彼）更合乎实际。从思维习惯来看，的确，中国思想家，特别是古代思想家并非总是直接展现事物的本体，描述性的论说往往更多一些，而希腊哲学家则不同，他们的论述经常是直触事物的本质（essence）。essence 这个词的希腊文词根即是“是”。就孟子而言，他的性善论究竟能否成立，这要看从什么意义上说。从内容上看，“良知”、“良能”，本身就具有善的性质；从发展趋势来看，“四端”仿佛种子，蕴藏着未来发展的全部基因。宋代学者从理的角度，发现了人性的本质，为加强性善论的哲学基础作出了贡献。从解释学的意义上说，这个发展不但不能否认孟子的性善说，恰恰相反，倒进一步证明孟子的性善论是完全可以成立的。孟子的所谓“四端”，所谓“良知”、“良能”，毫无疑问是人区别于他物的根本属性，也就是人的本质（essence）。从这个角度仍然可以说明把性善作为人性的本质特征是可以成立的。就认识的发展过程而言，孟子和宋儒只有程度的不同，没有本质的差异。这种情况同

① A. C. Graham, *Studies in Chinese Philosophy and Philosophical Literature*, New York: State University of New York Press, 1991, pp. 58-59.

② Ibid., p. 5.

③ Ibid., p. 431.

样适用于春秋战国时代其他思想家。

二、荀子：从恶中挖掘善的资源？

再看荀子，他虽然以性恶立论，却并未认为恶就是人的特有属性。他曾明确写道："水火有气而无生，草木有生而无知，禽兽有知而无义，人有气、有生、有知、亦且有义，故最为天下贵也。"（《荀子·王制》）从这里可以看出，荀子并非像孟子那样，直接肯定人性中的道德本质，人为地将人从自然界中提升出来，而是有意识地强调人是自然界的一部分，而且是自然进化的最高阶段。从逻辑上讲，人之异于水火草木禽兽，恰恰不在于有气有生有知，而在于有义。人何以有义？按义者，宜也。所谓宜，就是应该的意思，也就是适宜的意思。应该、适宜，往往是心的思虑能力在辨别后作出的选择。荀子说："人之所以为人者何已（以）也？曰：以其有辨也。""辨莫大于分，分莫大于礼，礼莫大于圣王。"（《荀子·非相》）又说："力不若牛，走不若马，而牛马为用，何也？曰：人能群，彼不能群也。人何以能群？曰：分。分何以能行？曰：义。"（《荀子·王制》）荀子所谓的选择源于人心的"虑积"和"能行"的本能，也就是说，义源于人心，是虑和能的结果，也就是伪，伪是人之区别于自然界的本质属性。荀子的逻辑虽然从人性中的自然（天）开始，但着意的目标却是对自然的超越，是人为（人）。他之所以用性恶立论，是因为更深刻地把握住了人性中的矛盾，目的主要是为了在人性里面实现人（伪）定胜天（性恶）的变革，从而为"化性起伪"寻找到实实在在的理论根据和依托。性恶，正是为了化性起伪而设，伪就是义，就是善，而倾向于善正是人的本质属性。至此，又与孟子走到了一起。关于这点，葛瑞汉有相同看法，他认为，荀子和孟子一样，都主张道德能力为人区别于他物的本质特征。① 孟禄（Donald J. Munro）的见解也比较接近。他认为，孟荀相同之处在于，他们都认为，人有一种潜能，它与人的行动之间的联系是间接的，但却是

① A. C. Graham, *Studies in Chinese Philosophy and Philosophical Literature*, p. 36.

绝对的。[①] 这种潜能就是向善的愿望，虽然动机不同，但愿望和倾向却是一致的。他又认为，是非心指导人们的社会行为，使其天然的社会倾向得以表现。在这点上，孟荀又是相同的。[②]

荀子承认心的能动作用（伪），事实上为道德伦理找到了人学上的根据。但与孟子不同的是，这个理论是建立在性恶论的基础上的，是他自觉地从性恶中挖掘礼义的资源、努力使性恶与礼义在逻辑上相联系的结果。因而，荀子的性恶论存在着深刻的矛盾，揭示这个矛盾或许更有启发意义。

在礼义与性恶的关系上荀子有这样一种逻辑：

> 凡人之欲为善者，为性恶也。夫薄愿厚，恶愿美，狭愿广，贫愿富，贱愿贵，苟无之中者，必求于外；故富而不愿财，贵而不愿势，苟有之中者，必不及于外。用此观之，人之欲为善者，为性恶也。（《荀子·性恶》）

荀子似乎是想在心理学的意义上从性恶的前提直接推出善的结论来，其目的不能说不善，但是在逻辑上却犯了以偏概全的错误。生活中时常可见到一些贪得无厌、喜新厌旧的现象。人之已得和他所欲贪的东西、他所喜之新和所厌之旧，同出于私欲，不管它们在内容、样式上有什么不同，本质上是相同的。比如，一个人为了虚荣或现实目的的满足而去行善，这虽不能说是坏事，但在本质上与一个人为了私欲而去偷窃并无不同。出于欲望的善举必然是欺世盗名。真正的善应出于同情和怜悯，出于仁。孔子、孟子强调仁，主张从不忍人之心出发，把同情推己及人、扩大到全人类。这样的善与欲望绝了缘，甚至处于对立之中，因此是真正的道德。而荀子以为，人们追求善只是由于他们厌倦了物质的丰富，想要获得新的高级享受，填补精神上的空虚。这后一种思想或行为把行善作为一种奢侈或

---

① Donald J. Munro，*The Concept of Man in Early China*，p. 78.

② Ibid.，p. 81.

精神享受，虽然不必批评或反对，但指出它隐含的危险，引导它落到同情之爱的基础上，却是十分必要的。出于欲望的善举与同样出于欲望的恶行之间有着如此本质的联系，因此我们很难说这样的人性会有什么中流砥柱、独立不阿的伟大品格，很难确信它不会因时势的流转、物欲的膨胀而颓败、而沉沦。谭嗣同批评荀学是乡愿，指出它的无原则的特点，可谓切中了要害。

此外，这段话的逻辑矛盾也是明显的。生活中可能有“苟无之中者，必求于外”和“苟有之中者，必不及于外”的现象，但它们绝不会具有普遍意义，不能一概而论。比如，没有痛苦经历的人是不会有意寻求痛苦的。从逻辑上说，人类既然性恶，就应是贪得无厌，追求感官物欲的无限满足，怎么可能突然扭转方向，因为人性中太多的恶、缺少善而去向往道德之善呢？如果人性中有什么东西能使人做出如此的转变，那么这个东西肯定不会是恶，因为按照恶的逻辑，人们贪得无厌，只能是薄者愿厚、厚者愿更厚。薄、厚、更厚以至无穷，它们只有程度的不同，并无本质的区别。人们之所以能够突然中断这种无穷演进的行程，而选择相反的方向，这不恰恰说明人的内部存在着某种与恶相反的东西吗？（这种东西荀子已经找到，那就是具有“虑”和“能”的本性的心）由此看来，“人之欲为善者，为性恶也”的结论是难以成立的，它与荀子整个思想是矛盾的。①

性恶论的这个矛盾其实是性和心的矛盾在形式逻辑上的表现。如果荀子能够扩大视野，同时考虑心的特点，可能不会犯这个逻辑错误。荀子承认心的能动作用和道德之原，因而相信人能克服自己本性中的恶而与圣人齐、与天地参，他所谓“涂之人可以为禹”（《荀子·性恶》），表明他同样相信人是伟大的。不过，他的性恶论过于强调物欲，甚至把它当做道德的基础，这点对他的学生韩非产生重大影响，是不能不予以正视的。

① 参阅刘家和：《关于战国时期的性恶说》，见中国社会科学院历史研究所：《华夏文明与传世藏书》，398页，北京，中国社会科学出版社，1996。

三、韩非：性恶论？自然性？环境论？

韩非的人性论断定人性为己，心又为之计算，但是他拒绝对人性或人的本质作抽象的道德评判，只承认物欲是道理在人性上的表现，并把注意力转到历史领域，试图在社会发展的客观环境中认识人的本质属性。韩非的历史观其实是为他的人性论服务的。[①]

请看韩非的论证：

> 上古之世，人民少而禽兽众，人民不胜禽兽虫蛇，有圣人作，构木为巢，以避群害，而民悦之，使王天下，号之曰有巢氏。民食果蓏蜯蛤，腥臊恶臭而伤害腹胃，民多疾病，有圣人作，钻燧取火，以化腥臊，而民说之，使王天下，号之曰燧人氏。中古之世，天下大水，而鲧、禹决渎。近古之世，桀、纣暴乱，而汤、武征伐。今有构木钻燧于夏后氏之世者，必为鲧、禹笑矣。有决渎于殷周之世者，必为汤、武笑矣。然则今有美尧、舜、汤、武、禹之道于当今之世者，必为新圣笑矣。是以圣人不期修古，不法常可，论世之事，因为之备。（《韩非子·五蠹》）

这段著名的文字告诉我们，韩非认为历史发展的动力是人民的物质欲望，与此类似的观点在近代曾作为德国哲学的一项重大发现，受到马克思主义经典作家的高度评价。[②] 可见，韩非这段话的意义的确有必要认真加以体会。其中“有圣人作”，乃是指新生势力为解决当时的社会问题应运而生。在韩非看来，历史是进步的，有时甚至是革命的，每个时代都有自己的问题以及解决问题的种种设想。“当今之世”由“新圣”主宰，他们要根据目前的形势，实行新的为政措施。那么，当时的主要问题是什么

---

① 对此，Burton Watson 有相近的见解。见 Burton Watson（translated），*HAN FEI TZU*：*Basic Writings*，New York：Columbia University Press，1964，p. 11。

② 见《马恩列斯论德国古典哲学》，343 页，北京，商务印书馆，1972。

呢？韩非接着写道：

古者丈夫不耕，草木之实足食也；妇人不织，禽兽之皮足衣也。不事力而养足，人民少而财有余，故民不争。是以厚赏不行，重罚不用，而民自治。今人有五子不为多，子又有五子，大父未死而有二十五孙，是以人民众而货财寡，事力劳而供养薄，故民争，虽倍赏累罚而不免于乱。(《韩非子·五蠹》)

韩非以为，古时人口稀少，自然资源相对丰足，因而财产有余，不用耕织，即可得到足够的衣食，所以人民不争，当然也就无需乎厚赏重罚。可如今由于人口以几何基数增长，超过了生产的增长速度，财物金钱相形之下便显得短缺，尽管努力劳作，所得仍然不能满足需要，所以人民争夺，纵然倍加厚赏，屡施重罚，仍不免大乱。韩非从人口与财产的关系来看待社会和政治问题，并由此认识人的本质，的确有其犀利独到之处。他在历史的进化中发现了它的退化，进而又发现了人性的退化。他认为，随着历史的发展，人们的“道德”修养却在逐渐衰退，如果把历史发展划分为三个阶段，那么“上古竞于道德，中世逐于智谋，当今争于气力”(《韩非子·五蠹》)。这里的“上古”即三代以前，“中世”似应指三代，“当今”即指春秋战国。由此可见，在韩非看来，在“道德”的不断衰退中，“当今”的主要问题就是人口过剩与财产短缺之间的矛盾，人性状况就是“争于气力”。这段文字甚至暗示，引起“道德”退化的原因不在于人性本身，而在于它赖以存在的客观物质环境的变化。下面的引文更进一步地阐述了这个思想：

尧之王天下也，茅茨不翦，采椽不斵，粝粢之食，藜藿之羹，冬日麑裘，夏日葛衣，虽监门之服养，不亏于此矣。禹之王天下也，身执耒臿以为民先，股无胈，胫不生毛，虽臣虏之劳不苦于此矣。以是言之，夫古之让天子者，是去监门之养而离臣虏之劳也，故传天下而不足多也。今之县令，一日身死，子孙累世絜驾，故人重之；是以人之于让也，轻辞古之天子，难去今之县令者，薄厚之实异也。夫山居而谷汲者，媵腊而相遗以水；泽居苦水者，买庸而决窦。故饥岁之春，幼弟不饟，穰岁之秋，疏客必食，非疏骨肉爱过客也，多少之实异也。是以古之易财，非仁也，财多也，今之争夺，非鄙也，财寡也；轻辞天子，非高也，势薄也；争土橐，非下也，权重也。故圣人议多少、论薄厚为之政。故罚薄不为慈，诛严不为戾，称俗而行也。故事因于世，而备适于事。（《韩非子·五蠹》）

尧做天子，住的是简陋的茅屋，吃的是粗米蔬菜，穿的是兽皮麻布，连后世看门的仆役都不如；大禹做天子，亲执工具，走在民众的前面，终生劬劳，以致腿上不生毫毛，奴隶的劳苦也不过如此。他们辞让天子之位，简直是逃脱繁重的苦役，这种所谓的“道德”，在后世看来，实在不是出于本性的良善，因而算不得什么。再看后世的县令，一旦身死，子孙后代世世享受乘车之便，所以为人看重。可见，所谓“道德”不“道德”不在人性自身，而在于利害大小的不同。比如水，居住在山里的人以为珍贵，节日期间相互馈赠；而居住在泽畔的人又以为祸患，不惜雇工排放。同样的东西，因地点不同而价值不同。饥年之春，青黄不接，即使是幼小的弟弟，也不让食物给他；丰年之秋，五谷登场，过客也可留食。这并非人性疏远亲人，亲爱过客，而是粮食多少决定的。总而言之，古人看轻财物，是由于财物太多，并非人性的仁慈；今人争夺，是由于财物太少，并非人性的鄙恶。这样看来，韩非的人性观与20世纪的所谓环境论（contextualism）有相似之处。这种观点不承认人性天生具有善恶的抽象的道德性质，而只认为人性的状况须由它所处的环境来决定，即不承认抽象的人性，只承认具体的人性。① 不同的是，韩非的人性论是动态的、历史的，他承认人有智慧的天性，却不承认其中有任何先天的道德内容，仿佛一座空荡荡的房屋，不同的时候任由不同的过客居留。黄帝之学把心比做房

① 参见 William Outhwaite and Tom Bottomore, etc., *The Blackwell Dictionary of Twentieth-Century Social Thought*, Malden: Blackwell Publishers, 1994, p. 268。

屋，称“心舍”（《管子》之《心术上》《内业》），即受此影响。他所谓“上古竞于道德，中世逐于智谋，当今争于气力。”（《八说》作“古人亟于德、中世逐于智，当今争于力”）外界形势变了，心的抉择也要变化，这也是一种理性能力，只不过，它的内容不是天然的道德实践，而是随时间地点条件为转移的东西。“道德”的时代为“道德”，禽兽的时代为禽兽。如果承认环境是人性的最后根据，并以此作为行动的准则，人类就势必要丧失人性里面那中流砥柱的伟大的能动性，而成为随波逐流的芸芸众生。或者说，人类将丢掉其顶天立地的伟大品格而变得庸庸碌碌、卑鄙龌龊。由此可见，这种人性观虽然貌似客观和科学，其实具有极大的危险，韩非的非道德主义直接以此为逻辑前提。

韩非的人性论看来像是环境论，那么，它究竟属于性善论呢？还是性恶论呢？对此有不同理解。过去，学者一般都同意“法家多以为人之性恶。韩非为荀子弟子，对于此点，尤有明显之主张”①。应该承认，所谓人性善恶是儒家的论题，有着特定的内涵，凡承认良知良能为人性之决定因素者即为性善论，孟子为其巨擘；凡承认好利疾恶为最初本质者即为性恶论，荀子为其代表。“韩非以为天下之人，皆自私自利，‘皆挟自为心’，互‘用计算之心以相待’”②。按着性善性恶的既定内涵来理解，当然是性恶论，这是毫无疑问的。不过，这种看法可能掩盖了韩非本人对待人性善恶的态度，而这个态度，在与他的政治主张的关系上并非无关紧要的。有学者看到了这个危险，因此对上述观点提出质疑，指出：韩非从来“没有说过‘自为’的人性是恶的。如果认为这就是性恶论，那么试问：这是韩非的观点，还是我们根据某种观点对韩非的观点所作的评论？”③这派人士根据韩非的态度，认为“韩非的人性论既不是性善论，也不是性恶论，而是无善无恶的自然人性论”。它与前期法家和告子的道家人性论有关。④ 这种提法当然是有一定道理的。但是，假如据此便认为“和他的自然人性论

---

① 冯友兰：《中国哲学史》，上册，398 页，上海，商务印书馆，1930。

② 同上书，399 页。

③ 张申：《韩非是性恶论者吗？》，载《吉林师大学报》，1979（3）。

④ 同上。

相适应，韩非主张后天道德论”，[①] 那就有失偏颇了。究其原因，在于这派人士没有意识到所谓“自然人性论”还有着深刻的内在矛盾。比如《五蠹》的论证就存在一个严重的逻辑悖论，反映了环境论人性观的理论贫乏。韩非所谓尧、禹辞让天子之位是由于他们厌恶劳苦，“今人”看重县令之位是因为贪其厚利，可是按照环境论的逻辑，人性应该像白布，有什么样的环境就会浸染上什么样的色彩，“今人”贪重县令之厚利，这是符合环境的人性表现，但是尧和禹的所作所为与环境却是矛盾的。按照环境论的逻辑，既然他们所处的是财产有余、竞于“道德”的时代，那么就该当仁不让、乐于吃苦任劳才是，怎么会厌恶劳苦、逃避责任呢？难道为了竞于谦让的美德，就有理由违背吃苦耐劳、舍己为人的道德吗？另外，如果谦让不是出于内在的良知，而是出于利害的计算，那么这样的谦让又怎么能和推卸责任、嫁祸于人、以邻为壑，或者欺世盗名等不道德的行为区别开来呢？如果谦让是出于计算之心，人们又怎么能相信道德是环境的产物而不是计算之心使然呢？道德不道德需要由物质财富的多寡来决定，这不恰恰说明人的贪欲和计算之心才是最后的根源吗？所谓环境论，说的是人性随时间地点条件的变化而变化，可是变化的动机不就是深藏于人类灵魂中好利恶害的物欲之性和计算之心吗？人类若没有独立于环境的善的道德力量，而只有追求满足的物欲和审时度势的历史理性，这不恰恰说明这样的人性论才是彻底的性恶论吗？荀子虽然承认人的欲望（恶）导致道德（善），认为人性是恶的，但是他仍然相信人心是善的，心的辨别是非的能力是克服人性之恶、改恶从善，使“涂之人可以为禹”的内在根据。韩非虽然未从道德观念上对人性做善恶的评判，但是他认为人的内部除了物欲，就只有计算之心；用他的话说，人性只是人情，人心也只是“以利之为心”的。这种人性论剔除了荀子人性论中的善的因素，不论站在哪家的立场上，都可以肯定它才是真正的性恶论。

总之，对待韩非的人性论，我们既要指出其貌似环境论的一方面，由此可以理解他为什么采取了一种非道德化的态度，以便正确认识其非先天

---

① 张申：《韩非是性恶论者吗?》，载《吉林师大学报》，1979 (3)。

道德论的特点；另一方面又要指出其中的矛盾，揭示出性恶论的实质，以防止偏离方向，误认他的人性论是所谓“后天道德论”。必须明确，韩非的人性论既不承认先天道德，也不承认后天道德，它只强调环境不同，其恶的表现不同，如此而已。

当然，这种理解不是韩非自己所能做到的，他甚至不曾意识到自己的人性论中隐藏着如此深刻的矛盾。他所能够做到的，只是不承认性恶。因为他知道，凡恶必有善，承认某物为恶，自然是要树立某种善。这样做会导致对自然性的否定，最终回归道德主义的范畴。这与他的初衷是相违背的。所以他只强调环境论，而不作善恶的讨论。这说明他虽受荀子的影响，但主观上却努力转向道家的自然主义。在政治实践上，他的这种观点当然最适合于王权强化的需要。

韩非坚持认为，即使人性看起来有什么变化，决定这种变化的也绝不会是它自身的内在根据，而只能是某种外部力量。他相信，人的本质不在于他自己，而在于他生活于其中的环境，在于历史的发展、变化之中，有什么样的客观环境，就会有什么样的人性，有什么样的统治秩序，就会有什么样的民众，有什么样的君主，就会有什么样的臣民。至此，我们才可明白，韩非之所以强调环境的重要，其政治上的用意在于说明人是藐小的，他只是一个自在的躯壳，需要外物的填充和外力的主宰。这个外力，就是他的法、术、势循环互补的王权。

（原载《社会科学辑刊》1999 年第 6 期）

韩非对传统观念文化的批判

——兼论其政治实用主义本质

一般认为，文化可以划分为三个层面：物质文化、制度文化和观念文化。其中观念文化指某个特定的历史时期的宗教、学术、礼仪思想等观念性成果。这些成果，与制度文化，甚至物质文化形成互相渗透、互相作用的关系，具有不可忽视的影响。凡是形成体系的思想家，都要在这个领域里表明自己的立场。韩非也不例外。为了树立君主统治的最高权威，他必然要在这个层面上肃清传统文化的影响，必然要对传统的天命鬼神、学术文化和礼仪观念展开猛烈的批判。过去，有人对韩非的“无神论”和“哲学思想”进行过一定研究，但是从政治实用主义的本质上认识其文化思想的特点，即把韩非的文化思想置于其整个思想的内在结构中加以把握，仍需要作进一步的努力。这种努力既有助于理解韩非思想维护君主统治的政治本质，又有助于认清其宗教、哲学、社会思想的特点和意义，因而仍然是研究韩非思想的不可缺少的一部分。

一

美国汉学家卜德（Derk Bodde）氏指出，在中国从没有任何人曾经暗示过任何成文法哪怕是最好的成文法由神创造。① 他说的有道理。其实不但成文法，就是习惯法，在中国也没有明确地被认为由神谕而产生，这是中国文化的一个突出的特点。非唯如此，对法律进行反省的政治思想，特别是主张法治的政治思想不但不承认法律的神源说，而且为了维护成文法的绝对权威，对宗教或半宗教（quasi-religious）思想进行了一定的批判，

---

① Derk Bodde and Clarence Morris, *Law in Imperial China*, Philadelphia: University of Pennsylvania Press, 1973, p. 10.

试图在法律领域中肃清传统的影响。韩非在道理说的基础上对天明鬼神和终极根据以及人类精神现象的批判，就是典型的代表。通过下面的分析，我们可以从反面间接地感受到理论的特点和威力。

本来，韩非的道理论具有辩证的意义，这点已如前述。按着这个理论，理是个别事物的规定，是道的具体化，个别中包含着一般，个别事物只有在与他物的联系中来理解才符合道理论的精神实质。可是，由于政治功利主义的制约，韩非的理却经常忽视与他物的联系，片面强调情实日用的一面，有时甚至达到顽固偏执的地步，最终背离辩证的原则，跌进形而上学独断论和庸俗物质主义的泥潭。这在他对终极根据和人类精神的批判中得到了淋漓尽致的发挥。

中国古代虽然没有形成西方基督教那样的一神教，后来发展起来的佛教也是从印度大乘佛教传入的，但却不能说中国没有宗教，更不能说中国没有宗教思想。道教姑且不论；儒家是否宗教，学界有争论，这也可置而不论；诸子有宗教思想则是不可否认的事实。殷人的帝，周人的天，都具有满足人民对终极的关切和对稳定社会秩序的需求，因而具有一定的宗教性；而墨家、儒家等学派对天志、天命的论证，多少使人感到具有宗教神学的意味。不过，法家批评古代的宗教思想，其出发点和根本目的，倒不完全在于对天和鬼神有什么特别的恶感，而是隐藏在背后的政治动机，因为几乎任何宗教都在有意无意地维护一定的社会秩序、传统文化和人类的惰性。马克斯·韦伯的认识总是那么的深刻，一针见血，他说："在中国的旧的社会秩序中，天力只是这样一种存在，即社会秩序的永久性的有效的卫道士，也是理性规范的和平的避难所，而不是恐惧和希望之命运的非理性的变化之源，它是在这个意义上统治着的。"① 这样的天对处于变法革新潮流中的激进分子来说，当然是前进的羁绊，必须破除。韩非对以儒家的天命思想为代表的古代宗教－政治观的批评，集中地表现了这个倾向。

儒家倡天命、重人心。所谓天命，如前所述，其实是民心的外化，所

---

① Max Weber, *Confucianism and Taoism*, Abridged by M. Morishima, Translated by M. Alter and J. Hunter, London: London School of Economics, 1984, p. 7.

谓“天视自我民视，天听自我民听”（《孟子·万章上》），说的就是这个道理。荀子用人心和道心把人和天区别开来。可是这个道心，虽然超越了具体的人心，其实却是人心的抽象，是超人心。韩非不同意为政要“得民之心”，认为“民智不可用”（《韩非子·显学》），“民智不足用”，任何超越生活日用的精神现象都与道理相违背，皆在否定之列，当然也包括伦理道德的本原——天或天命。在韩非的天道观中，几乎看不到有脱离物的独立的精神现象，他的天即自然的同义语，指物的本来状态，他的命即物的自然趋势和限度，对天命的这种理解已然包含着对诸子百家神秘的天命观的否定。

对鬼神迷信的批判是韩非思想中极富特色的内容。先秦时代的天道观之所以具有神秘的色彩，在很大程度上与对鬼神的迷信有关，对鬼神的畏惧和膜拜是天道观走向神秘化的宗教心理基础。韩非敢于揭露原始宗教的虚妄，的确要有非凡的勇气。当然，这个勇气除了来自他对道理的信念，更多地是发自对新兴政治权威的憧憬和依恋。他说：“用时日，事鬼神，信卜筮，而好祭祀者，可亡也。”（《韩非子·亡征》）可见，韩非批判鬼神前兆迷信不是从科学的角度否定鬼神的存在，而只是从政治实用主义的角度指出鬼神迷信无益于治，如此而已。下面引的这段解说更能说明问题：

> 凿龟数策，兆曰大吉，而以攻燕者，赵也；凿龟数策，兆曰大吉，而以攻赵者，燕也。剧辛之事燕，无功而社稷危；邹衍之事燕，（此处断句从王先慎《韩非子集解》）无功而国道绝。赵代先得意于燕，后得意于齐，国乱节高，自以为与秦提衡，非赵龟神而燕龟欺也。赵又尝凿龟数策而北伐燕，将劫燕以逆秦，兆曰大吉，始攻大梁而秦出上党矣。兵至厘而六城拔矣，至阳城，秦拔邺矣，庞援揄兵而南则鄣尽矣。臣故曰：赵龟虽无远见于燕，且宜近见于秦，秦以其大吉，辟地有实，救燕有名。赵以其大吉，地削兵辱，主不得意而死。又非秦龟神而赵龟欺也。初时者魏数年东向攻尽陶卫，数年西向以失其国，此非丰隆、五行、太一、王相、摄提、六神、五括、天河（阿）、殷抢、岁星（非）数年在西也。又非天缺、弧逆、刑星、荧

惑、奎台（非）数年在东也。故曰：龟策鬼神，不足举胜，左右背向，不足以专战。然而恃之，愚莫大焉。

……越王勾践恃大朋之龟，与吴战而不胜，身臣入宦于吴，反国弃龟，明法亲民以报吴，则夫差为擒。故恃鬼神者慢于法……《韩非子·饰邪》

韩非列举燕赵两国依仗龟策卜筮之吉兆，却招致兵败地削的恶果，越王勾践先是迷信龟卜，却无法取胜，后来弃龟用法，结果取得胜利，说明“龟策鬼神不足举胜”、“恃鬼神者慢于法”，前兆迷信与法治重人事、遵道理的精神是抵触的，因而无法取胜。可知，韩非只是用经验事实揭露鬼神迷信在政治斗争中的无用，而对于是否存在鬼神，并未给予关注，因而无法得出无神论的结论来。不过，他对鬼神迷信的批评包含了许多合理的因素。比如他指出：“人处疾则贵医，有祸则畏鬼。”（《韩非子·解老》）鬼神迷信是出于人们对自身命运的担忧。这是宗教信仰的一般的心理基础，这种解释具有人本主义倾向，在今天的宗教学家看来，也是一条不易之论。按照这个逻辑，既然迷信的根据在于人们自己的心理状况，那么，避免鬼神作祟当然也可由人事来决定。他说：

圣人在上则民少欲，民少欲则血气治而举动理，（举动理）则少祸害。夫内无痤疽瘅痔之害，而外无刑罚法诛之祸者，其轻恬鬼也甚。故曰：“以道莅天下，其鬼不神。”治世之民，不与鬼神相害也。故曰：“非其鬼不神也，其神不伤人也。”鬼祟也疾人之谓鬼伤人，人逐除之之谓人伤鬼也……民不敢犯法，则上内不用刑罚，而外不事利其产业，上内不用刑罚，而外不事利其产业则民蕃息，民蕃息而畜积盛，民蕃息而畜积盛之谓有德。凡所谓祟者，魂魄去而精神乱，精神乱则无德。鬼不祟人则魂魄不去，魂魄不去而精神不乱，精神不乱之谓有德。上盛畜积，而鬼不乱其精神，则德尽在于民矣。（《韩非子·解老》）

韩非认为，人有人的活动舞台，鬼有鬼的统治畛域，只要人民少私寡欲，就能免除疾患祸害；统治者不用刑罚，不与民争利，就会人口繁殖、财物丰足。这叫做有德。不过，这只是物质上的有德。此外，还有精神上的有德。所谓精神上的有德，是指精神不乱，精气充盈。在物质和精神两个方面都做到了有德，当然就不会受鬼神作祟的影响，这就叫做“其鬼不神”，“鬼不伤人”。这里所说的物质和精神并非今日的概念，古人的物质观念只限于有形的可见的物体，而精神观念除了功能与今日的精神概念有相似之处外，本身却往往是一种更为精微的物质——精气。这是我们在谈论古人的物质、精神概念时须时时记在心上的。鬼不伤人只是问题的一个方面，另一方面，既然人鬼各有畛域，那么人也不必逐除鬼神，人不伤鬼，两者就会相安无事，这就叫做人鬼两不相伤。人鬼两不相伤，就会达到“其德交归焉”的境界。鬼有鬼的德，人有人的德，这样的德不受对方的干扰，这才是道德的最高境界。由此可见，正像韩非反对神秘的道德本原的天命论，却不否认自然无为的天命一样，他反对鬼神迷信，不相信鬼神具有福善祸淫的道德功能，可对鬼神作为一种自然现象存在于天地之间却不予否认。如果我们承认鬼神有其相通之处的话，那么，就不会相信这种观点是无神（鬼）论的。

二

如果说，韩非对天命鬼神观念的批判尽管表现了他的非道德化倾向，但多少具有一定的理性精神，那么，他对人类理性思维的贬低和嘲笑却完全表现出他的道理论的政治实用主义本质。本来，韩非的道理论轻视天命鬼神的作用，在客观上，对人的解放、精神的自由、科学思想的萌发有一定促进作用。可事实上，在韩非思想中，否定天命鬼神的权威只是为了树立道理的新权威。这样，人刚刚逃脱神权的束缚，转瞬间又陷于物力的枷锁。在后者之中，人丧失的不仅是异化的精神（天命鬼神），而且是掩盖在这异化的精神之下的道德和科学思想本身。道理论重物轻人的偏向较之天命鬼神论对自由思想的摧残更为严重。诚然，它还给人们一个不受天命鬼神支配的浑沦未分的自然界。这对人们解放思想、放下包袱、重新认识世界本应是一个良好的开端，可是就在同时它却把人们自由思考特别是对精神现象的自由思考的权力剥夺了，尽管这种思考本身可能导致荒谬。按照韩非的逻辑，面对着杂乱无章的世界的，将是一个不会思考特别是不会作理论思考的人群，我们能期望他们创造出怎样的科学知识呢？

还是让我们通过下面几个例证看一看韩非究竟如何对待人的理性知识吧。

韩非对“前识”的批评比较集中地表现了他的思想特征。《解老》云：“先物行先理动之谓前识。前识者，无缘而妄意度也。”（《韩非子·解老》）所谓前识就是脱离具体事物及其道理的思考，所谓无缘，就是没有具体事物及其道理作为条件和根据。大体说来，前识是没有经验根据的观念的东西。韩非用下面这个例子来说明前识的虚妄：

> 詹何坐，弟子侍，有牛鸣于门外，弟子曰：“是黑牛也而白题（颠、额也）。”詹何曰：“然，是黑牛也，而白在其角。”使人视之，果黑牛而以白布裹其角。以詹子之术，婴众人之心，华焉殆矣，故曰：“道之华也”。尝试释詹子之察，而使五尺之愚童子视之，亦知其黑牛而以布裹其角也。故以詹子之察，苦心伤神，而后与五尺之愚童子同功，是以曰：“愚之首也。”（《韩非子·解老》）
>
> 所谓大丈夫者，谓其智之大也。所谓“处其厚不处其薄”者，行情实而去礼貌也。所谓“处其实不处其华”者，必缘理不径绝也。所谓“去彼取此”者，去貌径绝而取缘理好情实也。故曰：“去彼取此”。（《韩非子·解老》）

据此可知，韩非的“所缘”者，乃是感官所及的物的世界，而他所谓的“前识”自然是指脱离感官的思维活动，称之为“察”，韩非把它描绘成“苦心伤神”的，流露出对理性思维的轻蔑和怜悯。在他的心目中，所谓大丈夫是指那些有大智慧的人们，他们所拥有的大智慧正是关于感官世界的实际知识，即情实和道理，而决不会是什么超感觉的知识。后一种知识被他归入“礼貌”一类范畴，成为任人嘲笑的伪知识。根据这种理解，许多科学，特别是理论性较强的门类，都将因为无益于实际政治而遭到唾弃。韩非对名辩家的逻辑学的批判就是生动的例证。他说：

> 人主之听言也，不以功用为的，则说者多棘刺（在棘刺之端雕刻猕猴，见该篇《说二》）白马（即“白马非马”，先秦著名的名家辩题）之说。
>
> 兒说，宋人善辩者也，持白马非马也，服齐稷下之辩者，乘白马而过关，则顾白马之赋。故籍之虚辞，则能胜一国，考实按形，不能谩于一人。（《韩非子·外储说左上》）

韩非把论说严格地限制在政治实用的方向上，反对人们对思维规律和语言逻辑本身进行深入探讨。至于他以兒说骑白马过关而无法逃脱课税，来嘲笑“白马非马”这个逻辑辩题的无用，其荒唐、愚昧，除了可悲，是不会使人感到可笑的。

这种执著于情实日用的道理论对于科学实验又会是怎样一种态度呢？请看韩非讲述另一则故事：

> 墨子为木鸢，三年而成，蜚一日而败。弟子曰：“先生之巧，至能使木鸢飞。”墨子曰：“吾不如为车輗者巧也，用咫尺之木，不费一朝之事，而引三十石之任致远，力多，久于岁数。今我为鸢，三年成，蜚一日而败。”（《韩非子·外储说左上》说一）

《墨子·鲁问》篇也记有这个故事，不知怎的，却把制作木鹊的发明权记在公输子（般）的名下，而且那只木鹊“成而飞之，三日不下”。看来比这里的木鸢成功。而且“不如为车輗者巧”也不是墨子的自我伤叹，反倒成了他对公输子的机巧发出的冷嘲热讽。末了，墨子还特地点出这段故事的主题：“故所为功利于人谓之巧，不利于人谓之拙。”（《墨子·鲁问》）且不管究竟谁应为这个飞行器的发明负责，只说在二千多年前，我们的祖先就发明制造了这种先进机械，这足以使今人激动和骄傲的了。可是在韩非的眼里，政治功利的实用目标才是唯一的标准。按照这个标准，这种发明远不如工匠制作手推木轮车来得实用。因而高级机械的发明者反倒不如粗等工具的制造者为巧，这种荒谬的论调只有在庸俗的道理论的前提下才能推导出。至此，韩非注重情实日用的道理论对理论思维和科学技术的发展将会起到何种作用，已经不言自明。

三

如同把理论思考当做伪知识一样，韩非还把礼乐文化归入虚伪矫情的一类，必欲去之而后快。前章已经谈到，在对待人的问题上，韩非认为人性就是人的物质欲望和计算之心，这就是人的情实，人的道理，是人的最真实的本质，礼乐制度则是对人性的背离和矫饰。他说：

> 礼者，所以貌情也，群义之文章也，君臣父子之交也，贵贱贤不肖之所以别也。
>
> 礼为情貌者也，文为质饰者也。夫君子取情而去貌，好质而恶饰。夫恃貌而论情者，其情恶也；须饰而论质者，其质衰也。何以论之？和氏之璧，不饰以五采，隋侯之珠，不饰以银黄，其质至美，物不足以饰之。夫物之待饰而后行者，其质不美也。是以父子之间，其礼朴而不明。故曰："礼薄也。"凡物不并盛，阴阳是也，理相夺予，威德是也，实厚者貌薄，父子之礼是也。由是观之，礼繁者实心衰也。（《韩非子·解老》）

韩非用他一贯的道理论的目光看待礼情、文质关系，自然认为二者是矛盾的。他不知道礼貌和情实、文与质的统一本是合理的存在，反而认为矛盾双方不可并存，就像冰炭不可同器而久那样，只能是有此无彼、有彼无此的。他站在道理的立场上，认为凡依靠形式提高内容的程度的，其内容一定不美，用外表的装饰来表现本质的，其本质一定败坏。正确的选择应该是"君子取情而去貌，好质而恶饰"，只有取消了礼乐制度的文饰，人们的情质才是真实的、美好的。这种观点显然违背了辩证的原则，犯了独断论的错误。其实，一定的内容的美往往是由一定相应的形式美表现出来的，本质的良善也要靠现象来传达。和氏之璧、隋侯之珠经过琢磨，形式和内容已经融为一体、协调一致，它的美就在于形式和内容的完美结合。这说明，和氏璧、隋侯珠的美是经过文饰的结果。未经雕琢修饰，再好的质料也难以达到和氏璧、隋侯珠那样的程度。韩非自己不是讲述过楚人和氏得楚山之璞，因为未经文饰而屡遭厄运的故事么？这个故事恰好说明，再好的璞玉也须琢磨才可为世人承认和接受。可是，在此处他却大谈“待饰而后行者，其质不美”，已经犯了自相矛盾的错误。韩非轻视文饰、固执朴拙，这对法治主义的政治主张，毫无疑问是有力的支持，但对文化建设，对人的完善和全面发展则必然成为一个巨大的障碍。孔子曾说过：“志有之：言以足志，文以足言，不言谁知其志？言之无文，行而不远。”（《左传・襄公二十五年》）还说过：“质胜文则野，文胜质则史，文质彬彬，然后君子。”（《论语・雍也》）君子本质的良善须同样美好的言辞加以传达，言行要一致，文质要得体，如此才可行于四方，不辱使命。韩非怀救世之志，却因轻视文饰，拙于口才而罹难强秦，其中的道理值得深思。

四

韩非批判传统的天命鬼神观念的虚妄，嘲笑理论思考和礼乐文化的无用，这与他的道理说维护、支持新兴的政治权力相表里。道理论的一个突出特点是注重情实，凡事都以是否有用来衡量，而有用无用又以是否符合君主意志来决定。韩非提倡法、术、势循环互补的统治方法，就是道理论在政治思想上的具体表现。正如前面所论，在韩非看来，因为人情自私为己，喜赏恶罚，所以要用法、术、势来统治，因为三者都以刑赏二柄作为根据。这恰恰适应了人性的实际情况，也就是符合了人性的道理。在法、术、势的统治下，一切思想、行为以是否符合君主意志和利益为标准。可见，道理论在政治思想上必然演化为政治实用主义。下面几段引文对此有更进一步的说明：

明主之国，令者，言最贵者也，法者，事最适者也。言无二贵，法不两适，故言行而不轨于法令者必禁。若其无法令而可以接诈应变生利揣事者，上必采其言而责其实，言当则有大利，不当则有重罪，是以愚者畏罪而不敢言，智者无以讼，此所以无辩之故也。……夫言行者，以功用为之的彀者也。（《韩非子·问辩》）

有道之主，听言，督其用，课其功，功课而赏罚生焉，故无用之辩不留朝。（《韩非子·八经》）

前面所涉及的天命、鬼神、礼乐，在韩非子的道理论面前，都属于“无用之辩”，因为它们不利、甚至有害于君主集权统治，因此必须加以限制，甚至消灭。

《韩非子》全书的英译者 W. K. Liao 认为韩非关于真理的理论与当代的实用主义理论（modern pragmatic theory）相似。[①] 就其关心理论的实际效果而言，两者的确有相似之处。然而，西方实用主义的出发点却是把实在当做感觉经验的东西，它更关心精神的领域，因而贴近哲学；韩非则把物的世界当做真实的东西，执著于王权和君主的利益，因而更接近政治，它们是根本不同的两个体系。

道理论注重情实，排斥文饰，其实质是王权的绝对化，因而具有排他性、独断论的特点，不允许有矛盾存在。韩非在《难一》、《难势》两次列举矛盾的故事，指出：“夫不可陷之盾与无不陷之矛，不可同世而立。”（《韩非·难一》）“以为不可陷之盾，与无不陷之矛，为名不可两立也。”（《韩非子·难势》）后者点出“为名”，更强调概念上的矛盾在形式逻辑上的意义。关于韩非的矛盾说与亚里士多德的排中律是否相同，逻辑学家作了许多有益的论证，[②] 本文姑置不论。就现实政治和社会生活而言，我的看法是，矛盾不但在两物之间存在，即在某物自身亦是存在的，矛盾是客观现实的合理的存在。韩非幻想在实际生活中消除矛盾，达到统一而无差

① W. K. Liao，*The Complete Works of Han Fei Tzu*，Vol. II，《五蠹》篇脚注，London：Arthur Probsthain，1959，p. 289。

② 详见周锺灵：《韩非子的逻辑》，17 页，北京，人民出版社，1958。

别的大清明，这与他主张政治一元论有着必然联系。韩非断言：

夫冰炭不同器而久，寒暑不兼时而至，杂反之学不两立而治，今兼听杂学谬行同异之辞，安得无乱乎？（《韩非子·显学》）

本来，冰炭的确不可同器而久，作为历法上的季节，寒暑不能同时而至，它们是矛盾的。可是自然界的情况却是，气候的变化无时无刻不在寒暑两种因素的矛盾消长中进行。它们互相包容，互相渗透：冬日里，寒暑矛盾中寒成了主要方面，夏日里，反过来暑热变为主要方面，两者随条件的变化而彼此消长，从未截然分离。据此看来，所谓“杂反之学”是可以两立而治的。汉代“杂霸王道而用之”就是一个典型。对同时代以“杂反之学”两立而治的情况，韩非大为不满，他批评道：

国平则养儒侠，难至则用介士，所养者非所用，所用者非所养，此所以乱也。（《韩非子·显学》）

除了在政治上为强化王权服务的实用目的外，韩非的道理论的形而上学一面当然是它的理论基础。他说：“凡物不并盛，阴阳是也，理相夺与，威德是也。”（《韩非子·解老》）说矛盾不并盛，是有道理的，矛盾双方总是处在不平衡的变化之中，可一定要说两者不相容、不两立，从而断定“去彼取此”，那就完全歪曲了事实，滑入形而上学的泥潭。韩非在理论上的矛盾所反映的是这样一个事实，那就是表面看来反映实际情况的道理，其实也有自己的价值倾向，即维护君主集权的政治实用目的。

（原载《辽宁大学学报》2000 年第 2 期）

历史的变革与思想的矛盾

——对韩非思想中的矛盾的再思考

关于韩非思想中的矛盾，我在拙著《韩非子的政治思想》一书中曾有所论述，这些年又作了一些不成熟的思考，斗胆呈现于此，敬请批评指教。

一、关于法、术、势结合的根据及其矛盾

韩非在思想上的最大贡献是把法、术、势统一起来，也把关于法、术、势的思想统一起来，形成较为完整的政治思想系统。韩非在细心地观察了历史与当时的政治状况后，发现了法、术、势单独使用的弊病，认为，单独使用法，虽可以富国强兵，却不能禁奸，所以还要有术；单独使用术，虽然可以禁奸，却不能富国强兵，所以还需要法；而要实行法术，没有权位或权威是不可能的，所以还要有势；势位虽然重要，如果没有法术的保障，不懂得有效地使用人力资源，仍然不能长治久安，所以还需要抱法（含术）处势。这就是他的法术势统一的思想体系。①

法、术、势何以能够统一起来呢？我们知道，韩非所谓的“法”指的是成文法，须编著于图籍，又叫做“名”；所谓“术”又称“形名之术”，一方面指根据能力任用官员，另一方面又指实际行政效果与官职或任务相一致，不能不及，也不能超过。法得以实施的基本途径是刑赏二柄，刑赏之所以行，必须根据形名当否来决定。可见，法和术至少在以上两方面是相通的。所谓“势”，即权势地位，它有一条基本原则，叫做“分势不二”

① 可参阅拙著《韩非子的政治思想》，49～87页，北京，北京师范大学出版社，2000。作者认为，《韩非子》绝大部分应为韩非手著，个别篇章虽未必出自韩非本人，但从思想内容看，应与韩非有关。

(《难三》①),“分”与“势”是一体的。“分”即名分、权利。有了名分,有了权利,才会有权力,才会有“势”。而所谓名分、权利,则是由法来规定的。可见,法与势在这点上也是一致的。再看术与势。所谓形名之名,即官衔或职责,也就是名分,其实就是权利,与“分势不二”的“分”是相同的。总之,“名”贯穿于法术势三者之间,或者说,它们都来源于名。法、术、势之所以构成一个体系,是因为它们拥有共同的根据,韩非的功劳就在于他敏锐地发现了这个根据,并在此基础上,施展理论才干使三者结合起来。

当然,法、术、势并非等同的,如果是那样,就没有必要结合起来了。首先,它们各自的侧重点或功用不同。法用来理民,术用来治官,势用来保位。其次,它们的方法或手段略有不同。法须公开,术要秘密,势则由天然加法术构成。不仅是不同,有时甚至还是矛盾的。法要公开,术要秘密;法要平等,势要不平等;如此等等,皆是矛盾的。矛盾不但存在于法、术、势之间,也存在于它们各自内部。法的内部就有变动性与稳定性的矛盾、确定性与随意性的矛盾;还有立法与司法的矛盾:立法表现君主意志,司法则经常违背君主意志。结果,法就成了一方面表现君主意志,另一方面又违背君主意志的东西。术本身就是法术矛盾的产物,制度化运作时它是法,要求公开而公正;秘密运作时,就成了阴谋,是绝对不能公开的。这不是矛盾是什么呢?作为阴谋,术必然促使臣下以同样的手段对付君主,于是,君术必然又成为臣下与君主周旋的秘密武器,成为奸臣得以生存和繁衍的工具,这不更是矛盾的吗?势也是如此。有臣民拥护才会有稳固的统治,没有臣民的拥护,是不会有稳固的君主权威的。势则讲求独裁,专以臣民为敌,靠高压来维护君主权威,这样的主张从一开始就包含着尖锐的矛盾。

法、术、势相结合的政治思想体系在韩非手里形成了,它之所以可能,还有两个理论基础,一个是人性论的,一个是道理论的。法讲刑赏,术由阴谋,势靠高压,它们根据的是人性好利恶害。在韩非看来,人除了自私自利,除了利益的计算,是没有什么本性良善可言的。这就是人性论

① 本文所引《韩非子》只注篇名,白文据陈奇猷:《韩非子集释》,上海,上海人民出版社,1974;个别校勘未尽处,则据《韩非子》校注组:《韩非子校注》(南京,江苏人民出版社,1982)的校勘记予以订正。

基础。韩非把世界万物的总体叫做“道”，把具体的万事万物叫做“理”，道是理的总称，理是道的“分有”，世界上没有两个东西是相同的，所以道所说的就是永不停息的变化。这就是道理论基础。人性论和道理论的共同点是，世界上没有任何东西是固定不变的，人性如此，道德规范也是如此。法、术、势就是人性和道理在政治领域中的体现，是君主不受限制，任施淫威的统治工具。韩非在人性论和道理论上的努力，为法、术、势的结合提供了较为坚实的理论基础。

不过，韩非的理论基础同样也包含着尖锐的矛盾。例如，认为世界上没有固定不变的东西。如果是这样，那么，人性就应该是有善有不善，事物也应该或许有冲突，或许可以调和，这才合乎逻辑。可是，在实际论证中，韩非对人性有善的可能表示了深深的怀疑，对待事物间的关系也总是强调矛盾的冲突或不可调和。他发明的矛盾观念，就只强调矛盾双方的不相容、不两立、不可共存，而不承认两者可以并立。至于两者可能的互相渗透、互相包容、互相成就、互相转化，则更是只字不提。在有关君臣、公私、忠孝、古今等具体关系的讨论中，重分求异、只见异不见同、只说冲突不谈合作成了一贯的主张。这与道理论的自然性、辩证性、历史性和普遍性有很大出入，表现了过强的主观随意性。这样的思想方法，不可避免地会使文章的逻辑和理论水准大打折扣。此外，道理论不但未能缓解法、术、势体系的内在矛盾，还有使之加剧的趋势。如果承认变化就是一切，那么，法、术、势的相对稳定就会受到极大的威胁。这虽然与“上下一日百战”的严酷现实相一致，可毕竟与事物还有相对稳定的另一面不相协调。为什么会是这样的呢？大概与韩非思想中所具有的类似相对主义、民粹主义、无政府主义和集权主义的倾向有着某种内在联系；更与他的坎坷身世和悲观性格有着深刻的内在联系。

二、关于其他几对矛盾及其历史根源

除了以上所述，韩非思想中还有一些矛盾，值得分析。

其一，言还是不言？不论是作为外交手段，还是作为国内政治交往和沟通的渠道，用来游说的“言说”是古往今来的大问题。战国之世，以纵横家为代表的策术极为盛行，言说成为士人进身牟利的捷径。韩非遭逢特殊的历史际遇，对这个问题作了痛苦但却有价值的思考，留下了一份珍贵遗产。《难言》篇由言说之难入手，列举历史上圣君贤臣因言说而遭遇不幸的悲剧故事，把难言从言说者的技巧转化为听言者的道德问题，对言说的本质作了深刻的剖析。《说难》则指出“凡说之难”在于了解进说对象在想什么，然后根据他的所想有针对性地施以辩术。文章末尾，笔锋陡然一转，径直指出，作为进说对象，君主的心中总有隐秘的敏感之处，就像传说中龙的“逆鳞”一样，一旦触到，必遭杀戮；可是，如果处置得当，避开这块逆鳞，就会安然无恙，得其所欲。两篇文字揭露了家长式君主制度下言说者的凶险境遇，宛如两段悲歌，令人叹息；后一篇又经史家的宣扬，竟成为文章中的千古绝唱。此外，像《初见秦》，开篇即说：“臣闻不知而言不智，知而不言不忠，为人臣不忠当死，言而不当亦当死。虽然，臣愿悉言所闻，唯大王裁其罪。”像这样抱定必死的决心毅然进言，在战国策士的说辞中是少见的。这分明是《难言》和《说难》悲愤基调的展开，反映了韩非身处危急情境下所承受的巨大精神压力。韩非深知言说之途的凶险（见《外储说左下》），却又义无反顾地踏上去（见《问田》），不惜溅洒一腔热血，向视生命为草芥的权势者们发出内心的呼唤。他的弱小和恶势力的强大形成强烈反差，更加彰显了故事的悲剧色彩。

不过，《韩非子》中却有许多篇章都有反对言谈和辩说的文字，《五蠹》更把“言谈者”当做危害社会的五种蠹虫之一加以批判，必欲禁除而后快。怎样解释这个矛盾呢？道理很简单。策士在当时已经形成职业群体，许多人不惜倾家荡产，求师问艺，钻研策术，然后在诸侯国间投机钻营，目的无非是为个人谋取高官厚禄，赢利发财。他们不顾人民的生命财产安危，不恤国家的安危祸福，或者倡言合纵，或者谋求连衡，全以个人目的为转移。在韩非看来，这些人不从事耕战，还搅扰世道人心，造成国家秩序的紊乱，当然是不能容忍的。从维护君主政治秩序的角度，韩非坚决主张禁绝言谈。不过，由于时势使然，韩非也揣摩过策术（《说林》上下篇就是平时的练习册）。但与一般策士不同的是，他不是出于职业和利益的驱动，而是为了避免战争，谋求和平，保存韩国，他的言说表现了爱国主义的伟大情怀。韩非反对以牟利为目标的“言谈”活动，可一旦国家需要，又能挺身而出，深入虎穴，驰骋辩说。一介书生，能有如此慷慨赴死的勇气和魄力，怎能不令人为之动容！

其二，忠还是不忠？——《初见秦》一上来就批评“其谋臣皆不尽其忠也”，结尾处又说“大王诚听其说，一举而天下之从不破，赵不举，韩不亡，荆、魏不臣，齐、燕不亲，霸王之名不成，四邻诸侯不朝，大王斩臣以徇国，以为王谋不忠者也”。《功名》：“人臣守所长，尽所能，故忠。以尊主御忠臣，则长乐生而功名成。”这里的忠，是指人臣为主尽心。可见韩非是承认有忠的。不过，《内储说下》则有：“君臣之利异，故人臣莫忠，故臣利立而主利灭。”这是否认有忠的。为什么会有这样的矛盾呢？《难一》篇批评管仲谏桓公去易牙、竖刁，认为，从人自爱的本性出发看问题是靠不住的，君臣之间只有计算关系，是一种利益交换，或市场关系，只要有合理的规则，即法治，就能够使臣子尽力为君，保证君主使用臣下。所谓忠，就是臣下自觉按照这种关系所做的努力，如此而已。《奸劫弑臣》承认有“忠臣”，但又认为，人主不要求人臣“以爱为我”，而要有使他们“不得不爱我”的办法。这样，所谓的忠臣就成了不得不爱、不得不忠的臣子了。《忠孝》说的更明确：“尽力守法，专心于事主者为忠臣。”由此可见，在人性良善的意义上，韩非不承认有忠臣，但如果换一个角度，从尊君守法的意义上，他又承认有忠臣。“人性良善”和“尊君守法”，这是两个时代的道德。韩非否定旧时代的精神原则，主张新时代的价值观念，这表现了时代的进步，作为一个思想家，这也是他的贡献所在。不过，他所否定的旧时代的精神原则仍然有着无法泯灭的价值，而他所倾心构造的新时代的道德观念却存在着无法消除的尖锐矛盾。如前所言，法是新时代的标志，但法与君也时有冲突。对于新时代的忠臣来说，一旦遇到这种情况，是遵法背君为忠呢？还是从君违法为忠？韩非一厢情愿地以为法和君总是一致的。这说明，对于法的内在矛盾，他并未能形成自觉，他的思想的理论性还有欠缺。这个问题仍然值得我们认真思考。

其三，仁还是不仁？——韩非明确反对实行仁义。他说：“夫慕仁义而弱乱者，三晋也；不慕而治强者，秦也”（《外储说左上》）。从实施效果上，指出了仁义无益于治。他还说过，仁作为治道，只求暂时的和乐而最终是要吃亏的。就像家庭一样，如果只知怜惜容忍，不知刻苦勉励，一旦天灾人祸，必定嫁妻卖子，无所容身。有鉴于此，他提出“君不仁，臣不忠，则可以霸王矣”（《六反》）。《五蠹》则从历史观上说明“仁义用于古而不用于今”。可是，另一方面，他又承认，君主和臣下之间是可以亲、也可以结恩的（《用人》）。这似乎又说明，他对仁爱还是有所保留的。仔细想来，韩非反对仁义所根据的理由却并非仁义的不好，只是说它不适合时代的需要。韩非曾明确指出：“故人行事施予，以利之为心，则越人易和；以害之为心，则父子离且怨。”（《外储说左上》）“危道：……三曰，利人之所害；四曰，乐人之所祸；五曰，危人于所安”。“废尧、舜而立桀、纣，则人不得乐所长而忧所短。失所长则国家无功，守所短则民不乐生。以无功御不乐生，不可行于齐民。如此，则上无以使下，下无以事上。”（《安危》）“得人心，则不趣而自劝。”（《功名》）这是主张互利，讲求与人同利害、共祸福、并安危，甚至主张“得人心”的。这些与儒家的仁义并非不相容，与道家“以百姓心为心”的主张是一致的。那么，韩非究竟怎样看待仁义呢？

过去，我们总以为法家反对仁义，是鼓励残暴统治的，韩非是法家，当然也不例外。其实，认真阅读《韩非子》就会发现，这个看法有失偏颇。韩非是君主主义者，这不假，不过，他还是民本主义者。与旧时代不同的是，他所说的民是小民，是齐民。《备内》：“上古之传言，《春秋》所记，犯法为逆以成大奸者，未尝不从尊贵之臣也。然而法令之所以备，刑罚之所以诛，常于卑贱，是以其民绝望，无所告愬。”《南面》：“人主不能明法而以制大臣之威，无道（由）得小人之信矣。”在讲述故事中他甚至还批评了范且、虞庆之流的愚蠢刚愎，赞扬了版筑讴者、为屋工匠、造弩工人的实践知识和聪明智慧（《外储说左上》）。这就告诉我们一个严峻的事实：强硬的集权式君主制往往是建立在拥有并对大量下层民众实施统治的基础上的，而温和的分权式君主制则往往是建立在与贵族平民相妥协的基础上的。虽然两者都可叫做民本，可民的类别或构成却是迥然不同的。

韩非同样崇敬尧舜，鄙薄桀纣（《安危》）；他反对仁义，认为它无益于治；也反对暴政。他曾说过："仁暴者，皆亡国者也。"（《八说》）他的法就是针对暴的。《韩非子》中常见"暴乱"、"以众暴寡"等词，在他看来，法之所以必要，就是为了制止这些现象。可见，他是主张用君主的暴力（不一定是残暴）来制止国家和社会上的暴。在这个个意义上，他对仁义的看法，表现了新时代的精神。《难一》篇有一段文字值得注意："夫仁义者，忧天下之害，趋一国之患，不避卑辱，谓之仁义。"把天下、国家之大利当做仁义的对象，这个观念表现出鲜明的时代特点。从家族乡党到天下国家、从贵族百姓（百官）到君主民氓，似乎可以看出，仁义观念中也在悄悄地进行着一场深刻的社会变革。

其四，尚贤还是不尚贤？——第一，从德才上看，一方面反对用贤，以为大臣借贤之名实行篡逆，危险更大（《二柄》）；《忠孝》径直指出齐国田氏夺取吕氏（姜姓）、宋国戴氏夺取子氏，都是在贤的名义下进行的。因此，"废常、上贤则乱，舍法、任智则危"，所以主张"上法而不上贤"。另一方面，《韩非子》中又的确有主张任用贤能的文字：韩非在《孤愤》中称包括他自己在内的法术之士为"智术之士"，又叫做"智士"、"贤士"，认为"智士者远见"、"贤士者修廉"。《安危》提出"有贤不肖而无爱恶"的主张。第二，从岗位职责上看，也是一方面反对任贤：《主道》《扬权》等认为，在法术之下，官员只需按照岗位职责行事，不许超过要求，贡献更多的才智。另一方面，又主张用贤：《难二》指出："官职所以任贤也"；《难三》认为，人主不以心所认可之贤来选拔人才，而要靠法，靠形名之术，"论之于任，试之于事，课之于功"，贤自然就来了。《八奸》指出，"明主之为官职爵禄也，所以进贤材劝有功也"。可见，从官员选用的角度看，还是要求能够胜任本职工作的人才的。总之，从以上两个意义上看，反对贤能，又主张任用贤能，的确是有矛盾的。不过，稍加分析，就可了解，韩非的尚贤，说的是任用尊君守法的行政官员；他的不尚贤，则是反对违背法制、靠传统名分地位和贤名任用大臣的做法。从"贤"到"法"，反映了行政管理体制从旧时代向新时代转变的历史轨迹。由于引入了历史观念，可以肯定，韩非的"不尚贤"和"进贤材"是一致的，没有什么不好理解的。

《韩非子》中，像这样看似矛盾其实自有道理的地方还有许多，读者在阅读时自会详细了解。这里要略加提示的是，看似矛盾的背后究竟有着怎样的道理呢？过去，有人读到类似的矛盾，出于习惯，便会疑惑，是不是文献有问题？某些篇章出自他人之手？有的真，有的假？平心而论，这种可能性的确存在。不过，在没有确凿证据表明某某篇章为伪作的情况下，还应考虑到另一种可能性。我们知道，汉字以象形为基础，到了春秋战国时期已经有近两千年的历史，再造新字的确不易。可是随着时代的进步，社会生活的丰富，精神成果也越来越多，怎样在文字上有所体现，就成了一个大问题。特别是在社会大变革时期，更是如此。除了另造新字，最常用的办法，就是在旧字中注入新的含义，以此满足时代的需求。于是就出现了同一个词包含着不同时代的内容的情况。例如，“忠”字，就既有旧时代“以爱为我”的含义，又有新时代“不得不爱我”和“尽力守法，专心于事主者为忠臣”的含义；“仁”既有传统血缘相亲的含义，又有新时代与齐民结恩的亲爱之义，既有旧时代家庭伦理的意义，更有新时代以国家、天下为怀的内容；“贤”则既有过去的声誉之义，又有当时尊君守法的含义。既然概念中有着不同时代的内容，行文中出现看似矛盾的情况也就不足为奇了。如果理解到这一层，那么非但不能被迷惑，反而会拨开重重雾障，在字里行间探寻到中国古代大变革时期社会矛盾发展演变的轨迹，真切地体会韩非思想的深刻性，这不是更有所得了么？

我在这篇小文里指出韩非思想的种种矛盾，绝不是有意贬低，把它说得一钱不值，只是重申了一个简明的道理：迄今为止，人类发明和设计的种种社会方案，还没有发现哪一家是没有矛盾的，有时矛盾的尖锐性与思想的深刻性恰恰是呈正相关的。韩非就是如此。他的思想，不但展示了战国时代社会的变革和政治的矛盾，更显示了它作为伟大思想所必然具备的深刻性和复杂性。我们之所以不得不一次又一次地投身其中，探寻（search）而又探寻（research），思索而又思索（Nachdenken），道理恰在于此。

（原载《福州大学学报》2010年第3期）

从词语的不同内涵看古代的政治变革

——试析《韩非子》的忠贤仁

在先秦诸子中，韩非被认为是最有逻辑性的思想家，他发明了“矛盾”这个词，并把矛盾不可两立确定为一个写作原则，与形式逻辑中的矛盾律相合；他善于揭露写作中的矛盾，这一做法常使论敌在两难之中进退维谷；他还善于发现事物中的矛盾，而且能够采用取此去彼的方法，作出断然的抉择，以达到消除矛盾的目的。不过，在他的文字中似乎仍然可以发现矛盾。例如忠、贤、仁，有的地方否认它们的存在，而另外的地方却又有肯定的表述；有的地方明确地反对，有的地方又明确地主张，表现了明显的矛盾性。这是不是某种有意义的现象呢？以下不揣浅陋，试就这三个词的不同含义略作分析，敬请批评指正。

一、忠——“以爱为我”与“不得不爱我”

《初见秦》[①] 开篇即批评“其谋臣皆不尽其忠也”，结尾处又说“大王诚听其说，一举而天下之从（纵）不破，赵不举，韩不亡，荆、魏不臣，齐、燕不亲，霸王之名不成，四邻诸侯不朝，大王斩臣以徇国，以为王谋不忠者也。”《功名》篇则谓：“人臣守所长，尽所能，故忠。以尊主御忠臣，则长乐生而功名成。”可见韩非是承认有忠的，也承认有忠臣存在。不过，《内储说下》经二则有：“君臣之利异，故人臣莫忠，故臣利立而主利灭。”《外储说右下》经二：“治强生于法，弱乱生于阿，君明于此，则

① 关于《初见秦》的作者，学术界有争论，我以为韩非所做的可能性最大。详见拙著《韩非子的政治思想·绪论》，北京，北京师范大学出版社，2000。本文所引《韩非子》只注篇名，白文据陈奇猷：《韩非子集释》本，上海，上海人民出版社，1974；个别校勘未尽处，则据《韩非子》校注组《韩非子校注》（南京，江苏人民出版社，1982）的校勘记予以订正。

正赏罚而非仁下也。爵禄生于功，诛罚生于罪，臣明于此，则尽死力而非忠君也。君通于不仁，臣通于不忠，则可以王矣。”《难四》则断言“群臣皆有阳虎之心（指谋反之心）”；《六反》也宣称“君不仁，臣不忠，则可以霸王矣”。由此看来，韩非又不承认有忠的存在，也不承认有忠臣的存在了。同样是一个忠字，为什么会有这样矛盾的认识呢？

有一个故事在《韩非子》中讲述了多次：管仲老病，齐桓公前往问政，管仲建议桓公远离竖刁、易牙、开方三人，说竖刁管理膳食，烹自己儿子之首进献给桓公；易牙为了接近桓公，自残形体变成宦官；开方贪恋权势，十五年不回家探视母亲。这三人连自己的身体和亲人都不爱惜，怎么会真的爱君呢？桓公不听。后来，桓公死，三人果然为乱，桓公尸体无人收殓，蛆虫爬出户外，成为天下的笑柄。对于这则故事，《韩非子》的不同篇章，看法略有不同。《十过》篇分析君主的十种过失，指出第八个是“过而不听于忠臣，而独行其意，则灭高名为人笑之始也”，指的就是这件事。这是把管仲当做“忠臣”，显然也是把管仲所说的话当做忠臣之言，“忠”指的应该就是像爱自己爱亲人那样真心爱君的行为。管仲批评易牙、竖刁、开方用心不善，可见是动机论者。可是，在《难一》篇中韩非又指出，从爱出发来论忠，将导致观念的混乱。他以为，凡臣子都应该尽死力为君主服务，这就是忠臣，这是制度和伦理要求的，与爱无关。如果照管仲的说法，爱君胜过爱己的才会这样做，爱己胜过爱君的就不能这样做，那么就不会有忠臣。这是从效果来看问题的，是效果论者。在韩非看来，动机论是没有根据的，世上不会有那样的忠臣；效果论才是可靠的，对待臣子，不必问动机，只要能带来有利于君主的效果，就是忠臣。可见，在《韩非子》中，同样的一个忠字，既可指因爱而服从君主，又可指没有爱而服从君主。显然，这两个含义是矛盾的。

由于含义的相反，那么在价值上，对于忠也就必然会产生矛盾的态度。《奸劫弑臣》篇几次从人性入手说明问题，颇有深刻之处：仁爱不足用，严刑重罚可以治国；君主统治不应建立在臣下“以爱为我”的基础上，而只能建立在臣下“不得不爱我”的基础上；忠臣即以法治国者，也就是法术之士。重用忠臣，可以达到富国强兵的目标。《难四》篇说得更极端："臣之忠诈，在君所行也。君明而严则群臣忠，君懦而暗则群臣诈。"忠与不忠不在臣子，而在君主，君主严厉的，臣子就忠顺，君主暗懦的，臣子就奸诈。《忠孝》说得也很明确："尽力守法，专心于事主者为忠臣。"《饰邪》篇说得更具体："彼法明，则忠臣劝；罚必，则邪臣止。"忠臣与法治（刑赏）是一致的。由此可见，在人性良善的意义上，韩非不承认有忠臣；但如果换一个角度，从遵君守法的意义上，他又承认有忠臣。

不过，忠这个字本来有发自内心的含义①，"以爱为我"大概与之相符；而"不得不爱我"，则把它说成是被迫的，这就走向了反面。

二、贤——"所爱"、"所贤"与"论之于任，试之于事，课之于功"

关于贤，也有类似的矛盾看法，而且不止一个层面。

第一，从德才上看。一方面反对用贤，理由有三个：一是君主不应表现自己的贤能，那样容易给大臣留下觊觎和篡夺的机会。《主道》就明确提出君主"有智而不以虑"、"有贤而不以行"、"有勇而不以怒"。二是大臣往往假借贤名实行篡逆，危险更大。《二柄》指出："人主有二患：任贤，则臣将乘于贤以劫其君；妄举，则事沮不胜。故人主好贤，则群臣饰行以要群（君）欲，则是群臣之情不效；群臣之情不效，则人主无以异（分辨）其臣矣。"《忠孝》则指出齐国田氏夺取吕氏（姜姓）、宋国戴氏夺取子氏，都是在贤的名义下进行的。因此提出"废常、上贤则乱，舍法、任智则危"，所以主张"上法而不上贤"。三是防止民众争名夺利，也防止他们私相交往，有不利君上之行。《有度》："无私贤哲之臣，无私事能之士。故民不越乡而交，无百里之戚。贵贱不相逾，愚智提衡而立，治之至也。"

---

① 《说文》："尽心曰忠。"见段玉裁：《说文解字注》，502页下，上海，上海古籍出版社，1988。

另一方面又的确有主张任用贤能的文字：韩非在《孤愤》中对“无能之士”、“愚污之吏”得以任用的局面表示强烈不满，主张任用“清洁”、“修智”之士，称包括他自己在内的法术之士为“智术之士”，又叫做“智士”、“贤士”，认为“智士者远见”、“贤士者修廉”。

第二，从岗位职责上看。也是一方面反对任贤：《主道》、《扬权》等认为，在法术之下，官员只需按照岗位职责行事，不许超过要求，贡献更多的才智。另一方面，又主张用贤：《难二》指出：“官职所以任贤也”；《八奸》指出，“明主之为官职爵禄也，所以进贤材劝有功也”。可见，从官员选用的角度看，还是要求能够胜任本职工作的人才的。

总之，从以上两个方面来看，反对贤能，又主张任用贤能，的确是有矛盾的。不过，稍加分析，就可了解，韩非的尚贤，说的是任用尊君守法而有行政能力的官员；他的不尚贤，则是反对违背法制、靠传统名分地位和名望声誉任用大臣的做法。

值得注意的是，除了以上所述，韩非的《难三》、《难四》两篇有重要论述，颇有理论意义：

《难三》篇是这样讨论的：叶公子高、鲁哀公和齐景公问政于仲尼，仲尼分别给予了回答，给鲁哀公的建议是“政在选贤”。子贡不解，问为什么。仲尼答曰：鲁哀公有大臣三人，对外拒绝诸侯四邻之士，对内勾结起来蒙蔽君主，对国家造成危害的，一定是这三人，因此，才建议他选用贤才。对于这个说法，韩非作了严厉的批评，指出：鲁哀公不知选贤，选其心之所谓贤者，所以才造成大臣三人对外拒绝诸侯四邻之士，对内勾结起来蒙蔽君主的现象。燕王哙以子之为贤，而舍弃荀子，结果身死为辱。吴王夫差以太宰嚭为贤，而不用伍子胥，结果，被越国所灭。哀公不一定知贤，而建议他选贤，这是让他与燕王哙、吴王夫差有同样的祸患啊。英明的君主不自举臣，靠臣子相互推荐；也不自认为贤能，功劳就会自然而生。按照法的程序，“论之于任，试之于事，课之于功”，即通过所任之职来衡量、所做之事来考察、所得之功来检验。这样，群臣就会公正而无私，不隐蔽贤者，不推荐不肖，贤自然就会出现，君主也就不必劳心费神去选贤了。同样是“选贤”，一个是“选其心之所谓贤者”（即选“所贤”)，一个是“论之于任，试之于事，课之于功”。换个说法，一个是心之好恶，一个是行政实践。韩非的看法使问题更加清晰，办法也更加具体可行。

《难四》篇继续讨论这个问题：卫灵公时，弥子瑕得宠，有侏儒用隐语暗示灵公，使灵公醒悟，结果辞退了弥子瑕，而用司空狗（贤吏名狗者)。一种观点认为，灵公并未真的了解用贤的本质，只是“去所爱而用所贤”而已。去所爱而用所贤，并未改变被蒙蔽的局面。被不肖者蒙蔽，倒不足以害明，若浑然不知而被贤者蒙蔽，那就真的很危险了。另一种观点则认为，“所贤”即君主所认为的贤未必就是贤者，或可是贤，或可是不贤。如果不是贤者而以为是贤者而用之，那就与爱而用之是相同的；如果是真的贤者而举之，那就与用所爱不同了。例如楚庄王举孙叔敖而霸，殷纣王用费仲而灭。同样是用“所贤”，结果却完全相反。这样看来，卫灵公辞退弥子瑕而用司空狗未必就与用所爱相同，只要知道被壅蔽而又能解除壅蔽，就不一定会有危险的。

这段文字的意义值得玩味：按照第一个观点，“所贤”与“所爱”一样，都是君主个人好恶，只有“五十步”和“百步”的不同，去“所爱”，用“所贤”，那只是换了个说法，本质上并没有什么不同。而按照第二个观点，任用“所爱”，只会出现一种结果，那就是无法选出贤才；而任用“所贤”，却可有两种结果，或者真的是贤者，或者不是贤者。其实，“所爱”与“所贤”都是主观性的东西，不同的是“所爱”更强调“爱”的意义，传统色彩更浓一些，但说它完全不能选出贤才，似乎也偏于绝对。从理论上说，它的结果也可以是两种。先不管这两种观点有怎样的理论缺陷，我们还是可以从中读出这样的意味：“所爱”是无法选出贤才的，“所贤”也是主观的，能否选出贤才，也值得怀疑。要选出真正的贤才，关键并不在于选“所爱”，还是选“所贤”，而是要突破君主的主观好恶，把注意力投放到现实的行政工作中去，按照因能授官、循名责实的原则，实施形名之术。只有这个方法，才能够真正做到选用贤才。韩非有这样一个理想：“故明主之吏，宰相必起于州部，猛将必发于卒伍”（《显学》)，这是使官吏诠选从主观的“所爱”和“所贤”转变为客观的选举制度的精彩表述。

三、仁——“宽惠慈爱”与“忧天下之害，趋一国之患”

什么是“仁”？韩非有明确的定义：“仁者，谓其中心欣然爱人也；其喜人之有福，而恶人之有祸也；生心之所不能已也，非求其报也。”（《解老》）仁是发自内心地爱别人，希望看到人家有福，不愿意看到人家有祸，这样做是不能抑制的，且不要求回报，这就是仁。

还有更简单的表述：“宽惠行德谓之仁。”（《诡使》）宽厚慈爱做好事就叫仁。

在《韩非子》中，仁又叫做“仁义”，那么，他究竟如何看待仁义呢？

一方面，他明确地反对实行仁义。《六反》篇所谓“君不仁，臣不忠，则可以霸王矣”。他之所以有这种观点，是从效果的角度说的。例如：“夫慕仁义而弱乱者，三晋也；不慕而治强者，秦也。”（《外储说左上》说二）这说的是仁义无益于国家的治强。再例如，“魏惠王谓卜皮曰：‘子闻寡人之声闻亦何如焉？’对曰：‘臣闻王之慈惠也。’王欣然喜曰：‘然则功且安至？’对曰：‘王之功至于亡。’王曰：‘慈惠，行善也。行之而亡，何也？’卜皮对曰：‘夫慈者不忍，而惠者好与也。不忍则不诛有过，好予则不待有功而赏。有过不罪，无功受赏，虽亡，不亦可乎？’”（《内储说上》说二）实行仁义可以亡国。今本《韩非子》有大量文字，指出君臣和臣僚之间实行仁义会引起危害君主权威甚至身家性命的后果。当然，对于仁义，韩非并不是一般地给予否定，他认为“仁义用于古而不用于今”（《五蠹》），他的否定是具体的、历史的。

可是，另一方面，他又承认，君主和臣下之间是可以亲、也可以结恩的（《用人》）。这似乎又说明，他对仁爱还是有所保留的。韩非曾明确指出：“故人行事施予，以利之为心，则越人易和；以害之为心，则父子离且怨。”（《外储说左上》说三）“危道：……三曰，利人之所害；四曰，乐人之所祸；五曰，危人于所安”。“废尧、舜而立桀、纣，则人不得乐所长而忧所短。失所长则国家无功，守所短则民不乐生。以无功御不乐生，不可行于齐民。如此，则上无以使下，下无以事上。”（《安危》）“得人心，则不趣而自劝。”(《功名》)可见，韩非主张互利，讲求与人（包括民）同利害、共祸福、并安危，甚至主张“得人（民）心”的。我们知道，孟子主张利民，认为君主要与民同乐，而且把“治民之产”当做仁政的重要措施；老子有“圣人恒无心，以百姓心为心”的主张，与韩非的上述见解不能说一点相通之处都没有吧。

过去，我们总以为法家反对仁义，是鼓励残暴统治的，韩非是法家，当然也不例外。其实，认真阅读《韩非子》就会发现，这个看法有失偏颇。韩非是君主主义者，这不假，不过，他还是民本主义者。与旧时代不同的是，他所说的民是小民，是齐民。除了以上所引的《安危》，《备内》篇有更为激进的说法：“上古之传言，《春秋》所记，犯法为逆以成大奸者，未尝不从尊贵之臣也。然而法令之所以备，刑罚之所以诛，常于卑贱，是以其民绝望，无所告愬。”《南面》篇也说：“人主不能明法而以制大臣之威，无道（由）得小人之信矣。”在讲述故事中他甚至还批评了像范雎、虞庆这样高贵人物的愚蠢刚愎，赞扬了版筑讴者、为屋工匠、造弩工人的实践知识和聪明智慧（《外储说左上》说二）。这就告诉我们一个严峻的现实：强硬的集权式君主制往往是建立在拥有并对大量下层民众实施统治的基础上的，而温和的分权式君主制则往往是建立在与贵族平民相妥协的基础上的。虽然两者都有民本的倾向，可民的类别或构成却是迥然不同的。韩非同样崇敬尧舜，鄙薄桀纣（《安危》）；他反对仁义，认为它无益于治；也反对暴政。他曾说过：“仁暴者，皆亡国者也。”(《八说》)他所服膺的法就是针对暴的。《韩非子》中常见“暴乱”、“以众暴寡”等词，在他看来，法之所以必要，就是为了制止这种现象。可见，他是主张用君主的暴力（不一定是残暴）来制止国家和社会上的暴乱。

与此相一致，他对仁义的看法，也表现出新的精神趋向。《难一》篇有一段文字值得注意：“夫仁义者，忧天下之害，趋一国之患，不避卑辱，谓之仁义。故伊尹以中国为乱，道为宰于汤；百里奚以秦为乱，道为虏于穆公。皆忧天下之害，趋一国之患，不辞卑辱，故谓之仁义。”这种强调天下、国家之大利的仁义观，毫无疑问是包含着人类之间应该相互慈惠亲爱的内容的，只不过，较之一切由亲亲出发的传统仁道来，① 侧重点已经发生了明显的移位。

四、结语

总之，对于忠、贤、仁，韩非的观点看起来是有矛盾的。在今本《韩非子》中，类似的矛盾还有许多。它们的背后究竟有着怎样的道理呢?

过去，有人读到类似的矛盾，出于习惯，便会疑惑，是不是文献有问题? 某些篇章出自他人之手? 有的真，有的假? 平心而论，这种可能性的确存在。不过，在没有确凿证据表明某某篇章为伪作的情况下，还应考虑到另一种可能性。

我们知道，汉字以象形为基础，到了春秋战国时期已经有一千多年的历史了，再造新字的确不易。可是随着时代的进步，社会生活的愈加丰富多彩，精神成果的不断增多，怎样在文字上有所体现，就成了一个大问题。特别是在社会大变革时期，更是如此。除了另造新字，最常用的办法，就是在旧字中注入新的含义，以此满足时代的需求。于是就出现了同一个词包含着不同时代的内容的情况。

"忠"字的"以爱为我"，"贤"字的"名誉"和"所爱"、"所贤"，"仁"字的"孝悌慈惠"等，都散发着浓郁的脉脉温情，究其实质，是把政治关系建立在维系情感的传统道德之上，更多地表现了旧时代宗法政治的血缘关系。② 而"不得不爱我"，"论之于任，试之于事，课之于功"，"忧天下之害，趋一国之患"云云，则分别对应于君臣之间的利益交换关系、因能授官和循名责实的官吏选用和考核制度、以地域国家为原则的行

① 《说文》:"仁，亲也。"段玉裁:《说文解字注》，365 页上。可见，到了东汉时期，仁所具有的宗法血缘关系在语言上仍然留下了清晰的印迹。

② 《诡使》:"法令所以为治也，而不从法令为私善者，世谓之忠。"《忠孝》:"天下皆以孝悌忠顺之道为是也，而莫知察孝悌忠顺之道而审行之，是以天下乱。"所谓"私善"，所谓"孝悌忠顺"，都是旧时代的社会和政治观念，到了韩非生活的战国末期仍然流行。

政伦理。忠、贤、仁的这些新含义，反映了君主集权和官僚政治的必然要求，焕发着新时代新型国家的法治精神。词语中不同时代的内容有如此之大的差异，文章中出现矛盾也就不足为奇了。如果理解到这一层，那么非但不能被迷惑，反而会拨开重重雾障，在词语的不同内涵中真切地体会到古代政治的深刻变革。

如此看来，《韩非子》对于忠贤仁的矛盾态度就不是对同一内含的相反的看法，而是对不同的内涵，相应地有不同的看法；不是逻辑的混乱，而是宗法封建制向集权官僚制转变的过程在思想上的真实反映，是历史的矛盾或矛盾的历史在文字上的寄居和复活。

（原载《河北学刊》2010 年第 5 期）

第三编

关于王朝统治观念的思考

论法家思想中的变法与定法

一、问题的提出

任何法律都有灵活性和稳定性的矛盾。成文法是法律的一种重要形式，自然也有这个矛盾。对于这个矛盾，古希腊的亚里士多德进行过认真的思考，近代法国古典历史法学派的杰出代表孟德斯鸠也颇有建树，现代西方法律哲学则取得了重要创获。

在中国，当成文法确立之初，这个矛盾即显露出来。法家敏锐地注意到了这个苗头，他们提出的变法和定法主张，是中国古代思想家对这个矛盾的最初认识，具有鲜明的时代精神和民族特色。把中国古代思想家对这个矛盾的思考当做今日法律思想史的研究课题，具有重要的理论意义和学术价值，应该成为当前法律哲学界的一项重要任务。可惜，这项任务一直没有引起足够重视，专门的研究几乎处于空白阶段，与此有关的从而可资参考的研究成果也屈指可数。

尽管如此，我们还是从少数相关成果中发现了重要线索。

1988 年林剑鸣先生的《法与中国社会》一书问世，其中有一节论及韩非法治思想的特点，提到变法和定法的关系，其文如下：

> 自战国以来的法家在司法立法实践中，重点在于“变法”，这是与当时新生的封建制刚刚在已腐朽但尚未完全退出历史舞台的奴隶制母体内建立起来的形势相适应的。……而韩非的“法治”观点，虽然也不排斥“变法”，但他更强调“定法”，即用法律把现有的封建秩序稳定、巩固下来。这也是同战国末期封建制已基本确立、“破旧”的历史任务大体完成的形势相一致的。因此，韩非一方面提出要根据不同时代制定不同法律和制度，说“不期修古，不法常可”（《五蠹》），

主张“变法”；但另一方面却又强调说“有道之君贵静，不重变法”（《解老》），似乎又不主张“变法”，看来有点自相矛盾。

……特别当旧的社会制度已经推翻，新制度基本确立后，法律和政策不断改变，甚至朝令夕改，对稳定社会，发展生产实际是极为不利的。韩非之所以强调“定法”，其意义就在于此。①

林先生虽然还不十分肯定，但毕竟提出了变法与定法“看起来有点自相矛盾”的观点，并在一定程度上对这个矛盾现象的根源进行了探索，而且，还留下了一些极有价值的问题，促使我们在他的基础上继续思考，把研究推向前进。

仔细分析上面引的那段话，我们发现林先生对变法和定法的理解可以分为不同的层次。关于变法，他在前面说是“破旧”，是“根据不同时代制定不同的法律和制度”。这里讲的变法是针对旧法（礼）的，过去谈论变法的，大都到此为止。这是第一层。可随后林先生继续前进，把注意力投向“法律和政策不断改变，甚至朝令夕改”的现象上，发现在历史的持续演进中，法还有另一方面的问题，这个问题远较单纯的“破旧”具有更为深远的意义。这是第二层。同样，对于定法，他一面说是“用法律把现有的封建秩序稳定、巩固下来”，“似乎又不主张‘变法’”。看来这是针对前面的变法说的。这又是第一层。另外又暗示定法是针对“法律和政策不断改变，甚至朝令夕改”而言的，它的目的是为了“稳定社会，发展生产”。这里他所揭露的问题同样比单纯的“稳定”和“巩固”封建秩序具有更为普遍的意义。这又是第二层。

变法和定法究竟有没有这样两层意义呢？

二、变法和定法的两重意义

按“变”，《礼记·檀弓上》有“不可以变”句，东汉郑玄注曰：“变，

① 林剑鸣：《法与中国社会》，61～62页，长春，吉林文史出版社，1988。

动也。”《国语·楚语上》有“故变而不勤”句，孙吴时韦昭注：“变，动也。”是“变”有动的意思。此外，《说文》“变，更也。”“更，改也。”“改，更也。”是变又有更、改的意义。按逻辑，凡动必是更改，不动，更改就无从实现。反过来也是一样，凡更改必是动，不更改既存的状态，就不可能有动的实现。动倾向于指事物自身的趋势，而更改则倾向于指此一事物替代、改变他一事物的存在方式，或同一事物的某种状态改变原先的状态。① 变动和更改是同一事物发展的两个环节，它们具有同一性，因而才能构成变字的基本含义。

在此基础上，变法也有两重意义，即法的更改和变动。战国时期，变法又叫做“更法”，《商君书》有《更法》篇，其中讲到变法：

> 孝公平画，公孙鞅、甘龙、杜挚三大夫御于君，虑世事之变，讨正法之本，求使民之道。君曰：“代立不忘社稷，君之道也。错法务民主张，臣之行也。今吾欲变法以治，更礼以教百姓，恐天下之议我也。”

“变法”与“更礼”并列，说的是变更旧的制度。

《吕氏春秋》也载有法家之言：

> 治国无法则乱，守法而弗变则悖，悖乱不可以持国。世易时移，变法宜矣。（《吕氏春秋·察今》）

说的也是法的更改。

《韩非子》也主张变更旧制。《五蠹》一开始就运用历史进化的观点和事例说明“圣人不期修古，不法常可，论世之事，因为之备”的道理。意思是，圣人不希望一味地遵循古代的制度，不效法通常人们所认可的

① 《易·乾·彖传》：“乾道变化”疏：“变，谓后来改前，以渐移改。”《礼记·月令·季春》：“田鼠化为鴽”孔颖达正义：“先有旧形，渐渐改者谓之变。”这种改变即是事物的量变过程。

事情，他们要分析当时的情势，然后采取相应的措施。接着对一些因循守旧的人提出批评，把他们比做守株待兔之辈，进行了无情的嘲讽。文章的第二部分分析了人口增长与生活资料相对短缺的社会矛盾，发现由此矛盾制约，历史进程可以分为三个阶段，每个阶段都有各自的主题："上古竞于道德，中世逐于智谋，当今争于气力。"因此提出"世易则事异"，"事异则备变"的原则，在此基础上，主张变更法制（《韩非子·五蠹》）。

韩非的这种主张，不止于《五蠹》，其他篇章也有表现：

> 不知治者，必曰："无变古，毋易常。"变与不变，圣人不听，正治而已。然则古之无变，常之毋易，在常古之可与不可。伊尹毋变殷，太公毋变周，则汤、武不王矣。管仲毋易齐，郭偃毋更晋，则桓、文不霸矣。凡人难变古者，惮易民之安也。① 夫不变古者，袭乱之迹；适民心者，恣奸之行也。民愚而不知乱，上懦而不能更，是治之失也。（《南面》）
>
> 法与时转，则治；治与世宜，则有功。……时移而治不易者乱，能治众而禁不变者削，故圣人之治民也，法与时移，而禁与能变。（《韩非子·心度》）

这些材料与《五蠹》篇的思想完全一致，都是主张法的更改与变换的。

变法还有法的单纯变动的意义。《韩非子》云："故以理观之，事大众而数摇之，则少成功，藏大器而数徙之，则多败伤，烹小鲜而数挠之，则贼其宰，治大国而数变法，则民苦之，是以有道之君，贵虚静而重变法。""法禁变易，号令数下者，可亡也。"（文献出处见下文）前面说到，变有动和更改两重意思，变法也是这样。法的更改是法的动的结果或表现形式，两者虽然说的是同一事物，但毕竟是发展的不同阶段或不同环节。比

① 陈奇猷：《韩非子集释·南面》，298页，上海，上海人民出版社，1974。奇猷按："安，习也。易民之安，谓变易民人之习惯也。"

较而言，法的变动更靠近其自身，因而更内在一些，而法的更改则要外在一些，人们往往是通过法的更改来认识它的动的，法更改得愈是剧烈，便愈是为人们认识它的动提供了方便，战国时期法的变动最为剧烈，表现为变法、更法，这就为法家认识法的动的特征提供了条件。其中既有对剧烈的变动的影响（更改）的认识，也有对变动本身（动）的觉察，我们作这样的分析对下一步的研究是极为重要的。

按“定”，许慎《说文》：“定，安也。”“安，静也。”《尔雅·释诂下》：“讫、徽、妥、怀、安、按、替、戾、底、废、尼、定、曷、遏，止也。”[疏]：“讫徽至止也。释曰皆谓止住也。……定者静止也。”定即静，即安定、稳定之意，甲骨文、金文均有定字，意义相同，看来这是它的本义。此外，《淮南子·天文》还有“天先成而地后定”句，定与成同位并列，意思是一样的，可见定还有成就的意思。同篇有“秋分蔈定，蔈定而禾熟”句，东汉高诱注：“定者成也。”蔈通秒，《说文》“秒，禾芒也。”秋分时禾芒成了，庄稼也就熟了。《吕氏春秋·仲冬纪》有“事欲静，以待阴阳之所定”句，高诱注：“定犹成也。”定的这两重含义是有意义的。事实上，成是静的结果，静是成的前提条件，它们也是同一事物发展的不同环节，它们也具有同一性，因而构成定字的基本含义。

在此基础上，定法也有两重意义，它既指法的安静和稳定，又指法的成就和确定。

定法的概念来自《韩非子·定法》篇的篇名。梁启雄先生引《书序》“定礼乐”疏“修而不改曰定”，说明“申不害所言的术，公孙鞅所为的法，都是构成韩非法术学说的要素。韩子综合二子学说而修正之，以成新法治学说。所谓‘定法’者就是兼采术治和法治而修正之和确立之”①。梁氏把定法说成是新法的确立，他的解说是对的。《韩非子》有：“饬令则法不迁，法平则吏无奸，法已定矣，不以善言售法。”② 所谓法已定，就是指法的成就和确立而言的。

① 梁启雄：《韩子浅解·定法》解题，405页，北京，中华书局，1960。

② 王先慎：《韩非子集解·饬令》，见《诸子集成》，第5册，363页，上海，上海书店出版社，1986。先慎曰：“售当作害，形近而误，商子作害是其证。”

定法还有安静、稳定的意思。《解老》的一段文字最有代表性，其文如下：

工人数变业则失其功，作者数摇徙则亡其功。一人之作，日亡半日，十日则亡五人之功矣。万人之作，日亡半日，十日则亡五万人之功矣。然则数变业者，其人弥众，其亏弥大矣。凡法令更则利害易，利害易则民务变，民务变谓之变业，故以理观之，事大众而数摇之，则少成功，藏大器而数徙之，则多败伤，烹小鲜而数挠之，则贼其宰，治大国而数变法，则民苦之，是以有道之君，贵虚静而重变法。（《韩非子·解老》）

林剑鸣先生把这段文字当做定法的主要证据。其实，再深入一步，就会发现，这段文字所表达的思想，更侧重在法制的静这一点上，它所针对的不是更改旧法的变法，而是法制自身的动。此外，在别处，韩非还指出："法禁变易，号令数下者，可亡也。"① 把法的频繁变动看做亡国之由，从反面表达了对静的重视。②

三、更改和确立的对立与同一

变法主张法的动与更改，定法主张法的静与确立，很显然，两者是有矛盾的。这个矛盾关系首先表现为法的更改与确立的对立与同一，战国时期的商鞅变法就是典型。

关于商鞅变法的发动，《史记》这样描述："孝公既用卫鞅，鞅欲变法"，引起甘龙、杜挚为代表的保守势力的反对。针对这种情况，商鞅力

---

① 陈奇猷：《韩非子集释·亡征》，268页。前面说明法的特征时曾引了上面《解老》和此处《亡征》的部分内容。

② 黄中业先生根据《韩非子》中的"常法"一词（见《饰邪》），从另一个侧面对变法和定法的矛盾有所认识。见黄中业：《战国变法运动》，300～301页，长春，吉林大学出版社，1990。

排众议，向孝公阐明变法的必要，指出“圣人苟可以强国，不法其故；苟可以利民，不循其礼”；他列举了历史上“治世不一道，便国不法古”的故事，敦促孝公实行变法。结果，孝公赞成商鞅的主张，任命他为左庶长，“卒定变法之令”（《史记·商君列传》）。接下来，《史记》记载了商鞅颁布的“令民为什伍”等各项法令。

《商君书·更法》也有记录，文字较《商君列传》简古，可资比较。其中有言：“前世不同教，何古之法？帝王不相复，何礼之循？伏羲、神农、教而不诛，黄帝尧舜，诛而不怒，及至文武，各当时而立法，因事而制礼，礼法以时而定，制令各顺其宜，兵甲器备，各便其用，臣故曰：‘治世不一道，便国不必法古’”这段文字极为重要。所谓“礼法以时而定，制令各顺其宜”，阐发了变法的精神实质，擒住了问题的要害之处，很有说服力。结果，孝公赞成，“于是遂出《垦草令》”（《商君书·更法》）。

根据以上所述，可知，变法就是定法（“礼法以时而定”），定法就是变法（“卒定变法之令”）。所谓变法，是相对于旧法而言的，即变更旧法（“不必法古”、“不法其故”、“不循其礼”）；所谓定法，是相对于新法而言的，即确定新法（如颁布《垦草令》、《民为什伍之令》等等）。由此可见，在一方面看来是变法的，在另一方面看则成了定法。这说明变法和定法是法自身发展的两个环节，是法的自我矛盾的展开。

变法要改变旧法，但它之用于改变旧法的却是新法，变法本身就要求着定法；定法即确立新法，新法的确立必然要破除旧法，定法本身又要求着变法。变法包含着定法，定法也包含着变法，它们互相扬弃着对方，也各自扬弃着自己，这完全合乎事物的逻辑。

在这个问题上，韩非的认识具有重要的意义。他在《定法》篇里对韩国法制混乱的批评，表明他对这个矛盾有了一定的自觉认识。其文曰：

> 申不害，韩昭侯之佐也。韩者，晋之别国也。晋之故法未息，而韩之新法又生；先君之令未收，而后君之令又下。申不害不擅[1]其法，

[1] 梁启雄引《说文》：“擅，专也。”见《韩子浅解》，407页。

不一其宪令，则奸多。（此处断句从王先慎①）故利在故法前令，则道②之，利在新法后令，则道之，利在故新相反，前后相勃（王先慎、梁启雄本作“悖”），则申不害虽十使昭侯用术，而奸臣犹有所谲其辞矣。故托万乘之劲韩，七十（陈奇猷等认为，似应为十七）年而不至于霸王者，虽用术于上，法不勤饰于官之患也。③

根据韩非的分析，韩国无疑经过了变法运动，君主获得了立法权。但是，旧的贵族势力仍然强大，他们往往坚持对自己有利的法，以便维护自己的特权。君主的权力却相对虚弱，虽然可以不断地颁布法令，树立自己的权威，却终因无力废除旧法，无法统一法制，而不能达到稳定国家的目的。就这样，韩国的法制处于尖锐的矛盾冲突之中。通过这段论述，可以看出，旧法的更改不彻底，导致新法的确立难以实现，更改和确立无法达到同一，造成了严重的后果。这从反面说明法家韩非对更改和确立的对立统一关系，对不破不立的道理有了一定程度的觉醒。

但是，对于立与破的关系，法家的认识是不完全的，比如对于不立不破，特别是立的内涵，对于新对旧的扬弃，特别是如何继承传统的问题，法家重视得不够，这是它的一个大的失误。

四、动与静的矛盾

在本文的第二部分里，我们曾谈到，变具有动的含义，定具有静的含义。对于法而言，动和静较更改和确立更为内在一些，更改和确立的对立，其实就是法的动和静的矛盾的具体表现（结果）。

今本《商君书》有“主贵多变，国贵少变”的话，高亨先生解释说：

---

① 见王先慎：《韩非子集解·定法》，304～305页。

② 梁启雄引《礼记》注：“道犹由也，从也。”见《韩子浅解》，407页。

③ 陈奇猷：《韩非子集释·定法》，906～907页。这段文字语气略感不畅。“申不害不擅其法，不一其宪令，则奸多”是主题句，应调至句首，使“利在故法前令”上接“后君之令又下”一句。这样语意便顺畅了。

“主多变指国君遇事权衡利害；国贵少变，指政府遵守常法。”[①] 这样看来，“主贵多变”是指法的动的性质；“国贵少变”是指法的静的性质。这句话已经超越了具体的时代性和针对性，具有更为深刻、也更为广泛的意义。

慎到也有类似的看法。他有“治国无其法则乱，守法而不变则衰”的变法主张，又有“法者，所以齐天下之动，至公大定之制也”[②] 的定法主张。甚至还说“以死守法者，有司也；以道变法者，君长也”[③]，把两者有机地结合起来，同样体现了动和静的矛盾，对我们认识法的内在矛盾有指导意义。

《韩非子》的《定法》篇对秦国单纯法治政策的批评也反映出他对这个矛盾的普遍性有一定认识：

> 公孙鞅之治秦也，设告相坐而责其实，连什伍而同其罪，赏厚而信，刑重而必，是以其民用力，劳而不休，逐敌，危而不却，故其国富而兵强。然而无术以知奸，则以其富强也资人臣而已矣。及孝公、商君死，惠王即位，秦法未败也，而张仪以秦殉韩魏。惠王死，武王即位，甘茂以秦殉周。武王死，昭襄王即位，穰侯越韩、魏而东攻齐，五年而秦不益尺土之地，乃城其陶邑之封；应侯攻韩八年，成其汝南之封；自是以来，诸用秦者皆应、穰之类也。故战胜则大臣尊，益地则私封立，主无术以知奸也。商君虽十饰其法，人臣反用其资。故乘强秦之资，数十年而不至于帝王者，法不勤饰于官，主无术于上之患也。（《韩非子·定法》）

君主制定的法律何以会成为瓦解自己权力的东西呢？归根结底，还是

---

① 高亨：《商君书注释·去强》，88页，北京，中华书局，1974。又见《弱民》，439页。

② 《慎子》逸文，见《诸子集成》，第5册，13页。

③ 《慎子》逸文，《艺文类聚》卷五十四，见《诸子集成》，第5册，9页。《吕氏春秋·察今》有“不敢议法者，众庶也；以死守（法）者，有司也；因时变法者，贤主也。”《吕氏春秋》，见《诸子集成》，第6册，178页，上海，上海书店出版社。显然是关东法家思想的移植。

法自身的动和静的矛盾在起作用。请允许对此稍加分析。

关于中国古代的法的特点的认识，一直存在着表面化的倾向。英国汉学家韦利（Arthur Waley）说："法家心目中的法是镇压性的，不是契约性的。"① 法国人勒内·达维德（René David）和所著《当代世界主要法律体系》一书的英译者布赖尔利（E. C. Brierley）走得更远，宣称："对中国人来说，法是专横行为的一种工具，而不是公正的象征，是导致社会混乱，而不是社会秩序的一个因素。"② 在国内，也有人持类似的看法。

不错，表面看来，法家的确不承认法是人们相互约定的产物，反而认定它是君主单方面制定的，用来规范甚至镇压人民的。可是如果仅仅如此，那么法与它的制定者之间就不会有任何矛盾了。然而，事实并非如此。我们知道，任何法和法律都无法回避这样一个事实，即它们所表现的统治意志在客观上必然有一个限度，这个限度就是被治者所能忍受的程度。也就是说，它必须取得被治者的事实上的认可，才有可能存在。在这个意义上，法仍然是一种约定，只不过这个约定并非人们主观意识内的事情。也就是说，它不是契约论者所谓的约定，我们姑且称之为无意识的约定，或必然的约定。对此，韩非倒有比较深刻的认识，他说："明主立可为之赏，设可避之罚。"（《韩非子·用人》）所谓"可为"、"可避"包含着人民有能力做到的意思。人民的能力所及就是法的限度，这种看法多少具有一定的理性因素。

法既然是一种约定，是一种限度，就必然要求着一定的稳定性，必然要求所有的人一律遵守。因此，一旦制定并公之于众，就势必要脱离立法者，甚至转化为对立面。可见，法就这样既是制定者意志的体现，又是对它的限制了。

具体地说，法既然是一种约定和限制，那么至少在一定的时间范围内是稳定的，是一个常量；可是，另一方面，它又是一定的意志的表现，它

① Arthur Waley, *Three Ways of Thought in Ancient China*, New York: Doubleday & Company, Inc., 1982, p. 159.

② René David, E. C. Brierley, *Major Legal Systems in the World Today: An Introduction to the Comparative Study of Law*, London: Stevens & Son, 1978, p. 28.

所表现的意志（欲望和要求）又总是随着形势的变化而变化的，因此它又是一个变量。法就这样必然地处在自相矛盾之中，而且必然地表现为一方面在加强王权，另一方面又在限制甚至削弱王权。上面引的《定法》篇批评秦国单纯法治的那一段话就包含了这个矛盾，它表明韩非无意间从这个角度触到了问题的本质。

法的动和静的矛盾在法家的哲学思想上也是有根据可寻的。法家的哲学思想在《韩非子》中得到了充分的表述，那就是著名的“道理论”。这个理论认为：

> 道者，万物之所然也，万理之所稽也。理者，成物之文也；道者，万物之所以成也。故曰：“道，理之者也。”物有理不可以相薄（迫），物有理不可以相薄，故理之为物之制。万物各异理，万物各异理而道尽稽万物之理，故不得不化；不得不化，故无常操。①

理的特点是区别，它表现的是事物的限制，因此必然要求着静；② 道的特点是渗透和包容，它要突破事物的限制，强调的是变化，也就是动。从理的角度看，事物是不变的；而从道的角度看，事物没有两个是相同的，没有一刻是安静的，永远是变动不居的。两者的关系关键在于一个“稽”字。按《说文》：“稽，留止也。”段注：“稽，同也。”道既是万理所留止、所同的，又是留止在所有的理中，与理统一的。道和理的统一是事物的存在方式。理是事物个体的规定性，道则是所有的理的总和。理包含着道，道寓于理中，因此稳定性只是相对的，而变动性则是绝对的。事物既是不变的，又是变化的，不变是相对的，所以最终还是变；变则是永远如此的，所以又是不变的，变才是常。法的动和静的矛盾关系其实就是道

---

① 《韩非子集释·解老》，365～366 页；参见王先慎：《韩非子集解·解老》，107～108页。

② “以理观之，事大众而数摇之，则少成功，藏大器而数徙之，则多败伤，烹小鲜而数挠之，则贼其宰，治大国而数变法，则民苦之，是以有道之君，贵虚静而重变法。”《韩非子集解·解老》，104～105 页。

理即事物的普遍规律的具体化。上面把法的静当做常量，可是这个常量却是相对的，相当于这里的变；把法的动当做变量，可是这个变量却是绝对的，相当于这里的常。法家就是这样以变为常，以常为变，变常统一，相互扬弃的。

其实，法之有更改与确立的对立，有动与静的矛盾，这不但在中国历史上，在外国历史上也是有普遍意义的。古代希腊罗马有过多次的立法活动，每一次立法都是旧法的更改和新法的确立，都表现了法的动和静的矛盾关系。孟德斯鸠对法的这种矛盾也有所认识。① 近代以来，随着法律哲学的兴起，人们开始对历史上形成的法律的凝固性的神话进行反思，法律的封闭性被打破，那种把法官当做法律的传声筒的理论（phonograph theory）也遭到唾弃，于是有所谓“司法立法”（judicial legislation）之说的兴起，法律被认为与经济、政治、社会和哲学等学科息息相关，这个学说的基础在于对法律自身矛盾的认识。在这一方面，美国法律哲学家科恩（Morris R. Cohen，1880—1947）是杰出的代表。他的下面这段话值得注意：

> 看起来，生活要求法律具有两种表面上矛盾的本质（contradictory qualities），即确定性（certainty）或稳定性（fixity）和灵活性（flexibility）；之所以需要前者，是为了使人类的事业不致被疑虑和不稳定所损害；需要后者，以免这一事业受僵死的过去的束缚。②

法律具有灵活性和稳定性（确定性）的矛盾，而所谓灵活性是针对“僵死的过去的束缚”而言的，这与法家的变法之包含动和更改的意义相一致；而所谓确定性或稳定性则是为了使“人类的事业”不受损害，这与法家的定法之包含静和确立的意义相吻合。灵活性和稳定性可以表现变法

---

① ［法］孟德斯鸠：《论法的精神》，下册，张雁深译，287～288、298、302、303页，北京，商务印书馆，1963。

② Morris R. Cohen, *Law and the Social Order: Essays in Legal Philosophy*, New Brunswick: Transaction Publishers, 1982, p. 261.

和定法的全部内涵，它说明不论东方西方，都从各自的角度，对法律的这个矛盾进行了反思，取得了重要成就，是人类共同的财富。

秦统一中国后，法律的灵活性和稳定性的矛盾又有了新的发展。探索这个发展，并进行中西比较研究，是一项意义深远而又气魄宏大的计划，非短时可以蒇功，愿以期诸来日。

（原载《中国哲学史》2002 年第 1 期）

说“禅”及其反映的王朝更替观

春秋战国之世，尧舜禅让之说鼓噪而起；汉魏以降，假“禅让”之名的王朝更替史不绝书。“禅让”可视为中国古代历史上的重要现象之一。那么，如何认识这个历史现象呢？首先遇到的问题，便是如何解释“禅”这个概念。战国时期，“禅”字开始用来指代和平授受方式的王朝更替，南北朝到隋唐，“禅让”逐渐成为若干同类表达形式中最为流行的一种。可以肯定，这是一个有意义的概念。那么，古人为什么用“禅”字指代这类历史现象？或者说，“禅”字何以有禅让的含义？这是关系到能否正确理解中国古代王朝更替观的重要问题。据我的初步了解，这个问题还没有得到很好的解决。本文是我近几年来思考这个问题的一个阶段性总结，敬请方家指教。

一、关于“禅祭”说

“禅”字具有“禅让”之义，在传世先秦古籍《孟子》、《庄子》和《韩非子》中已有证据。这个意义来源于何处呢？这些文献没有提供现成的答案，后代有学者认为来源于祭祀，可称之为禅祭说，影响较大的主要有如下三种说法。

一曰封禅而禅位说。按封禅说起源于战国，《管子·封禅书》为其代表作。秦皇（公元前259—前210）、汉武（公元前156—前87）对封禅极有兴趣，《史记》的《秦始皇本纪》和《封禅书》有详细记录。《大戴礼记·保傅》也谈到封禅之事。东汉时期，封禅说大行于世，班固（32—92）整理的《白虎通义·封禅》正式将禅位与封禅联系起来：“王者易姓而起，必升封泰山……始受命之时，改制应天，天下太平，功成封禅，以告太平也。”① 他还在《汉书·眭弘传》中引述眭弘之言：“泰山者岱宗之

① 陈立：《白虎通疏证》，280～281页，北京，中华书局，1994。

岳，王者易姓告代之处”①。这个易姓告代，自然包含禅代。应劭（灵献时人）《风俗通义》也持这样的看法：“盖王者受命易姓，改制应天，天下太平，功成封禅，以告平也。”② 东晋人袁宏（328—376）曰：“夫揖让受终，必有至德于天下；征伐革命，则有大功于万物。是故王者初基，则有封禅之事，盖以其成功告于神明者也。……必于所宅，崇其壇场则谓之封，明其代兴则谓之禅。”③ “禅”因“封禅”而指接替而起（“代兴”）。

二曰除地而禅位说。东汉郑玄（127—200）注《周礼》大司马之职“暴内陵外则壇之”云：“壇读如同墠之墠。《王霸记》曰：‘置之空墠之地。’……谓置之空墠以出其君，更立其次贤者”。唐贾公彦疏：“取其除地曰墠”④。何谓“墠”？《礼记·祭法》郑玄注：“封土曰壇，除地曰墠”⑤。《诗·东门之墠》毛传：“墠，除地町町者”⑥。晚清学者王先谦（1842—1918）云：《华严经音义上》引《韩诗传》曰：“墠，犹坦也。”清儒陈乔枞云：“《毛传》‘除地町町’，言除地使之平坦。”⑦ 盖“壇”为古文家说，“墠”为今文家说，郑玄取今文家说，更为近古。此说认为，禅乃铲平土地，在空地上举行祭祀，废黜昏主，更立新君。⑧

三曰除地告天传位说。唐人杨倞训解《荀子》“擅让”一词时（《荀子注》成于唐宪宗元和十三年，即公元818年）说：“擅与禅同，墠亦同，义

① 班固：《汉书》，3154页，北京，中华书局，1962。

② 王利器：《风俗通义校注》，68页，北京，中华书局，1981。

③ 刘昭：《续汉书八志注补》卷七《祭祀志上》，韩江书局依汲古阁本刊清刻本。

④ 郑玄、贾公彦：《周礼注疏》，835页，《十三经注疏》本，北京，中华书局，1980。

⑤ 孔颖达：《礼记正义》，1589页，《十三经注疏》本，北京，中华书局，1980。

⑥ 孔颖达：《毛诗正义》，344页，《十三经注疏》本，北京，中华书局，1980。

⑦ 王先谦：《诗三家义集疏》，吴格点校，362页，北京，中华书局，1987。

⑧ 按《周礼》原文作“以九伐之法正邦国：凭弱犯寡，则眚之；贼贤害民，则伐之；暴内陵外，则壇之；野荒民散，则削之；负固不服，则侵之；贼杀其亲，则正之；放弑其君，则残之；犯令陵政，则杜之；外内乱、鸟兽行，则灭之。”郑玄注：“诸侯有违王命则出兵以征伐之，所以正之也。”贾公彦疏：（所引九条）“皆是违王命者也”（《周礼注疏》，835页）。而所谓“壇之”，与“眚之”、“伐之”、“削之”等并列成文，系对违王命者的处罚。此段文字又见《司马法·仁本》，刘仲平注“壇之”为“另立贤君”（刘仲平：《司马法今注今译》，22页，台北，“商务印书馆”，1978），盖取郑玄说也。

谓除地为墠，告天而传位也。后因谓之禅位”[①]。

以上三说的共同处是认为“禅让”之义来源于“墠”，因而与祭祀有关。

按“禅”字已见于金文。《虢姜毁铭》：“虢姜作宝尊毁，用禅追孝于皇考惠仲”。汪仁寿《金石大字典》收录此字。[②] 于省吾据《广雅·释天》“禅，祭也”，认为这里的“禅”字有祭祀之义。[③] 但是否来源于“墠”，未见证据，不好确定。金文多有“单”字，其义诸家说解不一，要之，有星宿说（高田忠周）、蜩蝉说（章太炎、林义光）、捕鸟器说（郭沫若、朱芳圃）、扞蔽说（丁山）等，[④] 以上诸说与除地而墠是否有关，尚无法确定。甲骨文也有“单”字。于省吾认为“单”、“台”双声，可通用，甲骨文“南单”、“西单”、“东单”等即为台地之证据。[⑤] 不过，甲骨文并没有提供更多的材料，进一步说明单与墠的关系，当然更无从说明墠与禅让的关系。

揆诸史籍，在禅让之义出现之前，除地而墠，大致有两种情况。其一，《书·金縢》：武王病重，周公乃“为三壇同墠，为壇于南方北面，周公立焉，植璧秉珪，乃告大王、王季、文王。”传云：“壇筑土，墠除地。大除地，于中为三壇。”[⑥] 此事《史记·鲁周公世家》、《论衡·死伪篇》、《汉书·王莽传》也有记载。《死伪篇》云：“周公请命，设三壇同一墠……乃告于太王、王季、文王”，并通过史策祝辞，声称自己多才多艺，“能事鬼神”，可以代替武王（去死）。王充（27—约79）指出，所谓“鬼神者，谓三王也”[⑦]。《礼记·祭法》：“天下有王，分地建国，置都立邑，设庙祧壇墠而祭之。乃为亲疏多少之数，是故王立七庙，一壇一墠……”

---

① 王先谦：《荀子集解·正论》，见《诸子集成》，第2册，221页，上海，上海书店出版社，1986。

② 汪仁寿：《金石大字典》，香港，1975。

③ 于省吾：《双剑誃吉金文选》，331页，北京，中华书局，1998。

④ 周法高：《金文诂林》，第2卷，0138，香港，香港中文大学出版社，1974。

⑤ 于省吾：《甲骨文字释林》，释四单，131页，北京，中华书局，1979。

⑥ 孔颖达：《尚书正义》，《十三经注疏》本，196页，北京，中华书局，1980。

⑦ 王充：《论衡》，见《诸子集成》，第7册，207页，上海，上海书店出版社，1986。

郑玄注："封土曰壇，除地曰墠，《书》曰'三壇同墠'。"孔颖达正义："起土为壇，除地曰墠，近者起土，远亲除地……墠轻于壇"[①]。《广雅·释天》："庙祧壇场鬼，祭先祖也。"[②] 王念孙引《祭法》之文以为佐证。是墠可用为祭祖典礼，但却是不太重要的一部分。

其二，《左传》昭公元年，"春，楚公子围聘于郑，且娶于公孙段氏，伍举为介。将入馆，郑人恶之。使行人子羽与之言，乃馆于外。既聘，将以众逆。子产患之，使子羽辞曰：'以敝邑褊小，不足以容从者，请墠听命。'"杜注："欲于城外除地为墠，行昏礼。"[③] 是墠似又可用为婚仪，但却是权宜之计，并非常礼，下文记公子围的不满和拒绝，可以为证。

总之，以上两例均与禅位无关。

封禅晚出。目前可见保存封禅说的最早文献大概要算《管子》。据《管子·封禅篇》记载，僖公九年葵丘之会，齐桓公欲行封禅，管仲援引古代十二家帝王封禅之事谏而止之。[④]《左传》、《国语》记载葵丘之会最为详细，却未见此事。按《左传》、《国语》成书于战国中期以前，《管子》成书时间目前一般认为不会早于战国中期，这说明封禅说大概是战国中期以后齐国术士的发明，后为深谙齐学的司马迁采录，保留于《史记·封禅书》中，《大戴礼记·保傅》也据以成文。另据《史记》，把封禅从虚构变为现实的是秦始皇。之所以如此，有两条历史根据，一是秦国有长期筑畤祭天的传统；二是统一后，采纳了齐国方士的封禅说。由此看来，当孟子师徒讨论"唐虞禅"时，尚不知封禅之事。

即使到了后代，也无法证明封禅与禅位有什么必然联系。秦皇、汉武、光武（公元前6—57）之流大行封禅，可他们偏偏不是易姓禅代之君。从汉到北宋，禅位仪式大多是在都城南郊举行的专门典礼，没有一家是到泰山、梁甫举行封禅礼的。对于封禅说的这个困难，前人早已指出。孔颖达《礼记正义》云："禅者，除地为墠，而《白虎通》云以禅让有德，其义非也。"他引《史记·封禅书》记载管仲谏齐桓公止封禅事，说明，古

---

① 孔颖达：《礼记正义》，1589页。

② 王念孙：《广雅疏证》，288页，南京，江苏古籍出版社，2000。

③ 杜预：《春秋左传集解》，1171页，上海，上海人民出版社，1977。

④ 郭沫若：《郭沫若全集·历史编》，第7卷，143～144页，北京，人民出版社，1984。

代封禅乃天子有德受命的纪念，并非禅代典礼。[1] 孔氏把除地而“墠”与封禅之“禅”联系起来，但却把封禅礼与君位禅代截然区分开。所称引的十二家封禅礼均与禅代无关。而齐桓公欲行封禅更非欲行禅代也。《宋本广韵》这样解释“禅”字：“禅，圭（封）禅。又禅让、传授。”[2] 一个“又”字，明确地告诉我们，“封禅”和“禅让”是不相干的两码事。

郑玄虽然有“置之空墠以出其君，更立其次贤者”的说法，可惜没有交代原委，它的真实性尚不能确定。

“告天传位”更为晚出。所谓“告天传位”在历史上就是登壇举行禅位礼。《广雅·释天》云：“圆丘大壇祭天也”，清儒王念孙疏证又作“圜丘”[3]。在西晋司马彪（？—约306）的《续汉志·祭祀志上》里面，“即位告天”与“郊”和“封禅”鼎足而三，记曰：“建武元年，光武即位于鄗，为壇营于鄗之阳，祭告天地”[4]。作为祭天礼的一种，禅位典礼也应在圆丘（圜丘）即大壇上举行。历史上，第一次有正式而详细记录的禅位典礼是曹丕的禅位礼。关于此次典礼，《献帝传》有“登壇受禅”、“登壇受命”等记载。《三国志》的记载中也有“王升壇”、“降壇”的说法。[5]《后汉书·孝献帝纪》李贤（655—684）等注引《献帝春秋》也作“登壇”[6]。到了唐朝，依然如此。李延寿《北史·隋本纪上》记载：周静帝禅位诏书命杨坚“升圆丘而敬苍昊”，然后杨坚“设壇于南郊”。[7] 在杜佑（735—812）的《通典》中，禅位大典属于郊天礼，皆须筑壇为之，从魏文帝曹丕开始，晋武帝、齐高帝、梁武帝、陈武帝、隋文帝等的禅位典礼都是在“圆丘”即“壇”上举行的。[8] 贾公彦疏解《周礼注》时，把郑玄的“置之空墠以出其君，更立其次贤者”径直说为“壇之夺其位，立其次贤”。[9] 这

① 《礼记正义》，1440页。

② 余迺永：《新校互注宋本广韵》，409页，上海，上海辞书出版社，2000。

③ 王念孙：《广雅疏证》，288页。

④ 《续汉书八志注补》卷七《祭祀志上》。

⑤ 陈寿：《三国志·魏书·文帝纪》注，75页，62页，北京，中华书局，1959。

⑥ 王先谦：《后汉书集解》，390页，北京，中华书局，1984。

⑦ 李延寿：《北史》，403页，北京，中华书局，1974。

⑧ 杜佑：《通典·郊天礼上》，243～245页，北京，中华书局，1984。

⑨ 《周礼注疏》，835页。

说明他是读到了汉唐间筑壇告天禅位的历史的。杨倞生活于唐朝中后期，也是读到了历史上的禅位典礼的，他的告天说是对汉唐历史的认同。但是，汉唐历史却无法成为禅让之义的最初源头。

此外，“墠”而祭天，还有“壇”、“禅”相通的影响。《说文》：“禅，祭天也，从示单声。”[①]“禅”字何以有祭天之义呢？清儒朱骏声的解释颇有道理。他说：“按……墠为祭地，壇为祭天。禮从壇省，禅从墠省，皆秦以后字，许书收禅不收禮，故云祭天耳，其实为壇无不先墠者，祭天之义，禅自得兼。”[②] 本来“墠”指祀地，这是把“壇”、“墠”分做两处来理解的，比如封泰山，禅梁甫；再比如《史记·卫将军骠骑列传》的“封狼居胥，禅于姑衍”，《正义》“积土为壇于山上，封以祭天也。祭地曰禅”[③]。一升高，一就低，一祭天，一祀地，截然区分，顺理成章。而说“禅”有祭天之意，根据朱氏的解释，大概有两层意思：一是把“壇”、“墠”合为一处来理解，凡筑壇必先除地，是为壇必先为墠，壇墠不可分开，东汉以后，碑铭和文献中，“壇墠”或“壇场”连称者，所在多有，壇而祭天，墠当然也就随之祭天了。二是“禅”与“禮”的通假。《汉书·武帝纪》晋灼曰：“禮，古禅字也。”[④]《后汉书·梁竦传》注：“禮，古禅字也。”[⑤] 清儒段玉裁推测：“凡封土为壇，除地为墠，古封禅字盖祇作墠。”[⑥] 清儒陈奂[⑦]和马瑞辰[⑧]也早就认为“壇”、“墠”古音通用。

杨倞一方面承认“除地为墠”，另一方面，又承认“告天而传位”，这是把“墠”字祀地的本义和祭天的假借义、把“墠”的字义训诂和禅位的历史记载等多重因素捏合在了一起。究其实质，就是想方设法要把自己熟悉的祭天禅位的汉唐逸事附会为先秦历史，这种折中的做法，聪明则聪明矣，却难免穿凿之病。

---

① 段玉裁：《说文解字注》，示部，7页，上海，上海古籍出版社，1988。

② 朱骏声：《说文通训定声》，741页，北京，中华书局，1984。

③ 《史记》，2936、2937页，北京，中华书局，1959。

④ 《汉书》，186页。

⑤ 《后汉书》，1173页，北京，中华书局，1965。

⑥ 《说文解字注》，示部，7页。

⑦ 陈奂：《诗毛氏传疏·郑风东门之墠》，北京，中国书店，1984。

⑧ 马瑞辰：《毛诗传笺通释》，陈金生点校，277页，北京，中华书局，1989。

总之，到目前为止，尚未找到确凿证据说明“禅”字的禅让之义最早来源于“墠”。当然，禅祭说出现以后，禅让之义中又包含了墠而传位的因素，这也是不可否认的。

二、禅让之义源于“蝉”

《十三经注疏》中有《孟子注疏》一种，旧题北宋孙奭撰，在训解《万章》篇“唐虞禅”一句时说：“云禅者，盖唐虞禅祭而告传位，故曰禅也。”①一个“盖”字，表明宋人不敢肯定禅祭与禅位是否真的有联系。非但如此，前面所引《宋本广韵》在“封禅”之外，又把“禅”解释为“禅让、传授”。根本未提禅祭和禅让有什么联系。南宋朱熹（1130—1200）训解“唐虞禅”云：“禅，音擅。禅，授也。或禅或继，皆天命也。”② 这种训释强调了字义的理性内容，排除了禅祭传位的可能。凡此种种，至少可以说明，在某些宋代学者那里，禅祭说并非禅让之义的全部内容。到了清代，禅祭和禅代的区别更加明确。陈立《白虎通疏证》云：“取（以）其除地而祭，则取义于墠；以其成功相代，则取义于传禅也。”③ 这里，“禅”字有两个含义，各有来源，一是除地而祭的“墠”，这是指祭祀的意义而言的；一是“传禅”，这才是“禅”所有的禅让的意义，两者不可混淆。朱骏声则更前进一步，一方面承认“禅”有祀地之义；另一方面又明确指出“禅”可假借为“嬗”，“嬗”可假借为“蝉”，“禅”、“嬗”等字又可假借为“传”。④ 后面这个提示非同小可，它改变了研究者致思的方向，具有重要意义。

朱氏的提示能否证实呢？下面我们就讨论这个问题。

“禅”字的禅让之义与“蝉”字是否有关？章太炎、林义光有肯定答案。章氏据《毛传》“三单相袭也”，谓“袭”为“单”之本义，其字象蝉联相续；林氏据《散盘铭》，断定“单”是个象形字，上面的两口“象双

① 《孟子注疏》，《十三经注疏》本，2738页，北京，中华书局，1980。

② 朱熹：《四书章句集注》，《孟子·万章上》，309页，《新编诸子集成》，第1辑，北京，中华书局，1983。

③ 《白虎通疏证》，280页。

④ 朱骏声：《说文通训定声》，746、748页。

目，下象腹尾也”，结论：“单为蝉”；“禅让之禅……与单同音，亦并有变蜕义”。[①]“单”字原本是否蝉的象形？目前尚无法确证，但说禅让之义来源于“蝉”字，在古音通假和文献上都是有根据的。

众所周知，假借基于声训。清人对先秦有韵文献进行研究，得出比较可信的上古韵部分类，影响至今。在段玉裁《六书音均表》中，从“单”从“亶”之字皆归十四部；[②] 在王国维的音韵学中，从“单”从“亶”之字并在元部。[③] 与古韵学相比，上古声母的研究相对薄弱。不过，清代以来的研究成果仍有许多可以利用，如，从“单”从“亶”之字声母多入端、定、禅三纽，端、定均为舌头音，属旁纽双声，端、禅一舌头，一舌面，属准旁纽双声；在黄侃的古音十九纽中，禅隶定纽（禅为变声，定乃古本声），与端母字旁纽双声。[④] 是从“单”从“亶”之字在上古应该双声叠韵，合乎通假规则。

先秦两汉文献中，除了“禅”字以外，禅让之义多由从“亶”之字表达：《荀子》作“擅”，如“非擅也”，杨注：“擅与禅同，言非（周公）禅让与成王也”；[⑤]“尧舜擅让”，杨注：“擅与禅同。”[⑥]《周礼》作“壇”，如“暴内陵外则壇之”；[⑦]《司马法》同。[⑧]《扬子法言》作“儃”，如“允哲尧儃舜之重”，司马光注曰：“儃与禅同，蝉战切。”[⑨]《音义》引《楚辞·惜誓》“儃回而不息”注：“儃回，运转也。”[⑩]《汉书》作“禮”，如《异姓诸侯王表》：“舜禹受禮”；《盖宽饶传》：“宽饶指意于求禮”；《眭两夏侯京翼

---

① 《金文诂林》，第2卷，0138页。

② 《说文解字注》，826页。

③ 王国维：《补高邮王氏说文谐声谱》，《王国维遗书》，第9册，上海，上海古籍出版社，1983。

④ 黄侃：《黄侃论学杂著·音略三》，72～73页，上海，上海古籍出版社，1980。

⑤ 《荀子集解·儒效》，74页。

⑥ 《荀子集解·正论》，221页。

⑦ 《周礼注疏》，835页。

⑧ 《司马法·仁本》，见《四部丛刊：子部》，上海，涵芬楼据常熟瞿氏铁琴铜剑楼影宋钞本印行。

⑨ 李轨等：《监本五臣音注扬子法言·问明》，北京师范大学图书馆藏明刻本。

⑩ 《扬子法言》，见《诸子集成》，第7册，48页。

李传》："禮以帝位"，师古曰："禮，古禅字也。"[①]

其中使用"嬗"字之例最多。《庄子·寓言》有"以不同形相禅"[②]一句，在《淮南子·精神》中作"以不同形相嬗也"[③]。《汉书·王莽传上》："……莽至高庙拜受金匮神嬗。"师古注："嬗，古禅字，言有神命，使汉禅位于莽也。"《汉书·律历志下》："尧嬗以天下"。师古曰："嬗，古禅让字也，其下亦同。""虞舜嬗以天下"。[④]《后汉书·梁竦传》注："嬗，古禅字。"[⑤] 按《说文》段玉裁注云："依许说，凡禅位字当作嬗，禅非其义也，禅行而嬗废矣。"[⑥] 是从唐到清，学者多认为"禅"应是个假借字，被用来假代"嬗"字，"禅"字流行以后，原来的"嬗"字反倒暗淡下去。

在古典注解中，可找到"嬗"假借为"蝉"字以及"蝉"字名词动化的重要证据。《山海经·南山经》："又东四百里曰亶爰之山"，晋人郭璞注："亶音蝉"。[⑦] 这是一个重要线索。《史记·屈原贾生列传》和《汉书·贾谊传》均保存贾谊《鹏鸟赋》，其中有"形气转续兮，变化而嬗"一句。刘宋裴骃《集解》："服虔曰：'嬗音如蝉，谓变蜕也'。或曰蝉蔓相连也"。唐人司马贞《索隐》："韦昭云：'而，如也。如蝉之蜕化也。'苏林云：'嬗音蝉，谓其相传与也。'"[⑧]《汉书》师古注曰："此即禅代字，合韵故音婵耳。苏说是也。"[⑨] 王先谦在《汉书补注》中引《文选》"嬗作蟺"，断曰："服、韦说是"。[⑩] 按《文选李善注》之《鸟兽部》有贾谊《鹏鸟赋》，原文正作"形气转续兮，变化而蟺"，李善注云："韦昭曰：而，如也；苏林曰：转续相传与也。蟺音蝉，如蜩蝉之蜕化也。或曰：蟺，相连也。"[⑪]。

① 《汉书》，363、3247、3154页。

② 郭庆藩：《庄子集释》，见《诸子集成》，第3册，409页，上海，上海书店出版社，1986。

③ 刘文典：《淮南鸿烈集解》，229～230页，北京，中华书局，1989。

④ 《汉书》，4095～4096页、1013页。

⑤ 《后汉书·梁竦传》，1173页。

⑥ 《说文解字注》，女部，621页。

⑦ 郝懿行：《山海经笺疏》，成都，巴蜀书社据还读楼校刊本影印，1985。

⑧ 《史记》，2498页。

⑨ 《汉书》，2227页。

⑩ 王先谦：《汉书补注》，1053页，北京，中华书局，1983。

⑪ 李善：《文选李善注》卷十三，金陵书局校刊，同治八年（1869）。

古人对“蜕”字的训释还可补充“蝉之蜕化”的这个意义。唐人李贤等注《后汉书·张衡传》：“蜕音税。《说文》曰：‘[蜕]，蝉虵（蜕）所解皮也。’言去故就新，若蝉之蜕也。”① 是东汉、三国、晋、唐学者早有“嬗”（“亶”同）“蝉”通假之说，在他们的说解中，“蝉”有“变蜕”、“蜕化”、“相连”、“相传与”、“去故就新”的表述，它们说的是同一件事，但其中的“变蜕”、“蜕化”“去故就新”更倾向于变，而“相连”、“相传与”则更倾向于连，因而在“蝉”字的内涵中潜藏着变与连的对立和同一。

“蝉”字还有相近的另一种解释，保留在更早的西汉方言学中。扬雄《方言》一：“嫚、蝉、絧、撚、未，续也。”② 《尔雅·释诂》：“续，继也。”③ 按《说文》：“𢇍，续也，从糸㡭。”这是一个会意字，左边糸部，右边“古文绝，象不连体，绝二丝”，合起来，段氏“谓以糸联其绝也”。④

① 《后汉书》，1924页。

② 关于此处断句，清人约有两说。一曰“未”隶下句，读“未续”。戴震曰：“蝉，《玉篇》：‘蝉连，系续之言也。’……‘未续’应谓欲续而未结系。”卢文弨曰：“案‘未续’则欲续之也”（《扬雄：《方言》，光绪十七年（1891）辛卯思贤讲舍刻本。一曰“未”上属，亦为被训之字。此说又可一分为二。一说“未”本身即有“续”义。朱骏声云：“未，《荀子·正论》‘且征其未也’，注‘谓将来’。又借为尾。按《方言一》：‘未，续也。’”（《说文通训定声》，第560页）一说“未”乃“末”之讹。《广雅·释诂二》“未，续也。”王念孙云：“‘未’与‘续’义不相近，《方言》、《广雅》‘未’字，疑皆‘末’字之讹。”（王念孙：《广雅疏证》，56页，南京，江苏古籍出版社，2000）钱绎援引经典传注中“未”、“末”互讹之例以为旁证（钱绎：《方言笺疏》，卷一，100～101页，上海，上海古籍出版社，1984）以上诸家都有道理，但比较起来，我更倾向于王、钱之说，并略作补充。查敦煌、武威出土汉简，“未”与“末”字写法有完全相同，非依上下文不能分辨者（陈建贡、徐敏：《简牍帛书字典》，420～421页，上海，上海书画出版社，1991）。是汉隶中两字互讹属平常之事，关键要看上下文。从字义来看，《方言》卷十云：“末，绪也。”（扬雄：《方言》，27页）《广雅》云：“绪，末也。”（《广雅疏证》卷一下）是“末”与“绪”同义。《说文》：“绪，丝耑也。”段注：“耑者，艸木初生之题也。因为凡首之称，抽丝者，得绪而可引。引申之，凡事皆有绪可缵。”（《说文解字注》，643页）“耑”与“端”同。《方言》卷十二云：“末，随也。”（《方言笺疏》，674页）《易·随卦》释文云：“随，从也。”（《经典释文·周易音义》，86页）“从”字义为两人相随，引申为凡相随之义。“绪”指丝端，“末”有相随之义，合起来可以作这样的理解：找到丝的头绪或末端然后再把丝线一条接一条地系连起来，这种解释最与“续”的含义相合。

③ 《尔雅》，《十三经注疏》本，2569页，北京，中华书局，1980。

④ 《说文解字注》，糸部，645页。

东汉隶书碑铭“继”字有作“𢇍”者，可为旁证。①《说文》：“𢇍，古文绝”；这种书法在先秦彝铭和汉隶碑刻中可以得到印证。《中山王壶》有“绝”字，作“𢇍”。② 字形与《说文》“从刀糸”相合。《国三老袁良碑》“至王莽而𢇍”，洪适曰：“𢇍即绝字。”③《说文》：“反𢇍为㡭。”④ 㡭字古文作“𢇍”，即继字。《小盂鼎》有“㡭”字，郭沫若云：“㡭即古继字。”⑤《拍敦盖》“继”字作“𢇍”。⑥ 东汉《帝尧碑》有“河南张宠㡭拟前绪”句，“㡭”即继。⑦ 是“𢇍”“㡭”变形反训，合二而一，《排敦盖》的“𢇍”（继）字形居“𢇍”“㡭”之间，或可兼有绝、继二义。在《郭店楚简》中，绝字又写作“㡭”“㡭”“㡭”，⑧ 乃“㡭”之省形，可证“㡭”本身即可为反训字，兼有绝、继二义。⑨“蝉”字所有的“续”的内涵尽在于此。《说文》“继”字从糸，虽为蛇足，但更加强调克服断绝而后继续（连接断丝）的意义，与此相合。

总之，以上讨论说明，“禅”可假借为“蝉”，因而有“变蜕”和“相连”、“断绝”和“继续”辩证统一的意义。

---

① 洪适：《隶释》卷第六，楼松书屋汪氏本，皖南洪氏晦木斋集资摹刻，同治十年（1871）。

② 徐中舒：《汉语古文字字形表》，497页，成都，四川辞书出版社，1981。

③《隶释》卷第六；顾南原：《隶辨》，702页，中国书店据清康熙五十七年（1718）项氏玉渊堂刻版影印，1982。

④《说文解字注》。645页。

⑤ 郭沫若：《两周金文辞大系图录考释·小盂鼎》，37页，上海，上海古籍出版社，1999。

⑥ 容庚：《金文编》，670页，北京，科学出版社，1959。

⑦ 洪适：《隶释》卷第一。

⑧ 荆州市博物馆：《老子甲》、《老子乙》、《缁衣》、《六德》，见《郭店楚墓竹简》，北京，文物出版社，1998。

⑨ 据顾颉刚、顾廷龙辑《尚书文字合编》（上海古籍出版社1996年1月第1版）唐以前的《尚书》写本中，“𢇍”“㡭”或为反训字，兼有绝、继二义，与战国至东汉间“㡭”字反训之例相合。

三、"禅"、"传"通用

"禅"与"传"的通用可为禅让含义提供进一步的说明。

按"传"字在《六书音均表》中属十四部，在《补高邮王氏说文谐声谱》中属元部，与从"单"从"亶"之字同韵。在隋唐韵书中，反切上字为"中"、"丈"、"直"。① "中"在知母，"丈"、"直"在澄母。据清儒钱大昕的发现："古无舌头舌上之分，知彻澄三母，以今音读之，与照穿床无别也，求之古音，则与端透定无异。"② 是"传"字的反切上字与端母、定母字相通，可读作舌头音。在黄侃古音十九纽中，知母、澄母字的古本声分别在端纽、定纽，③ 与此相合。而且上古"直"字就有读"德"的，如《郭店楚简·唐虞之道》中的"德"径作"直"，凡四见；④ 江西方言中"直"仍有发德音者，"德"为端母字，是定、端二纽相通之证也。由此可知，"传"与从"单"从"亶"之字在上古可为同纽或旁纽双声，而且叠韵，故音近可通假。⑤

战国秦汉时期，在政权转移或传承的意义上，"禅"、"传"可以互易。

---

① 陆德明：《经典释文》之《左传音义》成五年传，985页；《礼记音义》之二，713、732页；《穀梁音义》，1286页；《尚书音义·立政》，191页；《康王之诰》，195页；《周易音义》，73页；《周礼音义下》，528～529页；上海，上海古籍出版社，1985。孙愐：《唐韵》，见周祖谟：《唐五代韵书集存》，665页，北京，中华书局，1983。

② 钱大昕：《十驾斋养新录》卷五，111页，上海，上海书店出版社，1983。

③ 黄侃：《黄侃论学杂著》，71～72页。

④ 《郭店楚墓竹简》，157、158页。

⑤ 按现代汉语中"亶"、"单"两字读音相近且近古，"禅"在上古也应读"亶"或"单"音。安世高是西域佛教僧人，东汉桓灵时来华，据说他是最早从事佛经汉译的人之一，当时即用"禅"翻译梵文 dhyāna（禅那），如《佛说禅行三十七品经》、《禅行法想经》等（见《大正藏》第十五卷经集部二），这是"禅"字古音的直接证据。"传"字在日语中简化为"伝"，是个音读字，拼写为"でん"，接近于汉语"单"或"亶"的发音。唐代流行用语如"传奇"，日语读作でんき，"传记"也读作でんき，"传法"读作でんぽう，"传习"读作でんしゅう，"传灯"读作でんとう，"传道"读作でんどう，"传授"读作でんじゅ。这说明，至少在唐以前，"传"与从"亶"从"单"之字读音或相近，在上古可与"禅"字相通。

如，《孟子·万章上》："不传于贤而传于子"，下文云："唐虞禅，殷周继"。[①] 是在同一篇文字里，"传于贤"等于"禅"。《韩非子·十过》："尧禅天下，虞舜受之"；《外储说右上》说三："尧欲传天下于舜"[②]。是在同一本书里，"禅天下"又作"传天下"；《史记·陈杞世家》："舜已崩，传禹天下"；"太史公曰：舜之德可谓至矣！禅位于夏。"[③] 是在同一世家里，"传禹天下"又作"禅位于夏"。

在汉代文献中，"禅"、"嬗"两字多以"传"字训解。如：《淮南子·精神》："以不同形相嬗也。"高诱注："嬗，传也。万物之形不同，道以相传生也。"[④]《史记·惠景间侯者年表》："至孝惠时，唯独长沙全，禅五世，以无嗣绝"[⑤]。《汉书·吴芮传》："赞曰：……唯吴芮之起，不失正道，故能传号五世，以无嗣绝，庆流支庶，有以矣夫，著于甲令而称忠也！"[⑥] 把"禅"解作"传号"。《汉书·王莽传中》："莽曰：'予之皇始祖考虞帝受嬗于唐，汉氏初祖唐帝，世有传国之像'"[⑦]。唐帝有"传国之像"，结果便有虞帝的受"嬗"，这里也是把"嬗"作"传"来理解的。许慎《说文解字》："嬗，……从女，亶声，一曰传也。"[⑧]

"传"字如何释义呢？按甲骨文、金文已见"傳"字。近人徐中舒主编，彭裕商等编纂的《甲骨文字典》认为："傳"字从"人"从"專"。《说文》"一曰：專，纺專。"甲骨文"專"字为象形字，上半部的"叀"正象纺砖之形，上面的十字，原象三股线，纺砖旋转，三线即成一股，下面的"又"或"寸"，示以手旋转纺砖之意，为转之本字。从"專"之字

① 焦循：《孟子正义》，见《诸子集成》，第1册，381、385页，上海，上海书店出版社，1986。

② 陈奇猷：《韩非子集释》，187、741页，上海，上海人民出版社，1974。

③ 《史记》，1575、1586页。

④ 刘文典：《淮南鸿烈集解》，229～230页，北京，中华书局，1989。《淮南子·精神》："举天下而传之于舜"。高诱注："传，禅"。是"禅"、"传"又可转注。

⑤ 《史记》，977页。

⑥ 《汉书》，1895页。

⑦ 《汉书》，4108页。

⑧ 《说文解字注》，女部，621页。

皆有转动之义。①

近人陈初生等认为，“传”字甲骨文、金文意为“传车”。他引下列材料加以说明：《后下·七·一三》：“传氏（致）孟白（伯）。”意即用传车把孟伯送来。《散盘》铭文曰：“余有散氏心贼，则鞭千罚千，传弃之。”以传车放之。《齐侯壶》铭文：“齐侯命大子乘传来句宗伯”。“乘传”即乘传车也。《左传》成公五年：“晋侯以传召伯宗”。即用传车召唤伯宗。②

按《说文》“传，遽也。”“遽，传也。”互为转注。段玉裁注云：“《周礼》行夫：掌邦国传遽。注云：传遽，若今时乘传骑驿而使者也。”《说文》：“驲，传也。从马，日声。”段注：“《释言》曰：‘驲，传遽也。’许用《释言》文。《左传》文十六年、襄廿一年、昭五年、《国语·晋语》韦、杜注皆曰：‘驲，传也。’《尔雅》舍人注曰：‘驲，尊者之传也。’《吕览》注曰：‘驲，传车也。’按驲为尊者之传用车，则遽为卑者之传用骑可知。’”③

是“传”指“传车”，“遽”指“驿马”，为了行至远方，人们须不断换乘传车、驿马，才能最终达到目的地。具体而言，一辆传车只能跑一段路程，但从总体上看，许多传车不断接续，就可行之遥远。因此，“传”又指不断更替、展转延伸，它来自“专”字所具有的转动、循环的含义，这样就与“蝉”（假借为“禅”、“嬗”等）所具有的“变蜕”与“相连”、“断绝”与“继续”相统一的意义吻合了。

“传”字还有许多与禅位之义相近的用法。《史记·卫将军骠骑列传》索隐：“传犹转也。”④《释名·释宫室》：“传，转也，人所止息而去，后人复来，转转相传，无常主也。”⑤ 旅店、客舍，人往人来，没有一定，用这样的“传”字比喻王朝的更替，再恰当不过了。

在先秦文献中，“禅”和“嬗”等字并不多见，遇到表达禅让之义的

---

① 徐中舒：《甲骨文字典》，892、329页，成都，四川辞书出版社，1988。

② 陈初生：《金文常用字典》，780页，西安，陕西人民出版社，1987。

③ 《说文解字注》，人部，377页，马部，468页。

④ 《史记》，2927页。

⑤ 王先谦：《释名疏证补》卷五《释宫室》，光绪丙申（1896）刊。

情况，当时多用“传”字。《孟子·万章上》：“不传于贤而传于子”①。《商君书·修权》：“公私之分明……论贤举能而传焉”②；《吕氏春秋·不屈》：“愿得传国……而传之贤者……传而贤者尧也……非独传舜”；《吕氏春秋·求人》：“尧传天下于舜”③；《韩非子·外储说右上》说三：“尧欲传天下于舜”；《韩非子·外储说右下》说三：“古者禹死，将传天下于益……今王信爱子之，将传国子之”；“燕王欲传国于子之也……故传天下于益……是禹名传天下于益……今王欲传之子之……是名传之”；《韩非子·八说》：“故有揖让而传天下者”；《韩非子·五蠹》：“古传天下而不足多也。”④《战国策·秦策一》：“孝公行之八年，疾其不起，欲传商君，辞不受。”《战国策·燕一》：“传之益也，……是禹名传天下于益”⑤。《燕召公世家》同。⑥ 如此等等。除了《万章上》那句话后边那个“传”字以外，其余的“传”字在后代皆可以“禅”或“嬗”字替代。

不过，虽然可以通假，但“传”不如“蝉”更接近“禅”字，因为从“单”从“亶”之字（如“禅”、“嬗”、“蝉”等）声韵不异（包括在音韵学上的分化和合并），且“蝉”、“禅”偏旁相同；“传”字声韵小有差异，偏旁相距较远。所以，比较而言，“蝉”应该认为是“禅”的禅让之义的直接来源，而“传”则为间接来源，但却是知识背景中除了“蝉”以外最重要的部分。

四、结束语

古代中国经历了多次“禅让”式的王朝更替。其中，有尧舜禹禅让的远古美谈；更有假“禅让”之名或被后人名之为“禅让”的暴力攘夺，最

---

① 《孟子正义》，381页。

② 《商君书》，见《诸子集成》，第5册，24页，上海，上海书店出版社，1986。

③ 《吕氏春秋》，见《诸子集成》，第6册，228、292页，上海，上海书店出版社，1986。

④ 《韩非子集释》，741、775、776、974、1041页。

⑤ 《战国策》，77页、1059页，上海，上海古籍出版社，1985。

⑥ 《史记》，1556页。

为典型的就有（西）汉新、（东）汉（曹）魏、魏（西）晋、（东）晋（刘）宋、宋（南）齐、齐（南）梁、梁陈、（东）魏（北）齐、（西）魏（北）周、周隋、隋唐、唐（后）梁、（后）汉（后）周、周（北）宋的更迭。① 在这个历史时期，不论政治形势如何的有利，新兴的最高权力的争夺者们，几无例外，都要想方设法用“禅”所指代的方式完成朝代的更替。而通过这种方式夺取了政权的统治者们，没有一个不强调他的权力来自前朝的授予，没有一个不宣称这种授予体现着天命的更改和传承，没有一个不利用五行相生的运转模式来证明这种授予是于天有征。

古代中国的王朝统治并没有因为这些更迭而衰亡，相反，却有发达和强化的趋势，就仿佛蜩蝉在不断的“变蜕”和“相连”、“断绝”和“继续”的过程中延续着生命，也仿佛“传车”经过展转接续才能行至远方。这对于理解“禅让”的含义具有非常重要的意义。如此看来，挖掘“禅”字里面禅让含义的来源，从一个侧面，清理古代中国的王朝更替观，探寻王朝更替与发展的原因，自是题中应有之义。

（原载《北京师范大学学报》2002 年第 2 期）

① 1912 年清室退位，走的也是“禅让”的老路，这是“禅”所反映的传统的政权更替方式在近代中国的重演。

“歷数”和“尚贤”与禅让说的兴起

一、问题的提出

《论语·尧曰》有这样一段话：“尧曰：咨，尔舜，天之歷数在尔躬，允执其中，四海困穷，天禄永终。舜亦以命禹。”① 对于尧舜禅让这类故事，古代学者一般相信儒家经典的记载，以为理所当然，并不认为是某家的创造，也不会认为是一个需要怀疑的问题。

可是，进入20世纪，情况不同了，20年代，顾颉刚先生提出了大胆的挑战。他运用当时理解的科学方法，从另一个角度提出了问题：尧舜禅让并非信史，而只是古史传说。既然是传说，就一定有发明者或创造者。那么，这发明者或创造者究竟是谁？他指出，《尧曰》章包含“歷数”的那段话是后代添加上去的；《墨子》有尧举舜为天子的说法，在时间上最早，墨家应是禅让说的发明者，他们的“尚贤”主张，应是禅让说的理论基础。②

本文首先讨论“歷数”和“尚贤”孰先孰后的问题；然后，通过进一步的分析和比较，来确定“尚贤”和“歷数”表现了怎样的思想，这些思想在禅让说的理论基础中究竟占有何种地位；在禅让说的兴起中，墨家和儒家究竟起了何种作用；为解决禅让说之起源的问题，提出个人的意见，尚祈批评指正。

二、否认“歷数”出于《论语》证据不足

“歷数”和“尚贤”这两个词的发明在时间上孰先孰后？按照顾先生

---

① 刘宝楠：《论语正义》，见《诸子集成》，第1册，411页，上海，上海书店出版社，1986。

② 顾颉刚：《禅让传说起于墨家考》，见吕思勉、童书业：《古史辨》（七），102、102～103、50、31页，上海，上海古籍出版社，1982。

的理解，这是判定谁创造了禅让说的关键。他提出："《论语》这章中最可疑的便是'歷数'两字。"① 为什么呢？他没有提供直接的证据，却从另一个方向给出了间接的说明：首先引纬书《论语比考谶》，说明"歷数便是帝王的历运"；接着引何晏"歷数，谓列次也"和朱熹"帝王相继之次第"，说明"歷数"来源于阴阳家邹衍；最后引《史记·封禅书》"邹衍以阴阳主运显于诸侯"《集解》引如淳："今其书有《主运》，五行相次转用事，随方面为服"，断言"五行是永远转动的，转动的时候是永远依着它的生克的次序的，这便叫做'歷数'"。以此为前提，他推论道："所以我们敢说，从'天之歷数在尔躬'一句看来，《论语》中这一章是阴阳家的说话。阴阳家是起于邹衍的，孟子还看不见，何况孔子！"②

按《史记·孟子荀卿列传》关于邹衍的记载，不见有"歷数"或"歷"和"数"的概念。据说《吕氏春秋·应同》篇保留了邹衍的五德终始说，③ 其中也只提到"数"，而没有"歷"字。由此可知，说《论语》中的"歷数"与邹衍的"阴阳主运"说有关，查无实据。又按，邹衍的"五德终始说"是以相胜说为原则的，它适应征伐式的王朝更替，先是为齐愍王实现"并周室为天子"的"大欲"设计，继而献给秦王政，为秦国以武力灭亡两周、统一天下作了合理的解释，更为秦朝制度和施政原则（如改正朔、易服色、尚法治、严苛少恩等）的确立提供了意识形态上的框架。而考之后世史籍，禅让式的王朝更替，绝无例外，都是以相生说为准则的。由此又可知，为禅让服务的"歷数"与邹衍的"阴阳主运"在道理上龃龉不合。因而，从这个角度，依据这些理由来否认《论语》有"歷数"观念，是没有足够说服力的。

另一方面，据我的初步了解，有许多材料倾向于说明与"歷数"观念相近的思想在儒家的思想渊源中有着丰富的资源。

按"歷"字已见于甲骨文，字形由两部分组成，上面像"双木林"或

① 顾颉刚：《禅让传说起于墨家考》，见吕思勉、童书业：《古史辨》（七），59页，上海，上海古籍出版社，1982。

② 同上书，60页。

③ 许维遹：《吕氏春秋集释》，下册，8页，北京，中国书店，1985。

“双禾木”，下面像“止”（足形），大概与步行有关。[①]“歷”、“厤”、“曆”三字并见于金文。《禹鼎》：“至于歷内”；《毛公鼎》：“厤自今，出入敷命于外”；“曆”字见于铭文者甚多。[②] 三字古代通用。《论语正义》本的“歷数”，伪古文《虞书·大禹谟》同，[③] 而《论语注疏》本作“厤数”；[④] 宋元人注《四书五经》和《四书章句集注》本均作“曆”。[⑤] 是“歷数”又可作“厤数”或“曆数”也。

《说文·止部》：“歷，过也，传也，从止厤声。”《步部》：“岁，木星也，越歷二十八宿，宣遍阴阳，十二月一次”[⑥]。可见，“歷”的本义是“过”或“经过”的意思。与甲骨文和金文材料可以参证，在传统文献中也可以得到印证。伪古文《尚书·毕命》：“既歷三纪，世变风移。”传曰：“言殷民迁周已经三纪，世代民易顽者渐化。……十二年曰纪，父子曰世。”[⑦] 这里的“歷”字即有“过”和“经过”的意义。“歷”往往又作“歷年”，今文《尚书》不止一见。《召诰》云：“我不可不鉴于有夏，亦不可不鉴于有殷。我不敢知曰，有夏服天命，惟有歷年；我不敢知曰，不其延，惟不敬厥德，乃早坠厥命；我不敢知曰，有殷受天命，惟有歷年，我不敢知曰，不其延，惟不敬厥德，乃早坠厥命。今王嗣受厥命，我亦惟兹二国命，嗣若功。王乃初服。呜呼。若生子，罔不在厥初生，自贻哲命，今天其命哲，命吉凶，命歷年，知今我初服，宅新邑，肆惟王其疾敬德。”连同以下，此章“歷年”凡五见。孔传曰：“以能敬德故多歷年数”[⑧]。宋儒蔡沈解“歷年”为“歷年长短”；所谓“歷年”，系就王朝统治的时间长

① 姚孝遂、肖丁：《殷墟甲骨刻辞类纂》，336页，北京，中华书局，1989。

② 周法高：《金文诂林》，0162、1259、0594页，香港，香港中文大学出版社，1974。

③ 孔颖达：《尚书正义》，见《十三经注疏》，136页，北京，中华书局，1980。

④ 何晏、邢昺：《论语注疏·尧曰》，见《十三经注疏》，2535页，北京，中华书局，1980。

⑤ 宋元人注：《四书五经》，上册，83页，北京，中国书店，1985；朱熹：《四书章句集注》，193页，见《新编诸子集成》，第1辑，北京，中华书局，1983。

⑥ 段玉裁：《说文解字注》，68页，上海，上海古籍出版社，1988。

⑦ 孔颖达：《尚书正义》，《十三经注疏》本，245页，北京，中华书局，1980。

⑧ 同上书，213页。

短而言的。《君奭》:“多歷年所。”蔡沈:“享国长久。”[1] 上天根据统治者是否敬“德”来决定王朝统治的长短，这个“歷年”里面，实在包含着统治之道。由此可见，“歷”就是一个以“民心”——“天命”为内容或原因，以统治时间长短为表现或结果的辩证概念。

按“数”字已见于《诗经》,《小雅·巧言》有“心焉数之”句[2];又多见于春秋战国文献中，《老子》五章有“多言数穷”[3];《孙子·势篇》:“治乱，数也。”[4]《孟子·公孙丑下》:“五百年必有王者兴，其间必有名世者，由周而来，七百有余岁矣，以其数，则过矣。”[5]《商君书》有“凡知道者，势、数也。故先王不恃其强而恃其势，不恃其信而恃其数。”[6]《荀子·富国》:“万物同宇而异体，无宜而有用为(于)人，数也。”王念孙注云:“言万物于人虽无一定之宜而皆有用于人，数也。数也云者，犹言道固然也。《吕氏春秋·壅塞篇》:‘寡不胜众，数也。’高注:‘数，道数也。’”[7]《韩非子·孤愤》:“其数不胜”;《解老》:“寡之不胜众，数也”;《喻老》:“不随道理之数，而学一人之智”[8];等等。是“数”又有必然趋势的意义。

“歷”、“数”相通也有证据可寻。《尔雅·释诂下》:“厤，数也。”郭

---

① 蔡沈:《书经集传》，宋元人注《四书五经》上册，97、108页，北京，中国书店，1985。

② 朱熹:《诗经集传》，宋元人注《四书五经》中册，96页，北京，中国书店，1985。

③ 马王堆帛书甲乙本均作:“多闻数穷”，见高明:《帛书老子校注》，246页，北京，中华书局，1996。

④ 《孙子十家注》，见《诸子集成》，第6册，76页，上海，上海书店出版社，1986。

⑤ 焦循:《孟子正义》，见《诸子集成》，第1册，183页，上海，上海书店出版社，1986。

⑥ 《商君书·禁使》，见《诸子集成》，第5册，39页，上海，上海书店出版社，1986。

⑦ 王先谦:《荀子集解》，见《诸子集成》，第2册，113页，上海，上海书店出版社，1986。

⑧ 王先慎:《韩非子集解》，见《诸子集成》，第5册，56、100、122页。

璞注："厤，厤数也。"邢昺疏："推律所生之数。"[①]《大诰》"大歷服"中的"歷"字，宋人蔡沈解释为"歷数也。"[②]

"歷"、"数"二字连用形成复合词"歷数"，还见于其他先秦古籍。今本《书·洪范》："五纪，一曰岁，二曰月，三曰日，四曰星辰，五曰厤数。"[③] 刘宝楠云："歷数，是岁日月星辰运行之法。"[④] 此外，《书·尧典》："乃命羲和，钦若昊天，厤象日月星辰，敬授民时。"[⑤] 刘宝楠云："歷象、歷数，词意并同。"[⑥]《庄子·寓言》："天有歷数。"王先谦注云："气数有定"[⑦]。唐人陆德明《经典释文》："天有歷，一本作天有歷数。"[⑧]《洪范》、《尧典》、《寓言》诸篇的写定时间有争论，但最晚也不会是战国以后的作品，这是公认的。这说明它们与《论语》成书相去不远，或有一定渊源关系。刘宝楠引《曾子·天圆篇》："圣人慎守日月之数，以察星辰之行，以序四时之顺逆，谓之歷"[⑨]；《史记·历书》："曆数失序"[⑩]。可见从战国到西汉，"歷数"观念已经与阴阳四时相关，而且出现了历法化的趋势，与《大诰》、《召诰》和《尧曰》相比，发生很大变化，但可以看出其间发展的脉络。

以上的叙述表明，"歷"和"数"的观念早在西周初年就有了雏形，《论语》成书后不久，"歷数"便成为时代的通用语词。

说实话，我在阅读《论语》时，总有这样一种感觉，就是孔子的时代

---

① 邢昺：《尔雅注疏：释诂下》，《十三经注疏》本，2579 页，北京，中华书局，1980。

② 蔡沈：《书经集传·大诰》，宋元人注《四书五经》上册，82 页，北京，中国书店，1985。

③ 孔颖达：《尚书正义》，《十三经注疏》本，189 页，北京，中华书局，1980。

④ 刘宝楠：《论语正义·尧曰》，见《诸子集成》，第 1 册，411 页。

⑤ 孔颖达：《尚书正义》，《十三经注疏》本，119 页。

⑥ 刘宝楠：《论语正义·尧曰》，见《诸子集成》，第 1 册，411 页。

⑦ 王先谦：《庄子集解》，见《诸子集成》，第 3 册，183 页，上海，上海书店出版社，1986。

⑧ 郭庆藩：《庄子集释》，见《诸子集成》，第 3 册，412 页。

⑨ 刘宝楠：《论语正义·尧曰》，见《诸子集成》，第 1 册，411 页。

⑩ 司马迁：《史记》，1257 页，北京，中华书局，1959。

应该有尧舜禅让的传说了。比如，“子夏曰：‘……舜有天下，选于众，举皋陶，不仁者远矣。汤有天下，选于众，举伊尹，不仁者远矣’。”[①] 这与尧舜禅让故事的讲述方式是很相似的。“子曰：‘泰伯，其可谓至德也已矣！三以天下让，民无得而称焉’。”[②] “让”是禅让观念的重要渊源和基础，“以天下让”就是禅让思想本身呀！“子曰：‘巍巍乎！舜禹之有天下也，而不与焉’”。朱熹注曰：“不与犹言不相关，言其不以位为乐也。”[③] 我们知道，在法家的心目中，“古之让天子者，是去监门之养而离臣虏之劳也”，所以，“传天下而不足多也”。[④] 因为在他们看来，尧舜禹之所以能够禅让天下，不就是“不以位为乐”么？为什么“不以位为乐”呢？实在是因为他们身在其位，得到的却是“监门之养”和“臣虏之劳”，太清苦了！对于尧舜禹的评价，儒法两家观点相反，但所谈的是同一件事，这应该不会有错。

以我愚见，否认“歷数”出于《论语》，证据尚嫌不足。

三、墨家“尚贤”意在选官治官而非禅让

除了说明“歷数”晚出之外，在顾先生的思想中还有这样一层意思，即禅让说的理论基础是尚贤论，而积极倡导尚贤的只有墨家，所以他们才是禅让的发明者。

我以为，即使承认尚贤论是禅让说的理论基础，也无须急着认定墨子是禅让说的发明者或首倡者，因为，在他之前，孔子也是主张任用贤能的。孔子说过：“先有司，赦小过，举贤才。”[⑤] 他还说过：“雍也可使南面。……子谓仲弓，曰：犁牛之子骍且角，虽欲勿用，山川其舍诸?”[⑥] 按

① 刘宝楠：《论语正义·颜渊》，见《诸子集成》，第1册，278页。

② 刘宝楠：《论语正义·泰伯》，见《诸子集成》，第1册，154页。

③ 朱熹：《论语集注·泰伯》，见《四书章句集注》，107页，北京，中华书局，1983。

④ 陈奇猷：《韩非子集释·五蠹》，1041页，上海，上海人民出版社，1974。

⑤ 刘宝楠：《论语正义·子路》，见《诸子集成》，第1册，280页。

⑥ 刘宝楠：《论语正义·雍也》，见《诸子集成》，第1册，111、116页。

仲弓出身贱人家庭，① 在孔子眼里，居然可即诸侯天子之位，这说明，孔子有平民贱人担任君主的思想。前引子夏曰："舜有天下，选于众，举皋陶，不仁者远矣；汤有天下，选于众，举伊尹，不仁者远矣。"这分明是选贤任能的思想，与后来墨子的尚贤已很相近了。众所周知，孔子主张"有教无类"，还通过弟子子夏之口喊出了"四海之内皆兄弟也"的响亮口号。这些都是打破旧的血缘藩篱，要求人人平等的思想。孔子弟子中出身平民者不在少数。在孔门之中，学与仕关系甚为密切，孔子主张做官凭学业，而非血统，这也是尽人皆知的。即使到了战国时代，这些思想和行为也可纳入尚贤的范畴。

还有一个问题，那就是，墨家的尚贤主义是否为禅让而设？我们知道，在《墨子》书中，以《尚贤》为题的文章有上、中、下三篇，集中论述了尚贤主张，内容大同小异，学者认为是墨离为三以后，相里氏、相夫氏和邓陵氏三家的各自所传。最能表现尚贤思想，而且与禅让思想关系最为密切的，要数《尚贤下》。为了便于阅读，不作长篇引述，只把我的理解分为以下若干层次概述之。

1. 文章开篇，单刀直入，揭露问题：尚贤为治理国家、富国众民、端正法制的根本，是"政事之本也"，可是王公大人对此有茫然无知者。

2. 接着，提出问题：什么是尚贤呢？他举了一个例子，诸侯下令国内：善于骑射者赏，使他高贵；拙于骑射者罚，使他卑贱。忠信者赏，使他高贵；不忠信者罚，使他卑贱。这就是尚贤。

3. 接着，又指出尚贤的结果，为善者劝，为暴者止；用这个方法治理天下，就会使天下为善者劝，为暴者止。墨子之所以珍视"尧舜禹汤文武之道"，就是因为它能使天下为善者劝，为暴者止。正如他说："此尚贤者也，与尧舜禹汤文武之道同矣"。可见，他的所谓"尧舜禹汤文武之道"就是"尚贤"，按传统文献，其中的汤、文、武是没有禅让的，因此，尚贤是否禅让即出现问题。

4. 接着，他对"天下士君子只知小利，不知大道"提出批评。举例道，

① 司马迁：《史记·仲尼弟子列传》，2190 页。

如今的王公大人，宰杀牛羊，知道要请有水平的屠夫；缝制衣服，知道要请有经验的裁缝；马匹病了，知道要请良医来治；弓弩破了，知道要请良工来修；绝对不让自己的骨肉之亲、特权者和美貌幸爱者来做，其实既是知道他们没有这个本事，也是怕他们弄坏了东西，有损物件。这看起来似乎够得上"尚贤使能"的了。可是一到国家大事上，情况就不同了。这些骨肉之亲、特权者和美貌幸爱者们轻易就可任用为官。看起来，王公大人对国家的亲爱远不如对器物畜生的亲爱来得深厚。可是如果这样做，就仿佛让哑巴当"行人"（司仪官），让聋子当乐师一样，怎么能有好结果呢。

5. 很自然地，墨子又提起古代圣王的理想之治："古之圣王之治天下也，其所富，其所贵，未必王公大人骨肉之亲、无故富贵、面目美好者也"，"是故昔者尧之举舜也，汤之举伊尹也，武丁之举傅说也，岂以为骨肉之亲、无故富贵、面目美好者哉，惟法其言，用其谋，行其道。""是故昔者，尧有舜，舜有禹，禹有皋陶，汤有小臣，武王有闳夭、泰颠、南宫括、散宜生，而天下和，庶民阜，是以近者安之，远者归之，日月之所照，舟车之所及，雨露之所渐，粒食之所养，得此莫不劝誉。""先王之治天下也，必选择贤者，以为其群属辅佐。"古代圣王是尚贤的典范，其中汤、武丁、武王没有禅让的记载。

6. 结论："且今天下之王公大人士君子，中实将欲为仁义，求为上士，上欲中圣王之道，下欲中国家百姓之利，故尚贤之为说，而不可不察此者也。尚贤者，天鬼百姓之利，而政事之本也。"①

从以上叙述可以看到，墨子的尚贤是指有能者赏，无能者罚，赏要当贤，罚要当暴，如此才能忠劝邪止，天下大治。这与法家令行禁止、因能授官的法术说有相通之处，表现了变法图强、加强集权和平民政治的时代气象和风貌。

不错，该篇有"尧举舜"而"立为天子"的说法，② 可是，这与"禹举皋陶"、"汤举伊尹"、"武丁举傅说"和"武王有闳夭、泰颠、南宫括、

---

① 孙诒让：《墨子间诂》，见《诸子集成》，第4册，38～43页，上海，上海书店出版社，1986。

② 同上书，40页。

散宜生”等一样，在墨子眼里，举人者仍然健在，被举者之所以被举，并非因为他们身为君主的“骨肉之亲、无故富贵、面目美好者”，而仅仅是因为统治者要“法其言，用其谋，行其道”，是因为“尚贤使能”。这种任人唯贤的做法，不同于世官制度，却与春秋战国时代新生的政治体制和社会风尚相吻合。该篇还有“选择贤者，立为天子”的话，但却和“选择其次”、“立为三公”，“分国建诸侯”、“立为卿之宰”、“立为乡长家君”一样，目的是“使天下欲同一天下之义”，以免“一人一义”，即目的是尚同。① 众所周知，《墨子》讲尚贤尚同，讲法治，倡导集权统治，他所孜孜以求的，是如何为王公大人提供为政之本，并不关心最高统治权的转移问题。《尚贤》三篇并无“禅让”意图，但却显示出，在墨子之前，尧舜禅让的故事已经流传，它的首倡者，当另有其人。

当然，从道理上说，如果天子也要选举贤人担任，那么“尚贤”与“禅让”就不能没有一致之处。墨家援引尧举舜为天子的故事来为“尚贤”说服务，虽非出于自觉，但客观上对尧舜禅让说的传播起到了促进的作用，这也是不可否认的。

总之，尚贤说为禅让提供了道理上的支持，但却无法说明墨家比儒家更有理由成为禅让说的发明者。

四、儒家“歷数”暨“天命有德”乃禅让说的基础与前提

墨子的“尚贤”说目的只为治官，它的某些原理客观上有利于禅让，这说明，墨子只能是禅让说的不经意的传播者，而非发明者和积极的首倡者。那么，“歷数”与“禅让”又有怎样的关系呢？

如上所述，《说文》训“歷”为“过”、“传”、“越历”，得到了文献的证明。其实，“禅让”的“禅”字也可训解为“传”。“传”的本义指“传车”，类似后世的驿车，用为动词，可引申为展转传承或传递。在这个意义上，“歷”、“禅”二字可通用。“传”是个动词，是动词就一定有它的主

---

① 孙诒让：《墨子间诂》，见《诸子集成》，第4册，56页。

体，这个主体是什么呢？或者说，究竟是什么东西在“传”呢？

按“歷”字在《周书》多作“歷年”，指王朝统治时间的长短；“数”既指年数，又指必然的趋势，后者与“道”、“理”相当。和起来，“歷数”应该既指统治时间的长短，又指决定统治时间长短的某种必然力量。因为经历若干年数的，一定是某种东西，这个东西（如“数”字所隐含的“力量”）是什么呢？《左传》宣公三年：王孙满曰：“卜世三十，卜年七百，天所命也。”① 这句话告诉我们，决定王朝统治历年的是“天命”。前面所引《召诰》之文，也表明王朝统治长短只是外在的表现或结果，决定它的内在的力量或原因是天命。所以说，天命是决定王朝统治长短的必然力量。

儒家天命思想认为，上天树立君主，是为了治民，而治民则是为了养民。天命论和民本思想是一体的。“民之所欲，天必从之。”②“天视自我民视，天听自我民听。”③ 天没有自己的利益，一切以“民”的要求为转移。由民本，必然发展到天命无常。由天命无常又必然导致革命——即天命的更改和转移。《尚书·多方》：“天惟时求民主，乃大降显休命于成汤，刑殄有夏。”蔡沈曰：“言天惟是为民求主耳，桀既不能为民之主，天乃大降显休命于成汤，使为民主。而伐夏殄灭之也。”这就叫做“殷革夏命”或“成汤革夏”。④ 由于宗法政治的特点，除了征伐，当时还看不到异姓嬗代的事情。不过，这个说法毫无疑问可为禅让提供理论上的前提。

天命论与禅让说的内在联系，在孟子那里得到了自觉的说明。《孟子·万章上》：“孔子曰：‘唐虞禅，夏后殷周继，其义一也。’”⑤ 朱熹解释道：“禅，音擅。禅，授也。或禅或继，皆天命也。”⑥ 禅和继都是天命

① 孔颖达：《春秋左传正义》，《十三经注疏》本，1868页，北京，中华书局，1980。

② 孔颖达：《春秋左传正义》襄公三十一年，穆叔引《太誓》语，《十三经注疏》本，2014页。

③ 焦循：《孟子正义·万章上》引《尚书·泰誓》，见《诸子集成》，第1册，381页。

④ 蔡沈：《书经集传》，宋元人注《四书五经》上册，113、103、102页。

⑤ 焦循：《孟子正义》，见《诸子集成》，第1册，385页。

⑥ 朱熹：《四书章句集注》，见《新编诸子集成》，第1辑，309页。

使然。

按照孟子的想法，禅让和征伐，形式虽不同，但皆出于天命则是一样的。具体言之，“天命有德”是相同的。这个思想原于西周初年。《周书》有言：“皇天无亲，惟德是辅”①。周公从殷革夏命和殷周递嬗的历史教训中认识到，天命是无常的，它不固定于某个人或政权，只以是否有德为转移。今文《尚书》中保留了许多这方面的资料。《召诰》：“我不可不监于有夏，亦不可不监于有殷。我不敢知曰：有夏服天命，惟有历年，我不敢知曰，不其延，惟不敬厥德，乃早坠厥命。我不敢知曰，有殷受天命，惟有历年，我不敢知曰，不其延，惟不敬厥德，乃早坠厥命。……知今我初服，宅新邑，肆惟王其疾敬德，王其德之用，祈天永命。”②

战国时期，燕国因子哙和子之的“禅让”而发生内乱，孟子认为“子哙不得与人燕，子之不得受燕于子哙。”③ 他向齐宣王进言，请求出兵伐燕。孟子赞成禅让，可为什么公开反对这次的“禅让”行动呢？他的思想基础是什么呢？下面这段材料似可说明问题：

> 万章曰：“尧以天下与舜，有诸？”孟子曰：“否！天子不能以天下与人。”“然则舜有天下也，孰与之？”曰：“天与之。”“天与之者，谆谆然命之乎？”曰：“否。天不言，以行与事示之而已矣。”曰：“以行与事示之者如之何？”曰：“天子能荐人于天，不能使天与之天下；诸侯能荐人于天子，不能使天子与之诸侯；大夫能荐人于诸侯，不能使诸侯与之大夫。昔者尧荐舜于天而天受之，暴之于民而民受之，故曰，天不言，以行与事示之而已矣。”④
>
> 万章问曰：“人有言：至于禹而德衰，不传于贤而传于子。有

① 孔颖达：《春秋左传正义》僖公五年虞大夫宫之奇引《周书》逸书语，《十三经注疏》本，1795页。

② 孔颖达：《尚书正义》，《十三经注疏》，213页。

③ 焦循：《孟子正义·公孙丑下》，见《诸子集成》，第1册，第68页。

④ 焦循：《孟子正义·万章上》，见《诸子集成》，第1册，379～380页。

诸?”孟子曰：“否。不然也。天与贤，则与贤，天与子，则与子。”①

在孟子看来，君主能荐人于天，而不能要求上天把权力转给他人，更不能擅自把天下转给他人。上天所爱的人，必是民所爱的。而民所爱的，必是有德的人。可见，孟子反对燕王哙和子之的“禅让”，是批评他们违背天命有德、擅自授受最高统治权。儒家尊贤思想其实就是天命有德的一部分。前面提到，孔子有举贤才的思想。孟子主张“尊贤使能，俊杰在位”②。尧舜之所以成为禅让故事的主人公，就因为舜的形象最符合天命有德的贤才标准。这在近年整理出版的楚简中得到很好的说明。如《郭店楚简》中的《唐虞之道》认为，禅让就是“尚德尊贤”，尧之所以把天子之位授给舜，是因为听说舜为人孝弟，能养天下之老，能嗣天下之长，可以为民之主。③ 上海博物馆藏《战国楚竹书》中的《容成氏》历数上古帝王事迹，讲到尧舜禹的禅让，都是“不以其子为后”，而欲以贤者为后，选好贤者，才“以天下壤（让）于贤者” （第 12 简，13 简，17 简，34 简）。④ 什么是“贤者”呢?“履地戴天，笃义与信，会在天地之间，而包在四海之内，毕能其事，而立为天子。”（第 9 简）⑤ 这样高的标准是特为选天子而定的，与墨家所谓先王“选择贤者以为其群属辅佐”的选官标准是大不相同的。可见，即使到了战国，讲禅让的仍然是儒家的天命有德的尊贤思想。

总之，在儒家，《尧曰》章中的“歴数”一词以及尧舜禅让故事有着丰厚的语言和思想背景，早期儒家传诵尧舜禅让故事，目前还不能证伪；作为表现最高统治权转移的重要概念，“禅”和“让”都为儒家所有；儒家天命有德思想可为禅让说提供直接的理论基础和前提。战国秦汉间，儒

① 焦循：《孟子正义·万章上》，见《诸子集成》，第 1 册，381～382 页。

② 焦循：《孟子正义·公孙丑上》，见《诸子集成》，第 1 册，134 页。

③ 荆门市博物馆：《郭店楚墓竹简》，158 页，北京，文物出版社，1998。

④ 马承源：《上海博物馆藏战国楚竹书》，第 2 册，258、259、263、275 页，上海，上海古籍出版社，2002。

⑤ 马承源：《上海博物馆藏战国楚竹书》，第 2 册，257 页，上海，上海古籍出版社，2002。

家天命论（含尊贤说）构成禅让说的理论基础（刘歆以后，五行相生的新五德终始说也纳入儒家天命思想，成为禅让说的又一个重要理论资源）。在墨家，并无禅让之说；其“尚贤”论以选官治官为目标，在趋向上与禅让说有着本质的不同，但它借用尧举舜为天子的故事，说明尚贤使能的必要性，在客观上，为禅让说起到推波助澜的呼应作用，虽为无意，影响却是不能否认的。在这样的背景上，禅让说的兴起庶可得到一定的历史的说明。

（原载《管子学刊》2006 年第 3 期）

第四编

论历史思想的理论意义

先秦儒家历史理性的觉醒

一、弁言

理性（reason）指合乎规则和道理的思想，又指事物自身的规则和道理。

历史是人类社会发展演进的过程。作为著述的历史要成为理性的，首先必须是人类自己的，是人文的，而非神性的。历史又是变化的，是诸多殊相的呈现，历史要成为理性的，就必定是有规则或有道理的，就必定是有共相的，而规则、道理或共相则是恒常的。历史有了这些恒常的东西，才能被合乎理性地思考，于是，历史就成为变与常相统一的了。以上这两点是历史之成为理性的必要条件和基本条件。

历史可以被合乎理性地思考，这固然可以说已经踏上了通往历史理性的发展道路，但还不足以说明历史理性的最终实现。道理很清楚，历史如果被抽象地思考，就成了静止不动的，就会走向自己的反面，或曰反历史的。抽象也是理性活动。可是这样的理性思考是不会使历史理性实现的。只有在辩证的思考中历史变化才会展现出其内在的真实根据，如此，历史理性才会实现（当然，即使这样的历史理性也还是有区别的，那就是，究竟是历史的理性，还是理性的历史）。

古代希腊拥有丰富的历史著述，从中可以看出，历史是人文的，既是人类的思考和行为的过程，又是这个过程的记录。不过，古代希腊的主流哲学具有实质主义（substantialism）的特点，认为历史是变化莫测的，没有恒常的规则在，因而无法为思想所把握，不会形成确定的知识。①

① 〔英〕柯林武德：《历史的观念》，何兆武、张文杰译，78～79、80～84页，北京，商务印书馆，1997。

古代中国则不同，殷周之际，出现了历史理性的曙光。武王伐纣，强大的殷商被臣属的周邦灭亡。面对这个历史变局，时人进行了深刻的反省，周公是杰出的代表。在他看来，殷周递嬗，是天命变革的结果，而天命归属是由民心决定的，在天人关系中，人变成决定的力量。这样的历史观念已经是人文主义的了。周公还多次指出，相对于殷纣王迷信的天命不变来，天命是无常的，它的变化决定了朝代的更替。不过，天命虽然变化，却总是以人心为依据的，因而又总是可以把握的；从这个意义上说，天命又是有常的。天命无常又有常，反映了周人对历史的变与常、殊相与共相之统一关系的最初觉醒。由此可见，周公的思想已经属于历史理性的范畴了。不过，由于时代的局限，周公以为人心能够决定历史，这说明对于历史的客观必然性，还没有足够的认识，因而显现了最初的理性的天真。

春秋战国时期，社会发生了深刻变革。新的统一趋势日见明朗，世道人心与古代大异其趣，政治策略更加倾向于求富和图强。面对复杂、务实的形势，对历史的理性思考也出现了急遽发展和分化的趋势，突出的表现是，西周初年天人合一的历史理性遭到怀疑，历史理性和道德理性发生背离，历史理性与自然理性的比附也越来越流行。在这种情势下，传统的历史理性还有没有存在的价值和可能？如有，应该怎样应对新的挑战？儒家学者结合时代的需要，对历史作了深入的思考，对以周公为代表的传统的历史理性有所继承，有所发展，特别是在变与常、天与人、古与今、性与习这样几种重要关系上，展开了辩证的探讨，为后来中国思想和文化的发展奠定了厚实的基础。本文将通过对先秦儒家三大师孔子、孟子和荀子思想资料的梳理，初步揭示儒家历史理性发展的内在理路及特点，以就教于方家。

二、历史中的变与常

我们知道，周公对天命无常与有常相统一的认识具有一定的历史理性的意义，但还处在传统宗教和道德理性的襁褓中，因而是稚嫩的。到了春秋战国时期，情况发生了较大变化。

儒家学派的创始人孔子承认历史变化，他的历史思想具有变常统一的倾向。《论语》记载："子张问：'十世可知也？'子曰：'殷因于夏礼，所损益，可知也；周因于殷礼，所损益，可知也。其或继周者，虽百世可知也。'"（《为政》）夏商周三代更迭，说明历史是变化的，这变化中有没有常规可寻？回答是肯定的，那就是因袭和损益，后代因袭前代的礼制而有所损益，三代莫不如此。这是一层意思。还有一层，就是这种常规本身又有变与常的分别：所谓损益，是说变化的；所谓因，即因袭，是说不变的。损益，是因袭的必要条件；因袭又是损益的必要条件。损益和因袭互为充分必要条件。这说明，在孔子思想中，历史中的变与常形成了张力。历史上有多重的变与常的关系，而且经过了三代历史的检验。据此，孔子断定，周代以后，即使过了百世，不同朝代的人们依然会这样因袭和损益下去，所以，不但历史可知，未来也因历史的可知而成为可知的了。①

孟子在具体的历史讨论中阐述了对变与常之关系的看法。据《孟子·万章上》记载：弟子万章问：尧有没有把天下让与舜？孟子断然否定，指出天子没有资格把天下让与他人。万章又问：那么舜有天下是谁给的呢？孟子答曰："天与之。"万章又问：到了禹而德衰，不传贤而传子，有没有这回事？孟子又加否认，说："天与贤则与贤，天与子则与子。"天凭什么这样做呢？孟子引《泰誓》曰："天视自我民视，天听自我民听。"由传贤到传子，这是传说中古代王位继承制度的一大变革，其中有没有恒常不变的东西？孟子的回答是肯定的，那就是天命，就是民心。这与周公的天命论是一致的。不同的是，孟子对"天命"的必然性有了更深一层的体会，他说："莫之为而为者，天也，莫之致而至者，命也。"他在总结这段历史变迁时引用孔子的话说："唐虞禅，夏后殷周继，其义一也。"正义曰："义，得宜也。"所谓义，就是合乎时宜的意思，这就是某种必然性。从禅

① 此处解释从朱熹《论语集注》卷一《为政》，见《四书章句集注》，59～60页，北京，中华书局，1983。刘宝楠引陈澧《东塾类稿》，以为"十世可知""百世可知"是指不论多久，后代仍可知三代之礼。可备一说。见《诸子集成》，第1册，40页，上海，上海书店出版社，1986。

到继，是由天命决定的，是由民心决定的，这就是历史的恒常因素，就是历史的必然性。孟子在讨论从唐尧虞舜到商汤武王的历史时，以同样的道理对王朝更迭方式从禅让到征诛的变化作了说明。

荀子也对历史中的变与常进行了深入的思考。《天论》云："百王之无变，足以为道贯，一废一起，应之以贯，理贯不乱。不知贯，不知应变。""贯"即"条贯"，指礼。百王的历史是变化的，但他们应对变化的道或条贯（礼）却是不变的，不知这个条贯，就无法应对变化。这个"条贯"就是历史中的常。《儒效》："百王之道一是矣。""与时迁徙，与世偃仰，千举万变，其道一也。"百王的统治方略可以随时变化，但作为原则的"道"却是相同的，这"道"就是历史中的常。《解蔽》："夫道者，体常而尽变。""道"是决定万物发展的"体"，是常的，万物发展皆由这个体来，所以才能决定所有的变，才能"尽变"。这些都是历史经验的总结，是对历史上变化与恒常相同一的理性思考。

仔细分析以上材料，可以看出，孔、孟、荀是有差异的。孔子侧重在历史和未来的可知上，孟子侧重在说明天命民心上，荀子则重在掌握规律实施有效统治上，这些反映了他们各自思想和时代的特点。尽管如此，他们都承认在历史中有变与常的存在，而且变与常是一体的。

三、历史中的天与人

天人关系是有关历史发展动力的重要问题，也是表现历史的常与变的重要方面。周公以人心作为根据和标准，对古代天命论进行了初步的人文化改造。到了春秋战国时期，孔子、孟子、荀子对历史中天人关系的认识更加表现出理性化的特点。

孔子不语怪、力、乱、神（《述而》），敬鬼神而远之（《雍也》），重人事轻鬼神，重生轻死（《先进》），也很少言天道和性命（《公冶长》、《子罕》），有重人事轻天命（道）的倾向。但对命及与命相关的天表现出浓厚兴趣。《论语·雍也》："伯牛有疾，子问之，自牖执其手，曰：'亡之，命矣夫！斯人也而有斯疾也！斯人也而有斯疾也！'"《论语·颜渊》："子夏曰：‘商闻之矣：死生有命，富贵在天。’”《论语·宪问》：“子曰：‘道之将行也与？命也。道之将废也与？命也。公伯寮其如命何？’”《论语·尧曰》：“子曰：‘不知命，无以为君子也。’”程子曰：“知命者，知有命而信之也。人不知命，则见害必避，见利必趣，何以为君子？”孔子在以上材料中所说的命及与命相关的天乃是冥冥之中的一种决定力量，不论疾病，还是死生，还是富贵，还是成败，都由它来决定。因此，孔子主张君子必须知命不苟，唯有知命才能坚定信心，才不会被困难所吓倒。当然，孔子这里所谓的知命，并非知识论上对“命”或历史必然性的了解和掌握，而只是要人们知道天命这种必然性的重要性，承认必然性的存在。孔子重视这样的命或必然性，说明他所处的时代，较比从前非人为的客观因素所起的作用更大。

孟子对历史上的天人关系表现出很大兴趣。《万章上》认为历史上传贤到传子、禅让到征诛的变化，都是天命人心决定的。

天或天命有怎样的特点呢？《梁惠王下》：“君子创业垂统，为可继也。若夫成功，则天也。君如彼何哉？”“吾之不遇鲁侯，天也。臧氏之子焉能使予不遇哉？”《万章上》：“舜、禹、益相去久远，其子之贤不肖，皆天也，非人之所能为也。莫之为而为者，天也；莫之致而至者，命也。”这里的天与命相通，是指不以人的主观意志为转移的某种客观力量。

荀子的天有很多含义，有的指自然界，有的指自然规律，有的指天然，有的指不以人的意志为转移的必然性。在天人关系上，最引人注意的是“天人之分”说。《天论》：“天行有常，不为尧存，不为桀亡。”“治乱天邪？曰：日月星辰瑞历，是禹桀之所同也，禹以治，桀以乱，治乱非天也。……非时也……非地也”。“天不为人之恶寒也辍冬，地不为人之恶辽远也辍广，君子不为小人匈匈也辍行，天有常道矣，地有常数矣，君子有常体矣”。自然界的天与人类社会是有区别（分）的，各有自己的规则，天不会有目的、有意识地干预人类社会。人类社会有自己的规律，在这个意义上，“君子敬其在己者，而不慕其在天者。”“故错人而思天，则失万物之情”，所以不求知天。

但是，人也是自然界的一部分，人本身就有天（性），人以及与人相关的许多东西都是自然的，人心叫做“天君”、感官叫做“天官”……所以，为了治理天下，“圣人清其天君，正其天官……如是则知其所为，知其所不为矣。则天地官而万物役矣。其行曲治，其养曲适，其生不伤，夫是之谓知天。故大巧在所不为，大智在所不虑，所志于天者，已其见象之可以期者矣。”“大天而思之，孰与物畜而制之？从天而颂之，孰与制天命而用之？”为了治理天下，圣人又必须知天、用天。不过，这里的知天、用天，仍然不是知识论上对自然及其规律的了解和掌握，而只是顺应、利用而已，只以经验预期的效果为目标，不会伤害自然，因为没有使用大巧和大智。在这个意义上，又从天人相分回到天人合一。

总之，在天人关系上，孔子有重人事轻天命的倾向，孟子高举天命论的旗帜，但他的天命仍然以人心为转移，荀子提出天人相分，主张天命不与人事，而以人事为本，这些都表现了人本主义的色彩。孔孟荀都重视命运，对历史必然性有了不同以往的认识。

四、历史中的古与今

古与今是有关历史发展样式的重要问题，也是历史之变与常如何表现的重要问题。周公在向被征服的殷人训话时多次援引商汤革夏的故事，证明武王伐纣的合理性，这是古今一体的观点，表现了变常统一的特点。先秦儒家有了进一步的发展。

孔子自称“好古”，以为自己有知皆因努力学习古代文化，并以传承古（周）代文化为己任（《述而》），对古代文化遭到破坏而感到惋惜和义愤（《论语·八佾》）。

孔子的古指的是什么时候呢？孔子生活在东周，他经常称赞尧舜这样的远古圣人，但在具体论述上又常以西周为政教的理想。《八佾》：“子曰：‘周监于二代，郁郁乎文哉！吾从周。’”三代比较起来，周借鉴了夏商的文化，有更高的造诣，因此从周。对于古代文化，孔子主张述而不作（《述而》），通过述来作，即在尊重传统中求传统的延续和发展。孔子的思想表现出古今一体的特点。对于春秋时期王权式微、诸侯力政、陪臣执国命的历史现象，孔子是不满意的。不过，相对于三代，春秋只不过是短暂的历史时期，对于生活于其中的孔子来说，那只是眼前的现实，他的好古，恰好是不满意于现实的表现，不足以代表他的历史观的全部。更何况，孔子对他的时代并未绝望，对诸侯甚至陪臣，也没有仇恨到不共戴天的地步，他和弟子们出入于季氏门下，与三桓往来密切，他本人甚至曾想过要投奔反叛季氏的陪臣公山弗扰，希望借助他的力量在东方复兴周道。

孟子也重视古今相通。他指出："舜生于诸冯，迁于负夏，卒于鸣条，东夷之人也。文王生于岐周，卒于毕郢，西夷之人也。地之相去也，千有余里，世之相后也，千有余岁，得志行乎中国，若合符节。先圣后圣，其揆一也。"朱熹注释："揆，度也。其揆一者，言度之而其道无不同也。"又引范氏曰："言圣人之生，虽有先后远近之不同，然其道则一也。"[①] 舜当"上世"，文王大概在"中古"，时代相去"千有余岁"，治理天下如出一辙，这说明，"先圣"与"后圣"，古今虽异，其道则相同。《告子下》：伊尹、伯夷、柳下惠时代不同，行道各异，"其趣一也"，"一者何也？曰：仁也。君子亦仁而已矣，何必同？"古今是相通的，根据在于仁，在于人人皆有的仁心。

孟子一方面"言必称尧舜"，盛赞汤武，认为五霸是三王的罪人，一代不如一代，似乎历史是在不断地衰退。另一方面，周游列国，游说诸侯（如齐宣王、梁惠王等），鼓动他们力行王道，统一天下，承担起古代天子的责任。在他的思想中，俨然没有周天子的地位（其时周天子仍然存在），被他贬斥为三王（包括周王在内）的罪人的诸侯王则成了拥护的对象。可见，在仁的基础上，古今也是一体的，"当今"的诸侯王同样可以行仁政，一天下，就像古代圣王一样。

荀子也有明确的古今一体的思想。《非相》："夫妄人曰：'古今异情，其以治乱者异道。'而众人惑焉。彼众人者，愚而无说，陋而无度者也。……圣人何以不欺？曰：'圣人者，以己度者也。故以人度人，以情度情，以类度类，以说度功，以道观尽，古今一度也。类不悖，虽久同

① 朱熹：《孟子集注》，见《四书章句集注》，289页，北京，中华书局，1983。

理。’”在荀子看来，“妄人”以为古今相异，缘于只知道古今治道的不同（即历史变化）。众人受此迷惑。圣人的看法则是真实不虚的，因为圣人知道古人今人都是人，道理是相同的。就凭这一点，今人就会根据自己的情况衡量（度）古人，在可以衡量（度）这一点上，古今是一体的，这就是他所谓的“古今一度”。

荀子还有尊古重今的倾向，表现在对法先王和法后王的认识上。他曾主张“原先王，本仁义”（《劝学》）。宣称：“儒者法先王，隆礼义。”（《儒效》）“先王之道，仁之隆也，比中而行之。曷谓中？曰：礼义是也。”（《儒效》）《荀子》书中还有法后王的思想。《不苟》：“天地始者，今日是也。百王之道，后王是也。君子审后王之道，而论于百王之前，若端拜而议，推礼义之统，分是非之分，总天下之要，治海内之众，若使一人，故操弥约而事弥大，五寸之矩，尽天下之方也。故君子不下室堂，而海内之情举积此者，则操术然也。”《非相》：“欲观圣王之迹，则于其粲然者矣，后王是也。彼后王者，天下之君也。舍后王，而道上古，譬之是犹舍己之君而事人之君也。故曰：欲观千岁，则数今日；欲知亿万，则审一二；欲知上世，则审周道；欲知周道，则审其人所贵君子。故曰：以近知远，以一知万，以微知明，此之谓也。”《儒效》：“道过三代谓之荡，法二后王谓之不雅。”《王制》：“王者之制，道不过三代，法不贰后王。道过三代谓之荡，法贰后王谓之不雅。”先王是道德的理想典范，后王是政治的现实君主，两者并不矛盾。

在古今关系上，孔、孟、荀都主张古今相通，古今一体，根据在于人性的相通之处；他们也都推崇尧舜禹汤武等古代圣人，尊重周道。但在具体论述上是有差异的。孔子、孟子都有今不如古的思想，但孔子认为周代胜过前代，是最为理想的时代，孟子则把实现王道的理想寄托在当时的诸侯王身上。到了荀子，干脆提出法后王的口号。

五、历史中的性与习

性与习是关于历史发展根据的大问题，也是有关历史之常与变的根本原因的大问题。历史发展的根据，终究要落在人的身上，历史的变也好，常也好，概莫能外。周公的时代，以人心为历史的根据，虽未提出人性的概念，但事实上已经进入了人性的领域。春秋战国时期，儒家提出了人性问题，并进行了深入的思考，大大丰富了历史理性的内涵。

按性，本即生字，一谓生来如此：《荀子·正名》："生之所以然者，谓之性。""性者，天之就也"。杨注："性者成于天之自然。"一谓滋长、生生不绝。《荀子·王制》："草木有生而无知"。杨注："生谓滋长。"《易·系辞上》："生生之谓易"。孔颖达疏："生生，不绝之辞。阴阳变转，后生次于前生，是万物恒生，谓之易也。前后之生变化改易"。《吕氏春秋·贵当》："性者万物之本也。"万物之所以如此叫做性。《易·系辞下》："天地之大德曰生"。天地最大的品德叫做生。性或生自然包含生和长两个方面，无生无长天地万物何以会如此呢？生来如此，说明事物有其一定的稳定性；滋生长养，又说明事物终究是发展变化的。因此，在中文里，性这个字就包含着稳定与变动、恒常与变化相统一的意义。不论是它的稳定，还是变动、恒常，还是变化，都离不开习的作用。先秦儒家对这个思想有重要贡献。

孔子曰："性相近也，习相远也。"（《论语·阳货》）在古代中国首次提出性与习的关系问题。

孔子的性指的是什么呢？《里仁》："子曰：'富与贵，是人之所欲也。不以其道得之，不处也。贫与贱，是人之所恶也。不以其道得之，不去也。'"如果说人性是人类共有的普遍本性，那么，人人共有的欲富欲贵、恶贫恶贱的东西就可以纳入人性的范畴。孔子所谓"性相近也"的性，应该包含这种共性的东西。

《论语》中有君子和小人之分，按照孔子的理解，他们在性上不应有什么根本的区别。造成这种区别的只能是习染。儒家倡导仁和礼，目的就是建设一种道德风尚，营造一种环境习尚，使人性得以提升。《论语·里仁》："子曰：'里仁为美。择不处仁，焉得知？'"说的就是这个道理。当然，人之能变成君子小人，这说明人性本身就有着朝向善恶的内在根据。

孟子持性善论，今本《孟子》中有很多材料，恕不备引。在孟子看来，人皆可以为尧舜（《告子下》），因为人类共有的本性里面，有一种向善的倾向，基本内容是“不忍”之心或“恻隐”、“羞恶”、“辞让”、“是非”之心，即不学而能的“良能”和不虑而知的“良知”。这是人类的天性，也是人异于禽兽的地方。孟子以为这样的人性是仁义礼智的基础，是道德教化的根据。

孟子又援引孔子“里仁为美，择不处仁，焉得智?”强调习染的重要性（《公孙丑上》）。这就引出一个问题：如果性完全是善的，先天是善的，那还有什么必要强调习染的重要性呢？或曰，在成长的过程中人性仍不免被习染所汩没，所以需要良好的教育以恢复之。可问题是，人性之所以能被汩没，不恰恰是因为其中还有不善的东西，或曰朝向恶的根据在么？今本《孟子》中有许多材料可以说明这一点。如“天下之士悦之，人之所欲也”；“好色人之所欲”；“富人之所欲”；“贵人之所欲”（《万章上》）。“孟子曰：‘口之于味也，目之于色也，耳之于声也，鼻之于臭也，四肢之于安佚也，性也，有命焉，君子不谓性也。仁之于父子也，义之于君臣也，礼之于宾主也，知之于贤者也，圣人之于天道也，命也，有性焉，君子不谓命也。’”（《尽心下》）。这样看来，孟子的思想中，人性是包含两方面或两部分内容的：一是不忍之心，或曰良知良能；一是感官欲望。前者是人类所独有的，后者是人类和禽兽所共有的。所以，虽有两部分，但他把前者叫做性，却不把后者叫做性。

荀子持性恶论，原文较长，恕不备引。荀子认为，人生来就有向恶的倾向，圣人担心人的这种倾向，所以起礼义制法度，以矫治之，这叫做伪。他说：“凡性者，天之就也，不可学，不可事；礼义者，圣人之所生也，人之所学而能，所事而成者也。不可学不可事而在人者，谓之性。可学而能可事而成之在人者，谓之伪。是性伪之分也。”（《性恶》）按照荀子的论证，性是天生的，不可学而能的，伪是后天的，可学而能的。这样说当然不错。可问题是，可学而能是不是人人共有的内在根据？如果不是，那么，礼仪还有什么用处？如果是，那么把性恶理解为性的全部内容就是不周全的了。荀子曾宣称“涂之人可以为禹”（《性恶》），看来是承认“可学而能”是人所共有的内在根据的。这样看来，即使在荀子的思想中，人性也可划分为两部分，一部分是感官欲望，另一部分就是辨别是非的理性能力了，这能力不必趋向恶、而有可能趋向善。如何把这可能变为现实呢？那就要有习染和教化，《劝学》“故君子居必择乡，游必就士，所以防邪僻而近中正也”，说的就是这个意思。

总之，孔、孟、荀都承认人有共同的性，这性是天赋的，又是可以改变的，因此他们才都承认习染和教化对人性的培养和改造具有重要意义。在孔子那里，这个问题刚刚提起，还未能深入探讨。孟子有性善论，但又承认人有感官嗜欲，因此在强调发扬道德良知良能的同时，还重视教育和环境习染的作用。荀子有性恶论，但又承认人有辨别是非的能力，因此强调后天学习的重要性。儒家人性思想为历史上的变与常、天与人、古与今的观点提供了人性论的基础。

六、结语

我们知道，以亚里士多德为代表的古希腊哲学家看到了经验世界中万事万物都在变化，但他们追求的是事物背后不变的实质，经过抽象获得的这种实质本身只是抽象的“一”，即内部不能有对立方面的“一”。这种形而上学的“一”，被称做实质主义，是反历史的。具有实质主义思想的哲学家轻视历史，这是极其自然的事情。可是，在古希腊的史家著述中也可看到实质主义的影响，这就不能不引起我们的注意了。修昔底德在《波罗奔尼撒战争史》中记述了大量的历史事实，似乎承认历史是变化的。但须知，那只是经验层次上的，在更深层次上决定这些事实的人性，却是永远不变的。如此看来，经验层次上的各种现象，不过是同样的人性在各种情境下的表现，这样的历史其实是没有变化的，没有变化还怎么成其为历史呢？由此可见，修氏的历史观是反历史的，仍深陷实质主义的桎梏中而不能自拔。古代中国思想家并非不追求现象背后的本质，不过他们寻求的不是抽象的、无差别的“一”或永恒不变的实质，恰恰相反，是变中之常。《易·系辞上》：“一阴一阳之谓道，继之者善也，成之者性也。”《周易折中》这样解释这段话：“一阴一阳，兼对立与迭运二义。对立者，天地日月之类是也，即前章所谓刚柔也；迭运者，寒暑往来之类是也，即前章所谓变化也。”① 可见，中国人的解释认为万物并无抽象不变的实质，却有着运动发展的本质，它不是抽象的无差别的“一”，而是“一阴一阳”组成的道或体，其中包含着对立，这与西方的实质相反。惟其一阴一阳，这样的道或本质就不能不变，也就不能不更迭。按中国人的理解，道兼体用，自其体而观之，道是对立的统一；自其用而观之，道又是迭运和不断运动的途径。“继之者善”，迭运不穷自然为善。“成之者性”，道（大一）运成物（小一或具体的一），即成此物之性，个性犹有道之一体。先秦儒学三大师有关人类社会发展的辩证性思考生动地显露出历史理性觉醒的这条轨迹。

（原载《学术研究》2007 年第 4 期）

① 李光地等：《周易折中》，影印文源阁四库全书第 38 册，381 页，台北，“商务印书馆”，1986。

试论道法两家历史观的异同

一、问题的提出

最近，刘家和先生提出了历史理性在古代中国产生和发展的问题，在中国哲学史和思想史的研究上，开创了一个新的领域。在这项研究中，他指出，历史理性在古代中国的发生大致经历了三个阶段，那就是：殷周之际与周初的历史理性，名之曰"以人心为背景的历史理性的曙光"；西周晚期至秦，"与人心疏离的历史理性的无情化"；汉代，"天人合一的历史理性的有情有理化"。在这个发展过程的第二个阶段，道法两家思想构成了主要内容。①

不过，刘先生这篇文章的任务是阐述历史理性在古代中国发生的总体的辩证过程，每个阶段的具体情况，仍有进一步研究的余地。就第二阶段而言，由刘先生的以上见解，很自然地会提出以下问题：在历史的进程中，道法两家历史观的异同是如何发生的？有哪些具体表现和发展？这些表现和发展与它们在思想体系或道论上的异同是否一致？这是从历史发展和理论整体上全面认识和深入理解道法两家历史理性②的必然要求。

① 刘家和：《论历史理性在古代中国的发生》，载《史学理论研究》，2003（2）。

② "历史理性"（historical reason）是本文的一个重要关键词，指历史的理性（reason of history），即作为客观历史过程的所以然或道理及对历史过程的所以然或道理的探究。题目之所以用"历史观"一词，是为了强调，我们所要讨论的，不是客观历史过程的所以然或道理，而是道家和法家对历史过程的所以然或道理的认识。关于"理性"一词的考证，请参阅刘家和：《论历史理性在古代中国的发生》，载《史学理论研究》，2003（2）。如果比照西方的学术术语，本文的"历史理性"是思辨的（speculative），不同于"史学的理性"（reason of historiography），后者乃是批判的（critical）。

本文按照时间顺序分别对道法两家的主要代表老子、庄子和韩非子①展开讨论，在历史的过程和结构中体会到法两家历史思想的异同；然后，综合起来，对这些异同在道论上的根源进行分析和比较，以便理解它们的特点和理论深度。

二、老子对传统历史观中宗教和道德因素的否定

道家的历史理性是如何产生的？这是本节要回答的问题。

据《诗》、《书》所载，西周初年，武王、周公对周取代商的历史变局进行了深刻的反省，认识到，天命是无常的，它以民心为最终依归，只有敬德保民的人（王），才能得天命，而有天下。王朝更迭之所以发生，就是因为上天从那些不恤民心、不敬厥德的统治者那里将天命收回，转交给另一些有德的人物。在这个观念中，历史变化（以王朝更替为代表）的决定因素已不再是单纯宗教性的上天，还有道德和民心，这是一种理性的觉醒。在这次觉醒中，历史理性（对"民心"的认识）与道德理性（对"敬德"的认识）是合一的，历史变化与道德状况的变化相一致。表示了中国古代历史观从原始宗教向天人合一的理性天命论的转变。不过，决定历史变化的仍然是上天；德是上天作出判断的凭据，位居其次；保民只是敬德的一项内容。与天和德比起来，民的力量和作用仍然十分有限。这说明，此时的历史理性是非常脆弱的，尚不能直接呈现出来。

从西周后期到东周时期，原有统治秩序被打破，社会矛盾加深，尽管如此，仍未见天命有转移的迹象，于是人们逐渐失去耐心，对周公改造过的天命思想，也开始怀疑起来。《诗经》"变风"、"变雅"中的许多篇章都

① 依学术界多数同志的意见，我以为道家思想产生于春秋战国之际，《老子》的成书时间，由于近年发现了郭店楚简《老子》甲、乙、丙本，而大大提前，其主体部分写成于战国中期不成问题。《庄子》约成书于战国后期（参考张恒寿：《庄子新探》，武汉，湖北人民出版社，1983）。法家思想出现于战国中期，《韩非子》成书于战国末年（可参考拙作《韩非子的政治思想》，北京，北京师范大学出版社，2000）。引用古籍皆为通行注本，并尽可能充分利用已有研究成果，《老子》以郭店楚简、马王堆汉墓帛书补通行本的不足。

反映了怨天尤人的情绪，《左传》也有许多类似的记载。对西周天命论的怀疑几乎成为一种时尚。

春秋战国之际，老子擒住传统天命论的要害，率先在理论上把普遍的怀疑，推向彻底的否定。

西周以来的历史观是建立在天命论之上的，认为，天是仁慈的，它会福善祸淫，施于有德，罚于有祸。对此，老子却公开提出：

天地不仁，以万物为刍狗，圣人不仁，以百姓为刍狗。(《老子》五章)

天地根本就无所谓仁慈，在它面前，万物相同，没有哪个是特殊关照的对象；圣人效法天地，无需对百姓施以仁慈。

天地为什么会没有道德品格呢？老子指出：

有物混成，先天地生。寂兮寥兮，独立而不改，可以为天地母。吾不知其名，字之曰道，强为之名曰大，大曰逝，逝曰远，远曰反。故，道大，天大，地大，王亦大。域中有四大，而王居其一焉。人法地，地法天，天法道，道法自然。①

原来，天之有道德性，是由于它的宗教品格，即它的精神性。可是实际上，天地并非永恒的精神，在它之前或之上，还有更为广大的道，天只是国中的四大之一，而且还要以道为自己的法则，而道却不过是无边的混沌和无知的自然。老子肯定了道的本原性，否定了天的本原性，这就替历史理性的直接呈现和独立发展打开了一个突破口。

---

① 《老子》二十五章，根据帛书本校改，见高明撰《帛书老子校注》，348～353页，北京，中华书局，1996。《老子》还有道“似万物之宗”、“象帝之先”(四章，《诸子集成》，第3册，3页，上海，上海书店出版社，1986)，“天地根”(六章，上海书店《诸子集成》，第3册，4页)，“朴虽小，天地莫能臣”(今本三十二章，根据楚简校改，见荆门市博物馆编：《郭店楚墓竹简·老子甲》，112页，北京，文物出版社，1998)等表述，皆谓道为天地之先，为万物之源，与此段引文意义相当。

过去，人们承认历史变化（以王朝更替为代表），认为天命有德是这种变化的最终根据。按照这个逻辑，历史的前进与道德的进步应该是一致的。现在，老子却揭露了相反的现实：

大道废，有仁义。慧智出，有大伪。六亲不和，有孝慈。国家昏乱，有忠臣。（《老子》十八章）

仁义、大伪、孝慈、忠臣，常人以为这些都是文明成果，老子却从中看到大道废弃、国家昏乱的衰退现象，也就是说他从历史前进中看到它的退步。面对历史的这个矛盾，老子会作出怎样的选择呢？

绝圣弃智，民利百倍。绝仁弃义，民复孝慈。绝巧弃利，盗贼无有。①

弃绝圣智、仁义、巧利这些文明成果，回复淳朴、真诚、安宁的状态，这就是老子的回答。老子描绘的“小国寡民”的社会图画，更明确地表示了这个态度。

不过，在《老子》中又有某些主张是为“侯王”“取天下”、“治大国”、“以御今之有”所用的，可以肯定，这些主张不是小国寡民的社会所需要的，这说明老子对历史进步的否定还是有一定保留的。

三、庄子对“性”、“命”的探索及其历史观的内在矛盾

在今本《庄子》中，有所谓“至德之世”的表述②，系对老子的历史

① 《老子》十九章，见《诸子集成》，第3册，10页。按楚简《老子甲》则作：“绝智弃辩，民利百倍。绝巧弃利，盗贼亡有。绝伪弃虑，民复孝慈。”（见《郭店楚墓竹简》，111页）其中无“圣”、“仁义”之语，时间上可能更早；内容上更突出了知识和智慧的副作用。

② 见《庄子》之《马蹄》、《胠箧》两篇。与此相近的描述，还见于《骈拇》、《在宥》、《天地》、《天运》、《盗跖》、《缮性》诸篇，可见这是庄子思想中的重要内容。

衰退论的继承和发展。除此之外，在道家历史理性的其他方面，庄子是否还有更大的发展或突破呢？这就要看他能否提出新的概念，能否开拓新的领域。庄子在论述“至德之世”时，使用了“性情”两个字（《马蹄》），值得注意。何谓“性”?《庄子》云：“性者，生之质也。”（《马蹄》）质与文相对，有朴实之义。① “夫子之问也，固不及质。”成玄英疏：“质，实也。”（《知北游》）这里的质有事物的本质、实质、性质之义。何谓“情”?《庄子》云：“吾未至乎事之情”，宣云：“未到行事实处。”“行事之情而忘其身”。王先谦注：“情，实也。”“传其常情，无传其溢言。”（《人间世》）“常情”与“溢言”相对，“情”即“实”。可见，性情即是朴实、本质、实质、性质。

与“性情”相关的，庄子还引入了“命”的概念。

> 受命于地，唯松柏独也在，冬夏青青。受命于天，唯舜独也正。（《庄子·德充符》）

郭象注：“夫松柏特禀自然之钟气，故能为众木之杰耳，非能为而得之也。”“言特受自然之正气者至希也，下首则唯有松柏，上首则唯有圣人，故凡不正者皆来求正耳，若物皆有青全则贵于松柏，人各自正则无羡于大圣而趣之。”按郭象的解释，这里的“命”即是自然之正气。松柏受地之正气，所以冬夏常青；舜受天之正气，所以为政之正者。再如：

> 仲尼曰：死生存亡，穷达贫富，贤与不肖毁誉，饥渴寒暑，是事之变，命之行也。（《庄子·德充符》）

这里的“命”与上面的略有不同，相当于事，它的存在方式（行）与

① 子曰：“质胜文则野，文胜质则史。文质彬彬，然后君子。”《论语·雍也》，见刘宝楠：《论语正义》，见《诸子集成》，第1册，124页，上海，上海书店出版社，1986。质与文相对，有粗鄙朴实之义，为野人的品德。按野人，在西周春秋时期，为居住在城邦以外、未进于礼乐的居民。

“事之变”相当，当此变者，不仅有正面的，还包括反面的现象，不论是自然，还是社会现象，都是如此。

死生，命也，其有夜旦之常，天也。人之有所不得与，皆物之情也。(《庄子·大宗师》)

吾思夫使我至此极者，而弗得也。父母岂欲吾贫哉？天无私覆，地无私载，天地岂私贫我哉？求其为之者而不得也，然而至此极者，命也夫！(《庄子·大宗师》)

所谓命，与天一样，就是性情，人不能参与其间，而且无能为力，不仅无能为力，甚至对它的所以然也是不可致诘的。这样的命，实际上就是某种不可抗拒的客观必然性。

《说文》口部：“命，使也，从口令。”段玉裁：“令者，发号令也。君事也。非君而口使之，是亦令也。故曰：‘命者，天之令也。’”① 对臣而言，君之令，是不可抗拒的；对人而言，天之令，同样是不可抗拒的。庄子所说的命，即自然的性情，也就是天之令，当然也是不可抗拒的。

按照这个逻辑，历史的演进，是自然的性情，是自然的命，因此也是不可抗拒的。庄子是否认识到了这一层呢？请看下面这几段材料：

(黄帝答北门成问音乐)……一死一生，一偾一起，所常无穷。……变化齐一，不主故常。……或谓之死，或谓之生，或谓之实，或谓之荣，行流散徙，不主常声，世疑之，稽于圣人。圣也者，达于情而遂于命也。……

(师金答颜渊问孔子游卫能否见用)……夫水行莫如用舟，而陆行莫如用车，以舟之可行于水也，而求推之于陆，则没世不行寻常。古今非水陆与？周鲁非舟车与？今蕲（求）行周于鲁，是犹推舟于陆也。……故夫三皇五帝之礼义法度，不矜（美）于同，而矜于治。

① 段玉裁：《说文解字注》，57页，上海，上海古籍出版社，1988。

……故礼义法度者，应时而变者也。今取猨狙而衣以周公之服，彼必龁啮挽裂，尽去而后慊，观古今之异，犹猨狙之异乎周公也。……

（老聃答孔子问道）……唯循大变无所湮者，为能用之。……

（老聃答孔子问六经不用）……性不可易，命不可变，时不可止，道不可壅。（《庄子·天运》）

庄子借黄帝、师金、老子之口，表达了这样的历史思想：性情和命贯穿人类社会的全部，也贯通历史过程的始终，变化就是性情，生是命，死亦是命，兴旺是命，衰败亦是命，万物变化，无所不是性情，无所不是命。人不能破坏万物之性情，不可抗拒万物之命，只能适应万物之性情，只能顺从万物之命，符合道家原则的圣人就是“达于情而遂于命”的人。比如水行有舟，陆行有车，不能错位，古今不同就如同水陆不同，周鲁不同也犹如舟车不同。三皇五帝时代不同，不以治道相同为高，只以效果最好为尚。所以，礼义法度要“应时而变”，不能拘泥。如果把周公时代的服饰穿在猿猴身上，后者一定会撕扯净尽而后甘心。古今之不同，犹如周公与猿猴的不同一样，不同阶段的人们，只有遵循变化的法则而不存滞碍，才能顺应时势。性命是不可改变的，时势是不可阻止的，道是不可壅塞的。这就是历史的必然性。

顺从历史的必然性，是不是庄子一贯的态度呢？今本《庄子》中有多处流露出这样的思想情绪。例如：“知其不可奈何，而安之若命，德之至也”①；“与世偕行而不替”（《则阳》）；“虚己以游世”（《山木》）；“无誉无訾，一龙一蛇，与时俱化”（《山木》）；“变化无常……以与世俗处”（《天下》）；等等。这些略带自我嘲讽和调侃的言论，既表现了对历史必然性的深刻领悟，又表达了无可奈何的顺从，还显示了某种言不由衷的老于世故。如此复杂的历史感慨，已经不同于“至德之世”的缅怀，与老子“小国寡民”的历史倒退论相去更远。它表明，道家的历史理性已经远离天命

① 成玄英疏：“安心顺命，不乖天理，自非至人玄德，孰能如兹也。”（《庄子集释·人间世》，见《诸子集成》，第3册，71～72页）另一处作：“知不可奈何，而安之若命，唯有德者能之。”（《庄子集释·德充符》，见《诸子集成》，第3册，90页）

论的宗教道德观而更加贴近现实了。

不过，庄子的历史观明显地存在着一个矛盾：一方面，在“至德之世”，淳朴天真的生活是性情的自然呈现，圣人的所作所为是对性情的破坏；可是另一方面，破坏性情的历史倒退也是性情使然，圣人的所作所为也是出于性情。这不啻是说，人类的本性中原来就存在着矛盾的两个方面，用庄子的话说，就是无知、淳朴的性情和智慧、机巧的性情。按照这个逻辑，人类社会的进步是后者克服前者、战胜前者、否定前者的过程，是人类自身矛盾推动的必然结果。庄子对历史理性的认识，之所以引起我们作如此的思考，恰恰说明，它已深入到了人性的内部，揭示了人性的内在矛盾，是难能可贵的。

四、韩非的纯粹理性历史观

老子和庄子对“小国寡民”和“至德之世”心存幻想，这说明，他们的历史观里还没有剔净道德理性的“杂质”。到了韩非，情况则完全不同了。韩非沿着道家前辈的思路不断改造，不断前进，终于使历史观从道德理性和宗教传统的双重羁绊中挣脱出来，在古代中国历史观从天人合一到纯粹理性①的转变中，起了关键的作用。

韩非这样描述历史演进的过程：

> 上古之世，人民少而禽兽众，人民不胜禽兽虫蛇，有圣人作，构木为巢，以避群害，而民悦之，使王天下，号之曰有巢氏。民食果蓏蜯蛤，腥臊恶臭，而伤害腹胃，民多疾病，有圣人作，钻燧取火，以化腥臊，而民说之，使王天下，号之曰燧人氏。中古之世，天下大水，而鲧禹决渎。近古之世，桀纣暴乱，而汤武征伐。今有构木钻燧于夏后氏之世者，必为鲧禹笑矣。有决渎于殷周之世者，必为汤武笑矣。然则今有美尧舜汤武禹之道于当今之世者，必为新圣笑矣。（《韩

① 这里的“纯粹理性”是指不羼杂具体的宗教和道德因素的理性。

非子·五蠹》）

历史是由“上古之世”、“中古之世”、“近古之世”和“当今之世”构成的，第一阶段以解决吃住问题为首要任务，第二阶段以解决水患问题为主要任务，第三阶段以消除暴政为主要任务。第四阶段自有与前三个阶段不同的问题要解决。不同的阶段有各自不同的问题，绝对不能相躐。从以上描述可以看到，历史是人类文明进步的过程。决定这个进程的最根本的力量，不是上天和神灵，而是人民对生存条件的基本要求。① 而且这四个阶段没有高下之分，每个阶段都有自己要解决的问题，在这一点上，四个阶段是相同的。

关于历史进步的原因，韩非是这样论证的：

> 古者丈夫不耕，草木之实足食也，妇人不织，禽兽之皮足衣也，不事力而养足，人民少而财有余，故民不争，是以厚赏不行，重罚不用，而民自治。今人有五子不为多，子又有五子，大父未死而有二十五孙，是以人民众而货财寡，事力劳而供养薄，故民争。虽倍赏累罚而不免于乱。（《韩非子·五蠹》）

接下来列举到：尧禹勤劳为民，禅让天下，无所获利；“今”之县令，身死之后，还要泽及子孙。这说明：“古之易财，非仁也；财多也。今之争夺，非鄙也，财寡也。轻辞天子，非高也，势薄也；重争土橐，非下也，权重也。”（《五蠹》）又列举周文王行仁义而王天下，徐偃王行仁义而丧其国等故事，说明“世异则事异”，“世异则备变”的道理。并得出结论：“上古竞于道德，中世逐于智谋，当今争于气力。”（《五蠹》）

韩非用人口和财富多寡的关系来说明历史的进步和道德衰退的客观原因，的确有异于常人的地方。在这种历史观中，虽然承认历史有倒退的一

① 任继愈：“他（韩非）看到了在历史中起作用的是人而不是神。”见氏著《中国哲学史》，第1册，240页，北京，人民出版社，1966。

面，这显然是道家的影响，但却发现了决定道德水平的物质力量。据此，人们完全可以从利害关系上解释尧舜禹禅让的动机，戳穿上古美德的假面具；也可以从利害关系上理解后世的利禄追求，以为是适应时势潮流的合理之举。在这种观点之下，道德就不是一个恒定不变的概念，而是随着时代进步而改变的东西，不同的时代便会有不同的道德，上古以“道德”为道德，中古以“智谋”为道德，“当今”以“气力”为道德。从这个角度看，以往的所谓历史“衰退”，竟可以是历史的进步！在这里，不但看不到传统宗教的踪迹，也看不到道德理性的影响，就连回归自然的幻想也彻底放弃了，剩下的，只有赤裸裸的欲望，这样一种历史观，不是纯粹理性又是什么呢？

比较起来，韩非承认历史的进步，同时也在某种程度上承认历史有倒退的现象，这是道家历史观的影响。但是，与道家又有明确的区别：首先，对于历史的进步，他的态度是积极的，自觉的，既不同于老子的抵触甚至抗拒，也不同于庄子的无奈和顺从。其次，从人性论上看，韩非认为历史发展是直线式的，不论怎样划分阶段，历史都不会有实质性的逆转，因为每个阶段都是人的欲望决定的，这是他的性恶论在历史观上表现，而老子的“小国寡民”和庄子的“至德之世”却是道德淳朴美好的阶段。此后，则是每下愈况的历史倒退。

此外，韩非也承认圣人在历史前进中的决定作用，这和道家是一致的。不同的是，他对圣人采取了歌颂的态度，这点与道家恰恰相反。道家把文明的发生看做是历史的逆转，是人性恶劣的一面由于圣人的诱导而泛滥的结果，因而对圣人采取了严厉批判的态度；法家也曾批评某些圣人，但不是因为他们诱发了人类恶劣的性情，而是因为他们做了不合时宜的事情。两家的趋向是颇为不同的。

总之，法家倡导纯粹理性的历史观，把人看做是单纯满足欲望的动物，把社会看做是欲望和压制相统一的人类群体，把历史看做是由欲望驱动的时间中的社会活动。这种简单化的做法，无法揭示社会的内在矛盾，这是他们的理论较之道家，特别是庄子，肤浅的地方。

五、道法两家历史观之异同与其道论的一致

以上通过分析文献资料，对道家和法家的历史理性进行了历史的挖掘和整理。不过，这种理解是否符合两家的本意？要回答这个问题，还必须对道法两家的道论重新梳理一番，看看与上面的理解是否一致。为什么要这样做呢？这是由道论在各家思想体系上的地位决定的。

我们知道，在中国古代，"道"这个字的本义指道路，可引申出途径、方式、方法、手段、技艺等意义，各家思想都把道作为某种现实的或理想的存在方式。道又可作言说理解，言者心之声，心者思虑之主，所以道又可作思想的代名词。道论——对道的理解，构成了对事物包括思想的现实的或理想的存在方式的认识，因而成为各家思想体系的核心内容。道论如何，往往决定着其他内容也应如何，对于成熟的理论来说，这种一致性是屡验不爽的。古人对此也早有所见："道同者，其事同；道异者，其事异。"① 根据这个理解，也可以反过来说，一个思想体系的某项内容如何，必然会在它的道论上找到一致的根据；思想体系之间的异同，也必然会表现为道论的异同。如此看来，在道论上进一步比较道法两家的异同，是判断我们对道法两家历史理性之异同的认识是否可靠的一个重要途径，也是衡量各自理论深度的一个重要标准。下面先让我们引述诸家的有关论述②，然后进行分析和比较。

关于《老子》的道，请看如下材料：

> 反者，道之动。……天下万物生于有，有生于无。(《老子》四十章)
>
> 道生一，一生二，二生三，三生万物。(《老子》四十二章)
>
> 物壮则老，是谓不道，不道早已。③

---

① 马王堆汉墓帛书整理小组：《经法·十大（六）经·五政》，54页，北京，文物出版社，1976。

② 本节所引材料均为论家常用，我只取其关于道论的基本意义，故不在文中作详细的解析和考证。

③ 《老子》三十章，见《诸子集成》，第3册，17～18页。又见五十五章，同本，34页，文作："物壮则老，谓之不道，不道早已。"

道冲，而用之或不盈，渊兮，似万物之宗。……湛兮似或存，吾不知谁之子，象帝之先。(《老子》四章)

谷神不死，是谓玄牝，玄牝之门，是谓天地根。(《老子》六章)

生之畜之，生而不有，为而不恃，长而不宰，是谓玄德。(《老子》十章)

玄德深矣，远矣，与物反矣。(《老子》六十五章)

道在天地之先（所谓“万物之宗”、“象帝之先”是也），它产生万物（所谓“天下万物生于有，有生于无”，“道生一”，“玄牝”，“天地根”等是也），并与万物相反（所谓“反者道之动”，“物壮则老，是谓不道”，“与物反矣”等是也）。第一节中引述的《老子》二十五章那段话与此相同。可见，老子的道有本原性的意义。

关于庄子的道，请看下面两段话：

夫道，有情有信，无为无形。可传而不可受，可得而不可见。自本自根，未有天地，自古以固存。神鬼神帝，生天生地。在太极之先，而不为高，在六极之下，而不为深，先天地生，而不为久，长于上古，而不为老。狶韦氏得之，以挈天地，伏戏氏得之，以袭气母，维斗得之，终古不忒，日月得之，终古不息，堪坏得之，以袭昆仑，冯夷得之，以游大川，肩吾得之，以处大山，黄帝得之，以登云天，颛顼得之，以处玄宫，禺强得之，立乎北极，西王母得之，坐乎少广，莫知其始，莫知其终，彭祖得之，上及有虞，下及五伯，傅说得之，以相武丁，奄有天下。(《庄子·大宗师》)

东郭子问于庄子曰：“所谓道，恶乎在？”庄子曰：“无所不在。”东郭子曰：“期而后可。”庄子曰：“在蝼蚁。”曰：“何其下邪？”曰：“在稊稗。”曰：“何其愈下邪？”曰：“在瓦甓。”曰：“何其愈甚邪？”曰：“在屎溺。”东郭子不应。庄子曰：“夫子之问也，固不及质。正获之问于监市履狶也，每下愈况，汝唯莫必，无乎逃物。至道若是。"①

两段虽都用譬喻，但其中的道所指不同，则是显而易见的。按前面那段话，道指万物的本原，而不是万物本身，因此与物是不同的，得到这样的道，或可以长生，或可以成仙，或可以为政。可是按后面那段话，道却指万物本身，而不是万物的本原，得到这样的道，未必能够成为超人。可以说，前者有本原性的意义；而后者则有普遍性的意义。至少在万物有没有本原、道与物是否相同这两个点上，《庄子》关于道的论述是有矛盾的。这种矛盾的表述在《庄子》中还有许多例证②，看来并非偶然。

《韩非子》中有很多关于道的论述，以下几段颇有代表性：

道者万物之始，是非之纪。是以明君守始以知万物之源，治纪以知善败之端。(《韩非子·主道》)

夫道者弘大而无形，德者核理而普至。至于群生，斟酌用之，万物皆盛，而不与其宁。道者下周于事，因稽而命，与时生死，参名异

---

① 《庄子集释·知北游》，见《诸子集成》，第3册，326～328页。"期而后可"，郭象注："欲令庄子指名所在。""正获之问于监市履狶也，每下愈况"，成玄英疏："正，官号也，则今之市令也。获，名也。监，市之魁也。"郭象注："狶，大豕也。夫监市之履豕，以知其肥瘦者，愈履其难肥之处，愈知豕肥之要。今问道之所在，而每况之于下贱，则明道之不逃于物也，必矣。"关于道无所不在，内篇也有线索："夫道未始有封"。郭象注："冥然无不在也。"成玄英疏："夫道无不在，所在皆无，荡然无际，有何封域也?"见《庄子集释·齐物论》，见《诸子集成》，第3册，40页。

② 例如："道无终始，物有死生。"(《庄子集释·秋水》，见《诸子集成》第3册，259页)"有先天地生者，物邪？物物者非物。物出不得先物也。犹其有物也，犹其有物也。无已。"(《庄子集释·知北游》，同本，332页)"天门者，无有也。万物出乎无有。有不能以有为有，必出乎无有。"(《庄子集释·庚桑楚》，同本，348页)"道者，万物之所由也，庶物失之者死，得之者生，为事逆之则败，顺之则成。故道之所在，圣人尊之。"(《庄子集释·渔父》，同本，448页)这些是倾向于本原论的。"有始也者，有未始有始也者，有未始有夫未始有始也者。有有也者，有无也者，有未始有无也者，有未始有夫未始有无也者。"(《庄子集释·齐物论》，同本第38页)"夫道未始有封"。(《庄子集释·齐物论》，同本，40页)这对万物是否有个开头是存疑的。"物物者与物无际"。(《庄子集释·知北游》，同本，328页)这是倾向于普遍论的。

事，通一同情，故曰道不同于万物，德不同于阴阳，衡不同于轻重，绳不同于出入，和不同于燥湿，君不同于群臣。凡此六者，道之出也，道无双，故曰一，是故明君贵独道之容。(《韩非子·扬权》)

道者，万物之所然也，万理之所稽也。理者，成物之文也。道者，万物之所以成也。故曰："道，理之者也。"物有理不可以相薄，物有理不可以相薄，故理之为物之制，万物各异理，万物各异理而道尽稽万物之理，故不得不化，不得不化，故无常操。无常操，是以死生气禀焉，万智斟酌焉，万事废兴焉。天得之以高，地得之以藏，维斗得之以成其威，日月得之以恒其光，五常得之以常其位，列星得之以端其行，四时得之以御其变气，轩辕得之以擅四方，赤松得之与天地统，圣人得之以成文章。道与尧舜俱智，与接舆俱狂，与桀纣俱灭，与汤武俱昌。以为近乎，游于四极；以为远乎，常在吾侧；以为暗乎，其光昭昭；以为明乎，其物冥冥。而功成天地，和化雷霆。宇内之物，恃之以成。凡道之情，不制不形，柔弱随时，与理相应，万物得之以死，得之以生，万事得之以败，得之以成。道譬诸若水，溺者多饮之即死，渴者适饮之即生；譬之若剑戟，愚人以行忿则祸生，圣人以诛暴则福成。故得之以死，得之以生，得之以败，得之以成。(《韩非子·解老》)

前两段中的道指始，与物不同，有本原性的特征。而后面一段中的道，由于有理的中介，而与物同一，有普遍性的特征。

概括起来，老子的道主要是本原性的；庄子的道既有本原性的特征，又有普遍性特征；韩非子的道既有本原性的特征，又有普遍性特征。为什么这三个思想体系的道论有如此的不同？这种不同与他们各自的历史理性有什么关系？以下试做分析。

这里所谓的本原，取其中文词义。从造字本义上说，本乃指事，谓树木之根；原乃会意，谓岩下泉水，乃江河源头。从经验上说，树根不同于树干，泉源不同于江河，是理所当然的。如果道是以本原这个方式存在的，那么，只有事物的本原才是合乎道的，事物本身就不是合乎道的；把这个道理应用在历史上，就可以说，只有历史的原初状态是合乎道的，而后来的发展形态却是不合乎道的；“小国寡民”和“至德之世”是合乎道的，而后来的历史发展却是不合乎道的。这是老庄历史观的重要内容。

不论中文“普遍”二字，还是英文 universal（源于拉丁文），都指全部，指无所不在，本文所谓普遍性，即是这个意思。根据这种理解，如果说道是普遍存在的，或者说，道不脱离事物，就在事物之中，那么，天下就没有不合乎道的物了；把这个道理应用到历史上，就可以说，道贯穿历史的全过程和各方面，全部历史都是合乎道的；因此，“安之若命”、“世异则事异，世异则备变”的历史观就有了着落。这是庄子历史观的另一方面内容，更是法家历史观的重要内容。由此可见庄子历史观隐藏着深刻的矛盾①；而老子、特别是法家的历史观，却显得明确而单纯些。

总之，老子的道基本上是本原性的，所以他主张“夫物芸芸，各复归其根”②，历史也是一样，以回归“小国寡民”的社会状态为理想。庄子的道既是本原性的，又是普遍性的，这与他对待历史的矛盾态度——即“至德之世”的理想与“安之若命”的态度——是一致的。③ 韩非的道虽也有本原性和普遍性两个方面，但在历史领域，却只看重普遍性的一面，甚至

① 有学者指出：庄子的道是自然性的，《大宗师》中关于道的实体性、本原性的论述并非出自庄子之手，而是老子派的观点。其他篇中还有少量的类似说法，也不能视作庄子的本体思想。这些有关道作为原始母体的议论文字，是编《庄子》一书者把非庄子所写之其他道家文献混入。（见颜世安：《庄子评传》，187 页，南京，南京大学出版社，1999）这说明《庄子》书的道论的确可以从矛盾着的两个方面来看待。还有学者曾经提到庄子思想中的若干对矛盾，如周启成《庄子思想的矛盾》，载《中国哲学史研究》1988（1），51～59 页。这说明，他们对庄子思想中包括“至德之世”和历史必然性这样两个方面的内容有了一定认识。我认为，以上这些观点是促使我们把历史理性与道论结合起来，从而揭示庄子历史理性中的矛盾的重要契机。

② 《老子》十六章，见《诸子集成》第 3 册，9 页。王弼注：“各返其所始也。”

③ 国外汉学家已经认识到老庄的历史衰退模式（decay pattern），甚至指出，《道德经》认为，秩序的恢复在原则上仍是可能的，而《庄子》则把日益严重的历史衰退视为理所当然（Peter J. Opitz，‘The Birth of“History”：Historical Speculation in Chou China’，Hans Lenk and Gregor Paul，edited，*Epistemological Issues in Classical Chinese Philosophy*，New York：State University of New York Press，1993，pp. 144-147）。我认为，这已触到了老庄历史思想的要害。不过，问题是，他们未能把道家历史理性与道论结合起来思考，所以未能使道家历史理性中的矛盾呈现出来。

把它贯彻到历史的全过程，这与他把解决生存问题看做一切历史阶段的共同目的是一致的。

不过，这里面有两个问题需要简单说明一下。第一，韩非的历史观是建立在道的普遍性基础上的，他关于道的本原论是否还起作用呢？前面说过，法家历史观中承袭了道家历史倒退论的某些因素，在他们的历史观中，原初阶段与后来的历史进步是有一定差异的。但是，法家关于道的本原论主要是为以力为德的政治观和君臣不同道的统治术服务的，这在《解老》和《主道》《扬权》里面可以看得很清楚。道的本原性并非只为历史观服务的。

第二，与以上问题有关，道的本原论和普遍论是有矛盾之处的，为什么还会在同一思想体系中并存？这个问题我已想过若干年，① 至今没有在理论上找到更稳妥的解释。我的看法是，这是由思想家现实目的的多元化决定的。本原性的道，可为不同于普通大众的生存或行为方式提供理论支持，有一定神秘性，除了倒退论的历史观，养生、成仙、驭臣所遵循的道术，都可从中得到启迪，这在《老子》、《庄子》、《韩非子》书中不难找到证据。而普遍性的道，只能为纯粹理性和现实的生存或行为方式提供理论支持，就历史观而言，不管态度如何，《庄子》、《商君书》、《韩非子》都承认历史进步，这与它们都承认道的普遍性是吻合的。庄子为什么一方面要回到“至德之世”，另一方面又表示要“安之若命”？我以为，前者表示他对历史进步的否定和批判，后者表示他对历史进步的无奈和顺从，这是他的实际处境和心态的写照，没有什么神秘的。社会转变时期，总有许多持此种矛盾心态的人。至于韩非的道论，为什么会在高倡普遍性的同时，又对神秘的本原性有所保留？我想，是不是可以这样理解：为了顺应时代需要，推进法治改革，自然要把握历史进步的客观规律；为了加强集权，在“上下一日百战”的激烈斗争中，更有效地驾驭臣下，同样需要冷静地分析客观形势，掌握切实可行的统治方法。这是他强调理性思考，重视普

① 我曾在探讨《管子》道论时提出这样的疑问：“本原的道何以与法则的道合而为一？”所谓“法则的”，相当于本文中“普遍性的”。参见拙论：《齐国道论纲要》，见《管子学刊》编辑部编：《管子与齐文化》，184 页，北京，北京经济学院出版社，1990。

遍性的现实动机。可是作为君主的统治术，是不能公开的，它的实施，必然是神出鬼没、与众不同的。这样不同寻常的道术，当然也需要找到一个不同寻常的生命依托，这就是韩非之所以对本原性有所保留的现实根源。可是，韩非自以为神秘的本原，在我们眼里，依然逃不脱普遍性的“天网”，没有什么神秘的。

总之，如果说本原性表明道仍带有某种神秘因素，而普遍性却表示着道已成为纯粹理性的代名词，那么，从老子到庄子，从道家到法家，古代中国的历史观正经历着一场不断排除神秘因素，迅速奔向纯粹理性的剧变。

（原载《文史哲》2004年第3期）

五德终始说与历史正统观

一、问题的提出

众所周知，五德终始说宣扬五种自然力量依某种规则循环运转，这种对自然的关注，与希腊早期自然哲学有一定的相近之处。如果可以把这种观点纳入自然理性的范畴，那么，这种自然理性具有怎样的特点呢？

深入一步，又会发现，五德终始说之重视自然力量，是为了说明历史变动的规律，它不但与中国古代历史理性有着许多一致之处，而且就在历史理性发生的潮流中诞生。作为一种历史观，它又具有怎样的特点？在理性主义历史观兴起的潮流中起到了怎样的作用？

再深入一步，还会发现，五德终始说具有为某种现实的政治统治提供合法依据的更为直接的功能，也就是说，它实质上是关于统治的合法性的学说，是一种正统观，运用这种观点看待历史，那就是历史正统观。这是五德终始说的根本所在。要想真正了解五德终始说，必须把握住这个根本；要想回答前面几个问题，同样必须把握住这个根本。

本文首先对正统概念的内涵进行考证，然后抓住正统观这个根本，对五德终始说作历史的考察，对上面几个问题试作回答，不妥之处，尚祈指正。

二、“正统”概念的定义

历史正统观是五德终始说的根本。可是，就在这个根本问题上，却存在着分歧，归纳起来，大概有三种看法。一派以宋代欧阳修为代表，认为：正统之论“始于《春秋》之作”①。当代研究历史正统观最有成就的饶

① 欧阳修：《原正统论》，见《欧阳文忠公文集》五十九外集卷第九，第6页第2面，明正德七年（1512）刘乔刻嘉靖十六年（1537）季本、嘉靖三十九年（1560）何迁递修本。

宗颐教授赞成此说。[①] 按照这个时间，五德终始说应该属于古代正统论的内容。一派以清儒顾炎武为代表，认为："正统之论，始于习凿齿，不过帝汉而伪魏吴二国耳。"[②] 一派系今人孙家洲先生的观点，认为正统思想形成于汉代。[③] 按照后两种观点，五德终始说就不在正统论的范畴。

为什么会有分歧？我以为对概念的内涵未能取得一致意见应是一个重要原因。为了使研究建立在可靠的基础之上，必须对"正统"概念作出准确定义。

何谓"正统"？从宋代开始，学者们作了许多的讨论，但大多是从当时的政治需要出发来界定的。至于训诂上的研究，迄今尚未见到。

关于"正"。《说文解字》二篇下正部："正，是也。""是，直也。从日正。"[④] 十二篇下乚部："直，正见也。"段注："《左传》曰：'正直为正，正曲为直。'引申之义也。见之审则必能矫其枉，故曰正曲为直。"[⑤] 可见，汉人认为"正"就是正直，与"曲"即不正相反对。古今意义相当。《易传》："象曰：'王居无咎，正位也。'"王弼注："正位不可以假人。"孔颖达疏："'正位者'，释'王居无咎'之义，以九五是王之正位，若非王居之，则有咎矣。"《礼记·文王世子》："正君臣之位。"可见，"正"字很早就与君主和王朝统治有关，表示最高权力的合法性。

关于"统"。《说文解字》十三篇上糸部："统，纪也。从糸充声。"段注："《淮南·泰族训》曰：'茧之性为丝，然非得女工煮以热汤而抽其统纪，则不能成丝。'按此其本义也，引申为凡纲纪之称。《周易》'乃统天。'郑注云：'统，本也。'《公羊传》：'大一统也。'何注：'统，始也。'""纪，别丝也。"段注："别丝者，一丝必有其首，别之是为纪，众

---

① 饶宗颐：《中国史学上之正统论——中国史学观念探讨之一》，1页，香港，龙门书店，1977。

② 顾炎武：《日知录》卷之二十，"年号当从实书"条，第16页第1面，清康熙三十四年（1695）潘耒遂初堂刻本。

③ 孙家洲：《"正统之争"与"正统史观"》，载《争鸣》，1988（2）。

④ 段玉裁：《说文解字注》，69页，上海，上海古籍出版社，1988。

⑤ 段玉裁：《说文解字注》，634页；孔颖达：所引《左传》文见《春秋左传正义》，见《十三经注疏》，1938页，北京，中华书局，1980。

丝皆得其首，是为统。”① 按此解释，可知“大一统”是一个复合动宾结构，第一层（外面这一层）动宾结构是“大”（动）“一统”（宾），即张大、表扬、表彰“一统”；第二层（里面的一层）动宾结构是“一”（动）“统”（宾），即使众丝之端（统）缵而为一。

《汉书·律历志》注引李奇、张楫：“统，绪也。”《文选·甘泉赋》“拓迹开统”注引李奇曰：“统，绪也。”②《说文解字》“绪，丝耑也。”段注：“耑者，艸木初生之题也，因为凡首之称，抽丝者得绪而可引。引申之，凡事皆有绪可缵”③。《方言》：“纪，绪也……或曰端”④。

《文选·笙赋》“统大魁以为笙”李善注：“緫，统也。”⑤《荀子·议兵》：“功名之緫也”，《韩诗外传》四“緫”作“统”⑥。《汉书·兒宽传》“统楫群元”注引臣瓒曰：“统犹緫览也。”《说文解字》“緫，聚束也。”段注：“谓聚而缚之也。悤有散意，糸以束之，礼经之緫，束发也；禹贡之緫，禾束也。引申之为凡兼综之称。”⑦

根据以上资料，可知，“统”可训“纪”，“纪”通“绪”，为丝之端，即头绪，是“统”为本、为元、为始、为端；此外，“纪”为丝之别，指众丝之头绪，统通纪，但不强调别，因而含有综括众丝之头绪，即聚束、揔揽和兼综之义。所谓“统天”即本于天，所谓“大一统”，即重视（大）统（众纪）的集中（一）。公羊学家认为，《春秋》书“王正月”，就是为了在每岁开始之时，突出诸侯历法始于王、总于王的意思。“统”的这种解释强调空间上的延展或兼综。

---

① 段玉裁：《说文解字注》，645 页。

② 《文选李善注》卷七，第 1 页第 2 面，同治八年（1869）九月金陵书局校刊汲古阁毛氏本。

③ 段玉裁：《说文解字注》，643 页。

④ 钱绎：《方言笺疏》卷第十，李发舜、黄建中点校，370 页，北京，中华书局，1991。

⑤ 《文选李善注》卷七，第 14 页第 2 面，同治八年（1869）九月金陵书局校刊汲古阁毛氏本。

⑥ 《韩诗外传》卷第四，第 4 页第 1 面，乾隆五十五年（1790）校刻，亦有生斋刻本。

⑦ 段玉裁：《说文解字注》，647 页。

不过，“统”既然为始，为端，当然也可用为时间上的“起源”和“始于”的意思，用作动词，就有追溯源头、反本寻根之义。① 凡物皆有“统”，此物之“统”乃承接他物而来，是“统”又隐含着“接续”或“承接”之义。《汉书·贾山传》注引如淳曰：“统，继也。”②《说文》段注：“虞翻注《易》曰：‘继，统也。’”③ 是“统”可训“继”。按“继”，左边是一个“糸”字，右边是古文“继”字，左右翻转，就是断绝的“绝”字(其实，在古代，这两种写法都兼含继绝二义，训诂学家有称之为“反训”的)，《说文》：“（绝之古文）象不连体，绝二丝”。《说文》：“继，续也。”“续，连也”。可见，“继”字内部兼有断、连两义，是个会意字，可作“连接断裂”解释。④“统”的这种解释更强调时间中的延续，有克服断裂而后继续的意思，当然，也有空间的接续之义。

“正统”是一个复合词，根据以上考证，可以确信，“正”代表王朝统治在其合法性（正）上直承（统）前面的王朝，既是兼综天下，又是上溯于天。这个复合词出现的时间，最早可追溯到两汉典籍。《汉书·王褒传》(王褒对宣帝)：“记曰：‘共惟《春秋》法五始之要，在乎审己正统而已。’”集注：服虔曰：“共，敬也。”张晏曰：“要，《春秋》称‘元年春王正月’，此五始也。”师古曰：“元者气之始，春者四时之始，王者受命之始，正月者政教之始，公即位者一国之始，是为五始。共读曰恭。”⑤ 这是公羊家观点，认为“五始”的关键在于正统。这个解释强调兼综，符合上述“统”字的第一种含义。

又班固《典引》云：(高祖、光武之龙兴)“盖以膺当天之正统，受克让之归运，蓄炎上之烈精。”⑥ 根据李善注，可知，这里所谓的正统是说汉

---

① 《荀子·议兵》多见“本统”一词，是个复合词，“统”与“本”相通。见《荀子集解》，《诸子集成》第 2 册，183、186 页，上海，上海书店出版社，1986。

② 班固：《汉书》，2332 页，北京，中华书局，1962。

③ 段玉裁：《说文解字注》，645 页。

④ 同上书。

⑤ 《汉书》，2823 页。

⑥ 班孟坚：《典引》，见《文选》卷四十八，第 9 页第 2 面，第 11 页第 1 面，同治八年 (1869) 九月金陵书局校刊汲古阁毛氏本。

承周后，为火德，像唐尧克让一样，归运谓尧归运于汉。这里的正统即是指承继，而承继必在时间延续中进行，这个解释强调时间上的承接，符合“统”字的第二种含义。

这两种解释在汉代及以后的学术发展中有没有形成传统呢？回答仍然是肯定的。

公羊家倡导“春秋大一统”。董仲舒：“《春秋》曰王正月……何以谓之王正月？曰：王者必受命而后王。王者必改正朔、易服色、制礼乐、一统于天下，所以明易姓，非继人（各本作仁，今改）通以己受之于天也。王者受命而王，制此月以应变（应天革命），故作科以奉天地，故谓之王正月。”① 汉宣帝时有王吉上书：“《春秋》所以大一统者，六合同风，九州共贯也。”（《汉书·王吉传》）何休《解诂》：“统者，始也。揔系之辞。夫王者始受命改制布政施教于天下，自公侯至于庶人，自山川至于草木昆虫，莫不一一系于正月，故云政教之始。”② 开了以统为中心的先河。到了宋代，学者更加强调统的横向兼综关系。欧阳修：“夫居天下之正，合天下于一，斯正统矣。”③ 司马光云：“窃以为苟不能使九州合为一统，皆有天子之名而无其实者也。”④“夫统者，合于一之谓也。”⑤

董仲舒《春秋繁露·三代改制质文》有“三统循环”论。司马迁“三王之道若循环，终而复始。周秦之间，可谓文蔽矣。秦政不改，反酷刑法，岂不缪乎？故汉兴，承敝易变，使人不倦，得天统矣。”（《史记·高祖本纪》）所谓“天统”，即统于天，原本于天，天道是“循环”和“变易”的，那么，三王循环，承蔽易变，就是合乎天道的，也就是本于天的

---

① 《三代改制质文》，见苏舆：《春秋繁露义证》卷七，184～185页，北京，中华书局，1992。

② 《春秋公羊传注疏》隐公元年，《十三经注疏》本，2196页，北京，中华书局，1980。“夫王者始受命改制”原文为“天王者始受命改制”，“夫”误为“天”，据阮元《校勘记》改正。

③ 欧阳修：《正统论下》，《欧阳文忠公集》十六论三首，第5页第1面，明正德七年（1512）刘乔刻嘉靖十六年（1537）季本、嘉靖三十九年（1560）何迁递修本。

④ 《资治通鉴》第5册，2187页，北京，中华书局，1956。

⑤ 司马光：《郭长官纯书》，见《司马太师温国文正公传家集》卷第六十一，第10页第2面，明万历十五年（1587）第十六世孙司马祉刻本。

了。邯郸淳《魏受命述》云："圣嗣承统，爰宣（宜）重光。"[①]"统"既然可承，当然就可以沿时间接续。《宋书·礼志三》："尊祀世统，以昭功德。"世代有统（元子，嫡长子也），尊祀不辍，才能代代相承，故《辞源》解"世统"云："家族世代相承的系统"。[②] 清人鲁一同："夫居得其正之谓正，相承勿绝之谓统。"[③]"相承勿绝"可作"继"字的训解，更加说明统有纵向连接断裂的含义。《国语·齐语》："以为民纪统"注："……统，犹经也，……以为治民之经纪。"《说文解字》"经，织从（纵）丝也。"段注："织之从（纵）丝谓之经。必先有经而后有纬。"[④]

虽然以上两种观点有分道扬镳、独立发展的趋势，但自觉到两者辩证关系的也大有人在。如西晋人陈寿著《三国志》，以曹魏为正统，以蜀、吴为僭伪，是站在西晋官方立场上看待历史正统观的典型例证。他的做法既体现了空间的兼综，即以魏晋统一天下，又体现了历时性的承接，即魏承东汉、晋承曹魏的正统意识。东晋人习凿齿著《汉晋春秋》，以蜀汉为正统，表扬蜀汉以复兴汉室为职志的功业，这是站在东晋政权的立场上，为东晋北伐，"光复"旧物，统一全国服务的。这种正统观同样既有纵向的承接关系，也有横向的兼综关系。唐人皇甫湜云："王者受命于天，作主于人，必大一统，明所授，所以正天下之位，一天下之心。"[⑤]"一统"与"所授"相通，表明有纵向的授受关系，但同时却又是横向的统一的根据。诚然，由于政治形势的影响，中国古代的历史正统观念，在唐以前，更重视纵向的承接关系，宋以后，更倾向于兼综关系，但从理论上说，两者是无法割裂的。

如此看来，我们可以有把握地说，"正统"概念说的是最高统治权的合法性，它既指这个权力在空间里的兼综，又指在时间上的延续。前者体

① 邯郸淳：《魏受命述》，见《古文苑》卷第十二《颂述》，第13页第1面，明万历癸巳（1593）二月刻本。

② 《辞源》，43页，北京，商务印书馆，1988。

③ 鲁一同：《正统论》，见《通甫类稿》卷一，第21页第2面，清咸丰九年（己未，1859）刻本。

④ 段玉裁：《说文解字注》，644页。

⑤ 皇甫湜：《东晋元魏帝正闰论》，见《皇甫持正文集》卷第二，第3页第2面，四部丛刊集部，上海涵芬楼藏宋刊本。

现了统一性，后者体现了连续性，两者结合构成了这个概念不可动摇的基本内涵。

三、邹衍的五德终始说

依古人的理解，五德终始说必属于历史正统观的范畴。班固《典引》所谓“膺当天下之正统，受克让之归运”。李贤等注：“正统谓汉承周，为火德”。这说明，汉唐学者们相信，禅让式的政权授受（克让）及五德运转（归运，火德，这些都是五德终始说的重要内容）就在“正统”概念的外延之中。可是，为什么至今还会有人把五德终始说排斥在历史正统观之外呢？我们知道，五德终始说更强调王朝统治纵向的连续性，而以往有关“正统”概念的定义中，恰恰缺少纵向的连续性这一面。如果以为前者只有纵向连续性的意义，而后者只有横向的统一性的意义，当然不会把两者看做兼容的了。现在好了，我们知道，除了横向的兼综之义，“正统”概念原本就有纵向的承接之义。这样一来，强调纵向连续性的五德终始说就可以理所当然地归于正统观的范畴了。

在古代中国，历史正统观究竟起源于什么时候呢？作为历史正统思想，五德终始说又是何时兴起的呢？揆情度理，思考最高统治权的合法性问题，肯定要早于“正统”概念的提出。它的一个必要条件就是已经存在着某种程度上代表国家统一的政权，同时还存在着政权的承继或更替，统一和正当的更迭。前者是横向的，后者是纵向的，两者的结合，就是王朝合法性的根据。对这种合法性及其根据进行自觉的反省，就应属于历史正统观的范畴。

殷纣王有一句名言：“我生不有命在天!”（《尚书·西伯戡黎》）这表明，在部分商朝最高统治者的心目中，王朝统治权的合法根据来自上天，尽管他们的统治权在空间上有对诸侯发号施令的权威，在时间上有在王室内部继承的连续性，但对天和上帝的迷信，妨碍了对王权合法性以及统一性和连续性的关系进行理性的思考，因此还不能说他们已经形成了自觉的历史正统观。

周人推翻商朝以后，情况发生了很大变化。周武王和周公兄弟二人对殷周嬗递的历史变局进行了深刻的反省，认为，作为天下共主的最高政治权力，虽然得自天命，但统治者若不能敬德保民，就会失去民心，上天也会根据民心的向背，把最高统治权从旧王朝那里收回来，转交给新王朝的统治者。得天命的统治者享有天下共主的最高权力。这样，周初统治者就在天命论的基础上，对天下共主的更迭，也就是对王朝统治的合法性问题，作出了理性的回答，他们的解说理应属于历史正统观的范畴。周人的这个观念构成了中国古代历史正统观的基本框架，后代所有关于王朝合法性的讨论，都不出这个范围，邹衍所创造的五德终始说正是这个框架内的一家之言。

五德终始说的兴起，当然也离不开最高统治权的合法性这个必要条件。

我们知道，周室东迁以后，形势发生了很大变化。春秋战国时期，天子式微，王纲解纽，诸侯力政，大夫专权，天下共主式的王朝统治秩序彻底崩溃。看起来，代表着统一的王朝和正当的王朝更替，已不复存在，那么，讨论统一和正当的更迭，即讨论王朝合法性的历史正统观也就失去了前提条件。可恰恰就在这个时候，五德终始说却出现了。这究竟是为什么呢？

原来，春秋战国时期的天下大乱，从一个角度看，是统一的崩溃，从另一个角度看，却又是新的更大的统一的孕育，是从天下共主式的统一王朝，到新的中央集权式的统一王朝的过渡。何况，在精神文化的领域中，武王、周公开创的天命传统早就告诉人们，王朝统治是绝而可续，断而可连的，历史的连续性不会因为朝代的更迭而消失。历史事实也正是如此。战国七雄纷纷把耕战作为实施政治的首要任务，他们千方百计地扩大领土、扩充军队，谋划外交，相互间展开铁与血的较量。可是在舆论上，他们的矛头对准的却不是和自己匹敌的诸侯王，而是名存实亡的周天子。①

以地处东部的齐国为例。出土的《陈侯因齐敦》铭文提到：“皇考孝武桓公恭哉，大谟克成。”② 这里的桓公是战国时期的齐国君主桓公田午，

① 到了公元前256年（秦昭王五十一年），秦灭掉周赧王；前249年（秦庄襄王元年），秦灭东周君，周竟连名存也做不到了。参见《史记》卷十五《六国年表》第三，747、750页。

② 郭沫若：《两周金文辞大系图录考释》，上册图录，第260页B面；下册考释，第219页B面，上海，上海书店出版社，1999。又见氏著：《十批判书》，134页，北京，人民出版社，1954。

他所祈望"克（能）成"的"大谟"是什么？下文有个交代，那就是："高祖黄帝，迩嗣桓文，朝问诸侯"，也就是说，他要仿效黄帝和齐桓晋文，成为诸侯的霸主，甚至帝王（天下共主）。他的后代齐宣王曾向孟子透露自己有"大欲"，这个"大欲"被孟子说破，那就是"欲辟土地，朝秦楚，莅中国而抚四夷也"（《孟子·梁惠王上》）。到了齐湣王时，野心更大。公元前288年（湣王三十六年），湣王自称"东帝"二月（秦昭襄王称"西帝"二月），后二年，齐国伐宋，割楚，西侵三晋，"欲以并周室，为天子"（《史记·田敬仲完世家》），泗上诸侯、邹鲁之君，莫不俯首称臣，大有并吞天下的气势。此时下距周赧王之死只有32年，距东周君亡也不过39年，周已经是一个毫无实际意义的政权，根本不能构成任何大国的对手。齐国在与秦等大国争雄兼并的同时，却表示要取代毫无实际意义的周，唯一的解释只能是正统思想在作怪。这也恰恰是五德终始说出现的直接契机。邹衍创造五德终始说，凭借的就是这个历史条件。

邹衍的行事和思想，《史记·孟子荀卿列传》有记载，其中有这样几点颇值得注意：第一，邹衍有《终始》、《大圣》、《主运》等著作；所谓《终始》、《主运》，从文字上可知与五德终始说有关。第二，邹衍有"五德转移，治各有宜，而符应若兹"思想，与五德终始说相符。第三，邹衍关于小九州、大九州的描述，隐含天下合一的思想。第四，邹衍受到齐、梁、赵国诸侯最隆重的礼遇，其程度远非前辈学者和同侪所能比拟。这恰恰说明，怀有取代周室，吞并天下之"大欲"的，决不止于田齐一家。

据《史记索隐》："刘向《别录》云邹子书有《主运篇》。"是《主运》一篇在西汉后期尚可见。唐时已佚。《史记集解》引如淳曰："今其书有《五德终始》。五德各以所胜为行。秦谓周为火德，灭火者水，故自谓水德。"① 《汉书·艺文志》阴阳家著录《邹子》四十九篇。班固注："名衍，齐人，为燕昭王师，居稷下，号谈天衍。"又著录《邹子终始》五十六篇。这两部著作东汉时应该还在。就目前所知，《史记》记载的邹衍著作皆已不传。那么，从哪里才能了解到邹衍五德终始说的详细内容呢？《吕氏春

---

① 见《史记·孟子荀卿列传》，1369页，北京，中华书局，1959。

秋·有始览·应同篇》中的一段文字与五德终始说最为接近，其文如下：

凡帝王之将兴也，天必先见祥乎下民（高诱注："祥，征应也。"）。黄帝之时，天先见大螾大蝼，黄帝曰："土气胜。"土气胜，故其色尚黄，其事则土。及禹之时，天先见草木秋冬不杀，禹曰："木气胜。"木气胜，故其色尚青，其事则木。及汤之时，天先见金刃生于水，汤曰："金气胜。"金气胜，故其色尚白，其事则金。及文王之时，天先见火赤乌衔丹书集于周社，文王曰："火气胜。"火气胜，故其色尚赤，其事则火。代火者必将水，天且先见水气胜，水气胜，故其色尚黑，其事则水。水气至而不知，数备将徙于土。

近人许维遹认为："此阴阳家之说而散见于此者。马国翰据《文选·魏都赋》李注引《七略》云'邹子终始五德，从所不胜，木德继之，金德次之，火德次之，水德次之。'定篇首至此为邹子佚文……"[①] 可见《应同》篇的这段文字可视为邹衍作品的孑遗。

从这段文字，可以看出，邹衍的五德终始说有以下几个特点：第一，采用当时已经流行的五行相胜说。五行顺序是木克土，代土，金克木，代木，火克金，代金，水克火，代火，土克水，代水，从土开始，经过木、金、火、水，又回到土，是为一个循环。第二，也是最为重要的，就是按照五行"从所不胜"（反过来说就是相胜或相克）的关系，安排历史上王朝的承继过程，以为黄帝土德、禹木德、汤金德、文王火德，其后继者应是有水德的帝王，之后再回到有土德的帝王，如此循环不已。这是明确的五德终始说的历史观。第三，黄帝、夏、商、周都是天下共主，它们之间

① 许维遹：《吕氏春秋集释》，下册卷十三，8页，北京，中国书店，1985。所引《七略》之文见《文选李善注》卷六左太冲《魏都赋》注，第13页第1面，文作"邹子有终始五德"，多一"有"字，同治八年（1869）九月金陵书局校刊汲古阁毛氏本。《淮南子·齐俗训》高诱注引略同，其文作："舜土德也，夏木德也，殷金德也，周火德也，《邹子》曰：'五德之次，从所不胜，故虞土、夏木。'"可为佐证。见《诸子集成》，第7册，176页。

的关系是后面的王朝消灭并取代前面的王朝。以此类推，未来的新的天下一统的王朝，也应是消灭并取代周朝的那个王朝。这与齐国君臣的“大谟”或“大欲”恰好吻合了。水德来了，浑然不知，那么德运又将继续转到有土德的帝王那里。根据古代天象和五行相结合的传统，齐地为玄枵之分野，德运属水；又根据古代氏族与五行相结合的传统，田齐为陈之后裔，陈为颛顼之族，故为“水属”；陈又是大舜之后，舜应土德，齐国田氏又自称高祖黄帝（见《陈侯因齐敦》铭文），黄帝土德。这样一来，田齐就既有水德，又有土德，① 与“水气至而不知，数备将徙于土”的历运完全对应起来了。

然而，历史发展并没有按照邹衍或齐国君臣的意愿进行。湣王败亡后，稷下学士奔走四方。五德终始说也传到远居西土的秦国。不过，邹衍的五德终始说保留在《吕氏春秋》中，并不表明其实际价值受到秦国君臣多么的重视，要想真正引起秦国统治者关注，还需要特别的契机。据《史记·封禅书》记载：“自齐威、宣之时，邹子之徒论著终始五德之运，及秦帝而齐人奏之，故始皇采用之。”《史记集解》也认为：“《汉书·郊祀志》曰：‘齐人邹子之徒论著终始五德之运，始皇采用。’”可见，从西汉的司马迁，到东汉的班固，再到刘宋的裴骃，都认为，秦始皇是直接从齐人那里采信了五德终始说的，时间大概在刚刚统一不久，即公元前 221 年（秦王政二十六年）。

《史记》的《封禅书》和《秦始皇本纪》都记载了始皇采用五德终始说的详细情况。不过，我们的问题是：秦始皇信奉三晋法家学说，可为什么又要采信齐人的五德终始说呢？看来，是为了弥补单纯法家理论的不足。我们知道，关于政权转移的合法性和统治方略的理论基础，法家学说是有一定缺陷的：其一，法家虽然承认历史变化，承认历史的阶段性进展，但同时也有反对革命，反对以下犯上，以臣篡君的思想。《韩非子》

---

① 《左传》昭公八年：晋国史赵说“陈，颛顼之族也”；昭公九年：郑国大夫裨灶说：“陈，水属也。”孔颖达疏：“陈是舜后，舜为土德。”见孔颖达：《春秋左传正义》，《十三经注疏》本，2053、2057 页，北京，中华书局，1980。今本《管子》有《水地》篇，可见水、土并重，在齐国的确有深厚的基础和深远的渊源。

认为古代盛传的所谓尧舜禹的禅让和汤武革命，其实是“逼上弑君而求其利也”，是“暴乱之兵也”（《韩非子·说疑》），“尧舜汤武，或反君臣之义，乱后世之教者也。”（《韩非子·忠孝》）因而坚决反对觊觎或夺取最高统治权的犯上作乱之举。汉景帝时黄生以冠弊屦新不能倒置的譬喻，驳斥儒者赞成汤武革命的观点，指出：“汤武非受命，乃弑也”（《史记·儒林列传》）。可以推知，秦始皇兼并天下，以取代往日周天子的正统地位，要想在他所信奉的韩非法家学说里面找到合法的依据，是有一定困难的，弄不好，还会自相矛盾，成为法家思想批判的对象。而五德终始说却标榜“从所不胜”的“相胜说”，这恰恰可为秦国以征伐手段，吞并周室，兼并天下，重新在全国建立统一政权提供合法（理）根据。① 其二，法家主张严刑峻法，是建立在性恶论基础上的，虽然是与时俱进，适应了政治社会发展的需要，但必然会引起普遍的反感。按照五德终始说的逻辑，情况就不同了。根据《管子》，五德的特性是这样的：木，色青，数用七，时为春，“其德喜嬴，而发出节”；火，色赤，数用九，时为夏，“其德施舍修乐”（尹注：“施舍，谓施爵禄舍逋罪。修乐，谓作乐以修辅也。”）；土，色黄，数用五，（时为长夏，其实不占一个季），“其德和平用均，中正无私”；金，色白，数用八，时为秋，“其德忧哀静正严顺”；水，色黑，数用六，“其德淳越温怒周密”。按“淳”即纯，不杂为淳；“越”通于；“温”，王引之读“愠”，意即怒；② 淳于愠怒周密，意思就是纯然（行事）暴戾无情、（执法）苛刻严密。这和《史记》所说的水德“刚毅戾深，事

① 德国学者 Peter J. Opitz 对法家学说缺少合法性的理论（即正统观）有所发现，见 Peter J. Opitz，‘The Birth of ‘History’：Historical Speculation in Chou China’，in *Epistemological Issues in Classical Chinese Philosophy*，edited by Hans Lenk and Gregor Paul，Now York：State University of New York Press，1993，p. 153.

② 戴望：《管子校正》，见《诸子集成》，第 5 册，238～240、239 页，上海，上海书店出版社，1986；《汉书》卷二十七《五行志》第七上：“天以一生水，地以二生火，天以三生木，地以四生金，天以五生土。……水之大数六，火七，木八，金九，土十。”顺序是水、火、木、金、土，与《洪范》以特性排列的顺序相合，为后世《五行志》或《灾异志》所取法，1328 页。《管子》引文的顺序是水、木、金、火、（土），不在生胜之列，形态较原始。

皆决于法，刻削毋仁恩和义”意思如出一辙。①《史记集解》引瓒曰：“水阴，阴主刑杀，故尚法。”（《史记·封禅书》）这样，在上天失去信仰的权威，道理只为少数人所理解的条件下，给法家揭示的“当今争于气力”的时代精神和施政措施提供一个自然理性的基础，罩上一件“德运”的流行外衣，效果之好是可想而知的。这样做，就使秦国在正统地位和施政措施两个方面公然实行“变周”成为顺应自然的发展趋势和符合时代的精神和品德的合法之举。

楚汉战争的结局，刘邦取得胜利，汉朝成为统一全国的政权。可是刘邦出身布衣，在血统和社会地位上毫无凭借，却能代秦而有天下，这远比“小邦周”取代“天邑商”更加出乎人们的预料，注定要引起深刻的反省。在这次反省中，五德终始说仍然占有一定的地位。贾谊对秦亡汉兴的历史变局进行了总结，从秦亡中得出结论，认为民为国家及君主之本、之命、之功、之力，与民为敌，迟早必亡。这种认识与《尚书》的天命人心说是相通的，表现了在历史理性中重新确立道德理性的地位，而且论证更加明确透彻。在这同时，他还表示对自然理性的重视，“以为汉兴至孝文二十余年，天下和洽，而固当改正朔，易服色，法制度，定官名，兴礼乐，乃悉草具其事仪法，色尚黄，数用五，为官名，悉更秦之法。孝文帝初即位，谦让未遑。”（《史记·屈原贾生列传》）这是五德相胜说在新的历史条件下的努力，主张汉朝是用土德战胜并取代秦的水德，同时，也表明，在施政措施上，汉朝政治应该采用“和平用均，中正无私”的土德政治，代替秦的“刚毅戾深，刻削毋仁恩和义”的水德政治。与此同时，鲁人公孙臣也上书文帝，称：“始秦得水德，今汉受之，推终始传，则汉当土德，土德之应黄龙见。宜改正朔，易服色，色上黄。”（《史记·封禅书》、《史记·孝文本纪》）可是由于文帝即位未稳，再加上丞相张苍坚持高祖时确定的水德历运（《史记·历书》、《史记·张丞相列传》），所以终文景之世，土德政治未能实施。直到武帝时代，情况才有所改变。“太初元年夏五月，正历，以正月为岁首。色上黄，数用五，定官名，协音律。”（《汉书·武

① 参见刘家和：《论历史理性在古代中国的发生》，载《史学理论研究》，2003 (2)。

帝纪》、《史记·封禅书》)[①] 土德政治终于在汉朝取得了合法地位，可是此时，五德相胜说的发展势头已经是强弩之末了。

四、五德终始说的转型

西汉末期，作为王朝统治的正统论的五德终始说出现了新的转变，从相胜，一变而为相生。

五行相生说起源较早。杨向奎先生以为，相生说的产生要早于相胜说。[②] 我以为，五行相生说在五方四时排列顺序中隐含政治意图，出现的时间当在春秋战国之际，从《管子》中的《幼官》、《四时》和《五行》等篇可以看出。此后，《月令》和《十二纪》图式更加完备。不过，从战国兼并到楚汉相争，武力征伐异常激烈，相生说在政治上一直未能得到合适的机会。今本董仲舒《春秋繁露》有关五行者九篇，论述五方五时（其实是四时，土为“夏中”），施政要因地制宜，声称“故为治，逆之则乱，顺之则治。”（《五行相生》）以《五行相生》篇为代表，诸篇似乎更重视相生，但并无与朝代更迭相比附的迹象。因此，不在历史观的范畴。

西汉从中期开始，政治和学术都表现出新的动向。

汉初奉行水德政治，以法家思想为实质内容的黄老学说占统治地位，所以景帝时黄生与辕固生争论汤武革命，坚决反对以下犯上。不过，辕固生倡言汤武革命，景帝并未表示反对，这说明，儒家天命政治观仍有一定影响，这是后来禅让说的理论渊源。

董仲舒传授五行相生说，但未把它与政权递嬗相结合，他在天人三策中提出汉应“更化”，即改变从前的法治政治，转而以德教治民。他以天人相应说为依据，声称“王者欲有所为，宜求其端于天”，“天之任德不任刑”，所以，“王者承天意以从事，故务德教而省刑罚”（《汉书·董仲舒传》)。这对法家以君主为独尊，蔑视上天权威的偏向无疑是一个有力的

① 另据《史记》记载，武帝喜神仙、封禅之事，迷信黄帝羽化飞升之说，于太初元年，宣布“改历，以正月（建寅之月）为岁首，而色上黄。”见《封禅书》。

② 杨向奎：《五行说的起源及其演变》，载《文史哲》，1955 (11)。

针砭。

稍后，在公羊家阵营中出现禅让的呼声。昭帝初立，霍光执政，泰山出现图谶，谓："公孙病已立"。有眭弘者，解释说："先师董仲舒有言：虽有继体守文之君，不害圣人之受命。汉家尧后，有传国之运。汉帝宜谁差天下，求索贤人，禮以帝位，而退自封百里，如殷周二王后，以承顺天命。"孟康曰："谁，问；差，择也。问择天下贤人。"师古曰："禮，古禅字也。"霍光下令以"妄设妖言惑众、大逆不道"罪名，予以诛杀。后来，汉宣帝即位，征召弘子为郎（《汉书·眭弘传》）。

宣帝时，盖宽饶曾在奏封事中引《韩氏易传》曰："五帝官天下，三王家天下，家以传子，官以传贤，若四时之运……"结果，被大臣指为"指意欲求禮，大逆不道"，下吏，自尽（《汉书·盖宽饶传》）。

王氏亲信谷永曾上书成帝，云："垂三统，列三正，去无道，开有德，不私一姓，明天下乃天下之天下，非一人之天下也。"（《汉书·谷永传》）因为有王氏为后台，谷永虽言辞激烈，但无任何危险，善终。

刘向曾著《洪范五行传论》，他的活动主要也在成帝之世。此时，他看出王氏取代刘氏的危险，多次上书成帝，以田氏代齐、六卿专晋为前车之鉴，极谏："王者必通三统，明天命所授者博，非独一姓也……自古及今，未有不亡之国也。……世之长短，以德为效。"（《汉书·楚元王传》）《说苑·至公》："古有行大公者，帝尧是也。贵为天子，富有天下，得舜而传之，不私于其子孙也。"①

综合以上几例，可知，西汉中后期，不论是正面的煽惑，还是反面的讽喻，都传达了这样一些信息："汉家尧后，有传国之运"；传贤传子，乃"四时之运"；天下为公，非一姓之私；汉朝应该求贤禅位。顾颉刚先生曾指出："到了汉代，禅让说已渐征服了整个的智识界。"② 目前看来，虽然很难说"征服了整个的知识界"，但在西汉后期已经相当流行，则是可以

① 刘向：《说苑》，见（明）程荣纂辑：《汉魏丛书》本，439～441页，长春，吉林大学出版社，1992。

② 顾颉刚：《禅让传说起于墨家考》，见吕思勉、童书业：《古史辨》，第7册，96页，上海，上海古籍出版社，1982。

肯定的。这些思想，显然非相胜的五德终始说所能容纳。

相胜说可为征伐式的政权更迭提供理论支持，却不适合禅让式的王朝更替。在这种情况下，让位给相生的五德终始说就成了历史的必然。

东汉以后，人们相信，五行相生的古史系统乃刘向及其子刘歆的发明。① 目前看来，说刘歆曾系统地阐述过五行相生的五德终始说，有遗文可稽。

刘歆曾与王莽同为黄门郎。哀帝崩，王莽专汉政权，刘歆任中垒大夫、羲和、京兆尹，封红休侯，考定律历，著《三统历谱》，其中有《世经》一篇。保留在今本《汉书·律历志下》，以五行相生顺序重新排列朝代：

太昊帝……炮牺继天而王，为百王先，首德始于木，故为帝太昊。

炎帝……以火承木，故为炎帝。教民耕农，故天下号曰神农氏。

黄帝……火生土，故为土德。……始垂衣裳，有轩冕之服，故天下号曰轩辕氏。

少昊帝……土生金，故为金德，天下号曰金天氏。

颛顼帝……金生水，故为水德，天下号曰高阳氏。

帝喾……［水］生木，故为木德，天下号曰高辛氏。

唐帝……木生火，故为火德，天下号曰陶唐氏。

虞帝……尧嬗以天下。火生土，故为土德。天下号曰有虞氏。

伯禹……虞舜嬗以天下。土生金，故为金德。天下号曰夏后氏。

---

① 班固《汉书·郊祀志》赞："刘向父子以为帝出于《震》，故包羲氏始受木德，其后以母传子，终而复始，自神农、黄帝下历唐虞三代而汉得火焉。"（见《汉书》，1271 页，北京，中华书局，1962）荀悦《前汉纪》："及至刘向父子，乃推五行之运，以子承母，始自伏羲；以迄于汉，宜为火德。其序之也，以为《易》称帝出乎《震》，故太皞始出乎《震》，为木德，号曰伏羲氏。"（见《前汉纪》卷一《高祖皇帝纪》，四部丛刊史部，第 1 页第 2 面，上海涵芬楼用无锡孙氏小绿天藏明嘉靖本影印）沈约《宋书》："且五德更王，惟有二家之说，邹衍以相胜立体，刘向以相生为义。"（沈约：《宋书》，259 页，北京，中华书局，1974）李石：《续博物志》："自古帝王五运之次有二说，邹衍以五行相胜为义，刘向则以相生为义。汉魏共尊刘说。"（见李石：《续博物志》卷一，第 5 页第 2 面，光绪纪元［1875］夏月湖北崇文书局刻本）

成汤……金生水，故为水德。天下号曰商，后曰殷。

武王……水生木，故为木德。天下号曰周室。

汉高祖皇帝……伐秦继周，木生火，故为火德。天下号曰汉。

……《祭典》曰："共工氏伯九域。"（师古曰："《祭典》，即《礼经·祭法》也。"）言虽有水德，在火木之间，非其序也。任知刑以强，故伯而不王。秦以水德，在周、汉木火之间（师古曰："志言秦为闰位，亦犹共工不当五德之序。"）。

从这段文字可以归纳出以下几条：第一，太昊伏羲氏"继天而王"，为百王之先，所谓"继天"，即"统天"，从此而下，就是天命的正统王朝的传承序列。由此可知，《世经》把五德终始说从以往的相胜变为相生，正统观念不但没有削弱，反而更加增强。第二，从太昊伏羲氏开始，直到汉高祖，德运皆按木火土金水的相生顺序，周而复始，循环代谢。这种新的排列方法无视五行德运的施政原则，似乎只关心朝代的更迭。第三，秦仍为水德，夹在周之木德和汉之火德之间，正如共工氏之水德夹在伏羲木德和炎帝火德之间一样，于相生序列不伦，故定为闰位。这表明，作者一方面否定秦朝的正统地位，另一方面又承认它曾奉行水德政治的历史，在确定正闰的标准上，缺乏始终如一的原则，表现了左右失据的心态。第四，在前后正统德运之关系上，皆用"生"字，闰统之后，情况少异，炎帝"以火承木"、汉世"伐秦继周"，似有意跨越闰位，承接木德王朝，有强削历史之足，以试五行相生说之履的弊窦。第五，于"唐帝"、"虞帝"、"伯禹"之下特注："让天下于虞"、"尧嬗以天下"、"让天下于禹"、"虞舜嬗以天下"，突出相生说与禅让的一致，有为王朝禅让张目之嫌。

古史系统的五行相生说是否可以称为五德终始说呢？《汉书·郊祀志》："刘向父子以为……包羲氏始受木德，其后以母传子，终而复始，自神农、黄帝下历唐虞三代而汉得火焉。"《白虎通·五行》："五行所以更王何？以其转相生，故有终始也。"《魏书》载王旭请东魏帝禅位北齐文宣帝言曰："五行递运，有始有终。"（《孝静纪》）这里的"五行"，指的是相生说。可见，不论在学术上，还是在实际政治中，人们都认为五行相生说也是“终而复始”、“有始有终”的。因此，仍可称为五德终始说，只不过是变了形的而已。

五行相生的五德终始说在古代政治生活和学术思想上均产生了重大影响。从新莽开始，到赵宋初建，政权嬗递多采用所谓“禅让”方式，[①] 不论其具体情况有何差异，大家不约而同地遵循刘歆预设的五行相生的运次，以证明自己的政权为正统所系。如：王莽即根据汉为火德，来确定自己的新室为土德；光武帝刘秀复兴汉室，接受西汉末年的这个成果，自以为火德之运；曹丕篡汉，再一次宣称用土德接替汉的火德。此后王朝递嬗，依次类推。晋为金德，晋朝灭亡后，接续晋朝的分为南北两路：南朝一路，刘宋水德，南齐木德，梁火德，陈土德。北朝一路，拓跋魏水德，北周木德，隋朝火德；唐朝本来是征伐而起，但唐高祖立隋恭帝，然后又上演了一出禅让的把戏，德运上也承接隋朝，为土德；后梁金德，后汉水德，后周木德，赵宋火德。其间虽有关于某一朝代德运的争论，但总的来说，在历史上，这个系统是得到多数人承认的。如果加上刘歆根据五行相生原则排列的上古帝王次序，那么，从太昊伏羲氏木德开始，直到赵宋初建火德，[②] 在中国古代的观念世界中，就形成了四千年一脉相承的王朝递嬗系统。一部中国史，俨然就是一个正统王朝绵延不绝的皇皇巨著。

五、余论

作为古代正统观的重要内容，五德终始说对中国古代的政治和学术（包括史学）具有深远影响，这在以上的论述中可见一斑。

不过，还有两个理论问题更值得关注。那就是：作为一种历史观，五

① 赵翼《廿二史札记》有“禅代”、“魏晋禅代不同”二条，综述、辨析汉唐间政权攘夺之史事，可参考王树民：《廿二史札记校正》，北京，中华书局，1984。

② 元明清时期，五德终始说从主流的官方意识形态中游离出来（参见《春秋繁露义证》卷七《三代改制质文》苏舆注，186 页），这是中国古代历史正统观的新动向。我们知道，元明清统一的建立都是在大战之后，这无法与相生说的五德运转观相协调，而且，随着历史理性的进一步觉醒，五德终始说逐渐失去往日的神威，从宋代开始就受到学者的质疑和批评，这些都会对五德终始说的衰落产生一定的影响。

德终始说在中国古代历史理性发生的过程中，占有怎样的地位呢？在人类认识史上具有怎样的特点呢？刘家和先生在《论历史理性在古代中国的发生》一文中提出：历史理性在古代中国的发生大致经历了三个阶段，那就是：殷周之际与周初的历史理性，名之曰“以人心为背景的历史理性的曙光”；西周晚期至秦，“与人心疏离的历史理性的无情化”；汉代，“天人合一的历史理性的有情有理化。”① 如上所述，五德终始说用想象的五种自然力量依次运转，来说明王朝更迭（历史变化的重要现象）的根据，这是一种比附的历史观，具有自然理性的特征。其中，相胜说与相生说是不同的：前者支持武力征伐，后者标榜和平授受。前者主张一个朝代战胜和取代上一个朝代，强调历史的环环相扣，表现了更多的历史理性的特点；后者则主张一个朝代的合法地位是从前某个朝代的合法性的延续，它在德运上承接的不必是直接战胜或取代的那个朝代，因而更多地表现了与道德理性结合的色彩。前者发生在战国中期，正值道、法思想兴盛之时，对第二期历史理性的无情化，具有推波助澜的作用；后者则兴起于西汉后期，深受第三期历史理性之有情有理化潮流的推动。从相胜到相生，可以清晰地看出历史理性从无情化向有情有理化转变发展的轨迹。

五德终始说具有自然理性的特征。我们知道，自然理性以关注自然为主要特征，在古希腊哲学史上，爱奥尼亚哲学家就是以关注自然著称的；不过，他们的关注自然，是出于对自然现象的惊异，是以探求自然奥秘为己任的。在古代中国，五德终始说也以关注自然著称；不过，它的关注自然，目的却不在自然本身，而是另有所属，那就是现实政治，就是建构一种历史观念，以为现实政治服务。可见，与古希腊的自然哲学相较，由于历史正统观的制约，五德终始说的自然理性走的却是另一条道路。

（原载《南京大学学报》2004 年第 2 期）

① 刘家和：《论历史理性在古代中国的发生》，载《史学理论研究》，2003（2）。

董仲舒《春秋》学的通史精神初探

古代中国学术有注重通史的传统。通史何以可能？除了编纂技巧，某种符合通史特点的理论性条件是绝对不能少的。《史记》是通史的开山之作，它出现在西汉前期。我们知道，司马迁深受董仲舒《春秋》学的影响。由此看来，研究董仲舒的《春秋》学，对于理解西汉前期学术界与通史特点相关的理论性条件，对于理解《史记》这样的通史巨著的出现，有着重要的意义。

公羊家确信，《春秋》为孔子所作。战国秦汉间，出现了围绕着《春秋》及三传的经学学术活动，后世统称“《春秋》学”。董仲舒是这个时期的《春秋》学大师，他服膺《公羊传》。公羊学擅长阐发《春秋》的“微言大义”。在这方面，董仲舒曾作出过重要的贡献。因而，要想真正理解董仲舒《春秋》学中与通史特点相关的理论特质，就不得不遵循传统学术的路径，对董仲舒的相关著作再下一番实在的功夫，这样或许会有所收获。

一、“《春秋》谓‘一’为‘元’者，示大始而欲正本也”①

——关于历史的断与续

《春秋》开篇曰：“隐公元年，春，王正月”。《左传》云：“元年，春，王周正月。不书即位，摄也。”《穀梁传》云：“虽无事必举正月，谨始也。”《公羊传》云：“元年者何？君之始年也。春者何？岁之始也。王者孰谓？谓文王也。曷为先言王而后言正月？王正月也。何言乎王正月？大一统也。”《左传》为史笔，对经文未作过多解释。《穀梁传》则指出这

① 语出“天人三策”的第一策，见《汉书·董仲舒传》，2502页，北京，中华书局，1962。“示”今本原作“视”，师古曰：“视读曰示”；又据《汉纪》武皇帝纪二卷第十一校正。见荀悦撰、张烈点校：《两汉纪上》，174～175页，北京，中华书局，2002。又见清儒陈卓人（立）《公羊义疏》一，台北艺文印书馆印行之《续经解春秋类汇编》第4册3841页下左。

段经文有“谨始”的意义，但也仅此而已。只有《公羊传》以问答方式，从经文中特别挖掘出“大一统”的含义，加以表扬。董仲舒恰恰是沿着《公羊传》的路数，对经文作逐字逐句的解释，以阐发他的历史观念。

《春秋》所书元年的“元”字有没有微言大义？除了一个“始”字，《公羊传》并无更多的说解，而董仲舒却在《天人三策》和《春秋繁露》中作了比较详细的解释。

《天人三策》的第一策指出，“一”是万物由来的开始，“元”则有“本”的意思。《春秋》把“一”叫做“元”，就是表示要强调开始（即“大始”），而且要端正根本。《春秋》追寻到深处，发现所谓本应从贵者开始，人君最贵，人君正心才是为政的根本。人君正心，朝廷、百官、万民、四方才能由近及远相因而正。远近都统一于正，天人才能和谐，万方才能来朝，福瑞才能来全，王道的理想才能达成。可见，在董仲舒看来，《春秋》把“一”叫做“元”，是为了使君主能够“大始”而“正本”，而所谓“正本”就是“正心”。①

这一基本思路，在《春秋繁露·玉英》篇中也有较为充分的论述。该篇认为，《春秋》之道就是用“元”的深远来正天时的开始（“春”），用天时的开始来正“王”政的开始（“正月”），用王政的开始来正诸侯的“即位”，用诸侯的即位来正境内的治理。这就是公羊家所谓的“五始”。在董仲舒看来，《春秋》重元，最终应该落脚在国君的即位上，所以，他在接下来的文字中就用《春秋》有关即位的几则史实和相关的书法予以说明。

其一，隐公三年，《春秋》书“八月，庚辰，宋公和卒。冬十有二月……癸未，葬宋缪公”。《公羊传》曰：“葬者曷为或日或不日？……当时而日，危不得葬也。此当时，何危尔？”随后，《公羊传》就叙说了故事原委：原来，宋宣公临终时传位给弟弟缪公，而没有传给自己的儿子与夷。缪公临终时则把君位传与夷，而没有传给自己的儿子冯。后来，冯杀害与夷自立。公羊家认为《春秋》善让，但对于这段公案，《公羊传》则从实际效果的角度，提出了批评：“故君子大居正。宋之祸，宣公为之也。”所谓“君子大居正”，疏云：“君子之人，大其适子居正，不劳违礼

① 原文较长，载《汉书·董仲舒传》，2502～2503页，恕不备引。

而让庶也。”宋宣公没有做到，才引起后来的祸乱，因而难辞其咎。董仲舒也认为，这是“非其位而即之，虽受之先君，《春秋》危之”的典型事例，所以，宋宣、缪的所为是违背《春秋》之法的。①

其二，襄公二十九年，《春秋》曰：“吴子使札来聘。”据《公羊传》所记，季札同母兄弟四人，谒、余祭、夷昧和季札。季札贤。三个哥哥为了最终能让季札即位，便约定兄终弟及。谒死后，余祭立。这年余祭卒。不料，长庶兄僚自立为王，结果被谒之长子公子光（阖庐）派刺客专诸杀死。这个故事正说明僚“非其位，不受之先君，而自即之，《春秋》危之”。不过，董仲舒认为，如果能够“行善得众”，那么《春秋》并不危之。

其三，隐公四年，《春秋》书“冬，十有二月，卫人立晋。”《公羊传》曰：“立者何？立者不宜立也。其称人何？众立之之辞也。然则孰立之？石碏立之也。石碏立之，则其称人何？众之所欲立也。众虽欲立之，其立之非也。”董仲舒指出：同是“不宜立”，宋缪公受之先君而危，卫宣公弗受先君而不危，这说明“得众心之为大安”。

齐桓公和鲁桓公的故事也是如此。两人即位皆非以其道，但齐桓公能够知恐惧而忧其忧，所以才能立功名而霸诸侯；鲁桓公则忘其忧而祸及于身。结论：“凡人有忧而不知忧者凶，有忧而深忧之者吉。”由此可见，董仲舒所谓《春秋》重元，是有具体的历史依据的。②

---

① 谓宣公缪公的让是“不中法”。见苏舆：《春秋繁露义证》，78页，北京，中华书局，1992。

② 原文见《春秋繁露义证·玉英》，71～72页。关于《春秋》重元，《王道》篇也有相近论述：《春秋》为什么要贵“元”？因为元即始，说的是为政之本的端正。所谓道乃是王道，王乃是人民的根本。王正，就元气和顺，天降祥瑞；王不正，就贼气并出，天降灾异。五帝三王“不敢有君民之心”，他们实行德政，合乎王道，天下就呈现出一派和乐自然的景象（合乎儒道两家憧憬的至德之世）。桀纣骄溢妄行，结果身遭诛戮，天下大亡。东周以来，礼坏乐崩，灾异迭生，孔子作《春秋》，目的就是为了“反王道之本”，这就是贵元。概括起来，元即始，即为政的根本，也即是王道。行王道则天下治，失王道则天下乱，所以为政要贵元，贵元就是贵王道。这就是董仲舒以“元”“正本”的思想。（《王道》，100～102页）《二端》篇则提出“贵微重始”，乃是《春秋》大义。以天谴明元之深也。所谓元之深，即天谴也。知天谴而修己，则为王者也。《春秋》之所以有灾异，端在于“贵微重始”，在于元之深也。（《二端》，155～156页）说来说去，都是强调《春秋》重元就是要君主正己修身，以为政治的根本。

不过，《玉英》篇有两个地方是有争议的，牵涉到对整篇文义的理解，对于这段公案，有必要给予简要说明。其一，原文有“元者为万物之本”，“安在乎？乃在乎天地之前”句。苏舆引俞云：“‘乃在乎’三字衍。安在乎天地之前，言不必在天地之前也。《易》曰：‘有天地然后有万物。’圣人之言，未有言及天地之前者。”苏舆云：“何（休）注言‘天地之始’，即本此文。三字非衍，所谓以元统天也。宋周子（敦颐）无极而太极之说，亦本于此。《易》‘太极生两仪’，圣人之道，运本于元，以统天地，为万物根。人之性命，由天道变化而来，其神气则根极于元。溯厥胚胎，固在天地先矣。《说文》列‘元’字于‘天’字前，亦即斯旨。《鹖冠子》‘有一而有气’，宋佃（陆氏）注云：‘一者，元气之始。’由是言之，人本于天，天本于元，元生于一，是故数始于一，万物之本也。”① 其二，原文还有“元，犹原也。其义以随天地终始也”句。苏舆云：“隐元年注：‘变一为元。元者气也，无形以起，有形以分，造起天地，天地之始也。故上无所系，而使春系之也。’疏引宋氏注云：‘元为气之始，如水之有泉。泉流之原，窥之不见，听之不闻。’《三统历》：‘元者，体之长也。合三体而为之原，故曰元。’《易纬》：‘太初为气之始。’《春秋纬》：‘太一含元布精，乃生阴阳。’刘敞《春秋权衡》云：‘元年者，人君也，非太极也。以一为元气，何当于义？其过在必欲成五始之说，而不究元年之本情也。’按：刘纠何氏。其实何本于董，义当有所受之。但董不言元气，何足成之耳。至说《春秋》一元之旨，自以对策数语为至纯全。此则推元义言之，随天终始。语又见《符瑞篇》。”②

按《王道》篇有“王正则元气和顺、风雨时、景星见、黄龙西。王不正则上变天，贼气并见”③ 句，从上下文可以看出，所谓的“元气”只是作为“大本而重始”在自然界的一个结果，而不是元本身。何休把元年的“元”解释为“元气”，④ 大概是受当时学术观点的影响，用在《公羊传》

① 《春秋繁露义证·玉英》篇，69页。

② 同上书，68页。

③ 同上书，100页。

④ 《春秋公羊传》隐元年何注：“变一为元。元者气也，无形以起，有形以分，造起天地，天地之始也。故上无所系，而使春系之也。”见《十三经注疏》本，2196页。

上，显然是夸大了。对此，刘敞的批评是有道理的。俞樾是晚清古文家，当然不会喜欢太极、本原的说法，不过，他断言“圣人之言，未有言及天地之前者”，则未免有偏绝对。比较而言，董仲舒的理解比较稳妥，也更有哲理意味。他认为“元”就是“本”，“一”则是“万物之所从始”，“谓一为元”，不过是为了“大始”而“正本”。

把“一”理解为“万物之所从始”，除了强调以“德教”为本以外，对于历史研究来说，还有重要的理论意义。“一”是对经验事实进行抽象的结果，它舍弃了杂多的经验内容，所以才可表示“万物之所从始”。同时“一”既然是“万物之所从始”，那就是说它不止一个，可以是多个，说天地之始为“一”可以，说某物之始为“一”，同样可以；这样，“一”就成了“多”。如果把“一”换成“元”，也就是说天地之始可以叫做“元”，万物之始同样可以叫做“元”。“一”或“元”本身就包含着一与多的矛盾，矛盾运动就构成了事物的发展过程，或者说“元”本身的内在矛盾，就构成了历史的无限发展过程。《春秋》二百四十二年，书“元年”者十二，乃鲁国十二公即位始年的标记。所谓“元”就是一个历史阶段的开始和前一历史阶段终结的标志。《春秋》重元，既是对历史发展阶段的重视，又是对历史无限发展可能的重视。历史上无数的阶段性发展造成其无限发展的可能，或者说，无限的历史发展就存在于无数的历史阶段（“断”）的无限相连（“续”）之中。

二、《春秋》“大一统”与“通三统”[①]

——关于历史的复与往

以上分析了董仲舒对《春秋》隐公元年之“元”所作的解说，揭示出其中包含着的断与续相统一的历史观念。下面来看看他在“王正月”的解说中又有怎样的历史思想。其文具见《三代改制质文》，篇幅较长，恕不备引，请逐层择要解释：

① 后者语出《春秋繁露·三代改制质文》。

与《左传》、《穀梁》不同，《公羊传》提出“王者孰谓？谓文王也”。董仲舒紧紧抓住这一条，由文王引申为一般的“王者”，即受命而王者，从而对《春秋》“王正月”作了具有创新意义的解释：既然“王正月”的“王”指的是文王，而文王又是西周受命称王的第一人，那就是强调“王者必受命而后王”。这样，《公羊传》的“大一统”，就必然成为“改正朔，易服色，制礼乐，一统于天下”，就成为“所以明易姓，非继人，通以已受之于天也”。正因为王者受命，易姓而王，所以要“制此月以应变”，要“作科以奉天地”。① 这就从形式到内容都注入了一个新的精神：王者受命改制！有了这个精神，隐公元年的“王正月”和《公羊传》的“大一统”，就从颁行周王正朔，变为王者的“应变”。这就是董仲舒从《公羊传》中挖掘出的微言大义，它使《春秋》学出现了一个重大的转机。

“大一统”一旦被赋予“王者受命改制”的精神，就必然造成自我的否定和更迭，就必然使《公羊》学朝着新的革命的方向前进。董仲舒以“通三统”为代表的“复”的思想，就是这种发展的重要成果。

什么是“王者改制作科”？“科”即条、目，指具体的统治规范。所谓“一统”，即“改制作科”在历法上的表现，也就是改正朔。每年十二个月，每月一种颜色，每种新的历法都依其相应正月的颜色（正色）而定，这叫做“正”。但“正”的更迭不是无限的，只能是从当下向以往逆推三次再回到原位。这就叫“三而复”，这样，“一统”就变成了“三统”，分别由当下和以往共三个王朝担当。这三个王朝之前的王者就被从先前的“三统”中排除出去，“绌”为“五帝”，而五帝的第一位，则绌为“九皇”，第二位上升为第一位，向后顺数到五为限，这就叫做“五而复”。礼乐各象其宜，顺数四而相复（详见下文）。皆作国号，迁宫邑，改官名，制礼作乐。揆诸历史，汤受命而王，根据天命把国号从夏变为商，以当白统；以夏为亲，以虞为故（即以虞、夏、商为“三代”）；绌唐尧为五帝，叫做“帝尧”；以神农为五帝之首，称“赤帝”；相应的，定都于下洛之

① 原文见《春秋繁露义证·三代改制质文》，184～185页。

阳，宰相叫尹，以《濩乐》为国乐，礼尚质。文王受命而王，把国号从殷变为周，以当赤统，以殷为亲，以夏为故（即以夏、商、周为三代）；绌虞舜为五帝，叫做帝舜；以轩辕为五帝之首，叫做“黄帝”；把神农推为九皇；相应的，定都于丰，相称宰，以《武乐》为国乐，礼尚文……《春秋》时当黑统，以鲁国为新王，绌夏为五帝，叫做帝禹；以周为亲，以宋（殷后）为故①（即以殷、周、鲁为三代，这就是后来何休概括的“一科三旨”的内容②），以《招武》为国乐……③

这段文字包含着重要的历史思想，基本思路是这样的：历史的动因是王者应天改制，新朝代要改变国号、官制、礼乐，对前两个朝代要由近及远亲之故之，三个朝代各顺时依次当黑白赤三色之一，这就是“三统”。再向前逆推，第四个王朝则由“三王”绌为“五帝”，称“帝某”，而五帝之首的“帝某”则推为“九皇”（“九皇”之首的古代帝王则归为“民”，是为“九而复”）。而向后顺推，每一新王朝莫不如此。总之，黑白赤三统持续更迭，相应地，“五帝”、“九皇”的某些特征也应该是循环的，这就是“五而复”、“九而复”。

三统说在《春秋》经文中能否找到证明呢？董仲舒给予了肯定的回答。据他说，按《春秋》之义，王者之后，应该书公。可事实上，杞国君主却只书伯、书子（按公羊之义，《春秋》制爵三等，公、侯之外，合伯子男为一等），这就是《春秋》绌夏，录其后以小国的明证，也就是“通三统”的明证。

董仲舒的这个历史发展观有怎样的根据呢？或者说，“统”变换的根据是什么？而且为什么是三呢？

根据以上所述，可知，三统转移的内在根据就在于“大一统”受命

---

① 《左传》僖公二十四年：“宋及楚平，宋成公如楚，还，入于郑，郑伯将享之，问礼于皇武子，对曰：‘宋，先代之后也，于周为客。天子有事，膰焉；有丧，拜焉。丰厚可也。’郑伯从之，享宋公有加，礼也。”如果这段记载属实，那么，《公羊传》的三统说就是有历史根据的。

② 据徐彦《公羊注疏》引何休《春秋文谥例》，见《春秋公羊传注疏》卷一，《十三经注疏》本，2195 页。

③ “今《春秋》缘鲁以言王义。”《春秋繁露义证·奉本》，279 页。

改制的根本大义上面。当然，三统之所以为三，则与三正相关。为什么是三正？这与天文、历法、节气、物候这些自然条件有关。所谓黑统，以建寅之月即立春所在之月为岁首。本月，植物萌发，根部呈黑色；按照天人相应的规则，以此月为岁首的王朝，举行重大礼仪时，礼器法物都要用黑色。所谓白统，即以建丑之月为岁首。此月，植物始发芽，根呈白色。以此月为岁首的王朝，礼器法物都要用白色。所谓赤统，即以建子之月即冬至所在之月为岁首。此月，植物始动，根呈赤色。以此月为岁首的王朝，礼器法物用赤色。三者各自的礼仪法度施政各随其统而有变化。从天文历法的角度说，以冬至月为岁首（即建子之月）最有根据，太阳回归年恰于此月终始。而从农业生产的角度说，以立春所在之月（即建寅之月）为岁首同样也有道理。因为从本月开始，中原地区开始进入春耕季节，这也意味着华夏人民一年的生活周期从这个月开始了。三正恰好在这两个月份之间。由此可见，三统说有实际的根据，这是一种理性的说明。

不过，在政治和自然两者之间，董仲舒当然更看重前者。他说："三统之变"是由"三代改正，必以三统天下"造成的。所谓"法天奉本，执端要以统天下，朝诸侯也。""其谓统三正者，曰：正者，正也，统致其气，万物皆应，而正统正，其余皆正，凡岁之要，在正月也。法正之道，正本而末应，正内而外应，动作举措，靡不变化随从，可谓法正也。"总之，由大一统到通三统，其内在契机就在于"王正月"。这是董仲舒认识到的原因。

除了上面所说的"三而复"、"五而复"、"九而复"以外，董仲舒还有"四而复"和"再而复"之说：

所谓"四而复"，即"王者以制，一商一夏，一质一文"，或者叫做"主天法商、主地法夏、主天法质、主地法文"。仔细核对文字，可知，"主天法商"与"主天法质"大同小异：例如：前者"其道佚阳，亲亲而多仁朴。故立嗣予子，笃母弟，妾以子贵。昏冠之礼，字子以父。别眇夫妇，对坐而食，丧礼别葬，祭礼先臊，夫妻昭穆别位。制爵三等，禄士二品。制郊宫明堂员，其屋高严侈员，惟祭器员。玉厚九分，白藻五丝，衣制大上，首服严员。鸾舆尊盖，法天列象，垂四鸾。乐载鼓，用锡舞，舞溢员。先毛血而后用声。正刑多隐，亲戚多讳。封禅于尚位。”后者只在“祭礼先嘉疏”、“制郊宫明堂内员外椭”、“其屋如倚靡员椭”、“祭器椭”、“玉厚七分”、“白藻三丝”、“衣长前衽”、“首服员转”、“乐桯鼓”、“用羽龠舞”、“舞溢椭”、“先用玉声而后烹”等琐屑的仪节上有很小的形制、数量差异以外，在治道、宗法、礼制、丧俗、祭祀、爵制、官职、刑法等大节上完全相同。“主地法文”与“主地法文”也是一样。比如，前者“其道进阴，尊尊而多义节。故立嗣与孙，笃世子，妾不以子称贵号。昏冠之礼，字子以母。别眇夫妇，同坐而食，丧礼合葬，祭礼先亨（烹），妇从夫为昭穆。制爵五等，禄士三品。制郊宫明堂方，其屋卑污方，祭器方。玉厚八分，白藻四丝，衣制大下，首服卑退。法地周象载，垂二鸾。乐设鼓，用纤施舞，舞溢方。先亨（烹）而后用声。正刑天法，封坛于下位。”后者也只是在“祭礼先秬鬯、制郊宫明堂内方外衡、其屋习而衡、祭器衡同、作秩机、玉厚六分、白藻三丝、衣长后衽、首服习而垂流、鸾舆卑、乐县鼓、用《万舞》、舞溢衡”等细节上有所差异外，重要的内容几乎全同。由此可见，所谓“四而复”几乎可用“再而复”来表现。

那么，“四而复”或“再而复”是怎样“复”的呢？

这里仍是用虞、夏、商、周四代历史予以说明。但却有一个重要观点，那就是：“四法如四时然，终而复始，穷则反本”。

仔细分析，可以发现，董仲舒阐明的这许多的“复”，是有所不同的，可大致分为两类：其一，以“改正朔，易服色”为标准，“三而复”、“五而复”、“九而复”……归入一类，形成相互连接的不同阶段，由今而古，直至无穷。其二，以阴阳、质文为标准，“四而复”、“再而复”归入一类。两者内部都是循环的，而且像四时那样，终而复始，穷则反本，从古至今，可贯穿各个历史阶段。以“三统”（“三而复”）为代表的前一种循环，与礼法制度关系密切，更多地表现了时代的宗法精神，相对来说更显出具体的历史色彩；而以“质文”（“再而复”）为代表的后一种循环，则表现了施政的精神气质，表现出一定的理论色彩。无论如何，它们在以下意义上可以统一起来：历史必将在王者改制的多重循环（复）中无限地发展（往）下去。正如董仲舒所言：“《春秋》大一统，天地之常经，古今之通谊（义）也。”（《汉书·董仲舒传》）“复”原于“大一统”，相应的，也就成了“天地之常经，古今之通谊”。

三、“《春秋》分十二世以为三等”与“内其国而外诸夏，内诸夏而外夷狄”①

——关于历史的横与纵

在董仲舒看来，《春秋》二百四十二年也是可以划分为阶段的。董仲舒有所谓“《春秋》分十二世以为三等”与“世逾近而言逾谨”之说，其中同样包含着重要的历史意义。

按《楚庄王》之文，《春秋》二百四十二年就被划分成三个阶段，“有见”三世，哀、定、昭，共六十一年；“有闻”四世，襄、成、文、宣，八十五年；“有传闻”五世，僖、闵、庄、桓、隐，九十六年。这就是何休所谓二科六旨的“张三世”的内容。

按何休的解释，所谓“有见”是说孔子本人与父亲生活的时代，“有闻”是孔子祖父的时代，“有传闻”是孔子的高祖曾祖时代。这是以孔子为标准，从后向前划分的。为什么要这样划分？原来是由书法也就是礼法决定的。

按公羊家法，在“所见”之世，《春秋》书法要“微其辞”。比如昭公二十五年（公元前517），鲁昭公借季氏与诸大夫内乱，欲除掉季平子，结果反被三桓赶走，流亡齐国。《春秋》书曰：“秋七月，上辛，大雩；季辛，又雩。”《公羊传》曰：“又雩者何？又雩者，聚众以逐季氏也。”按照《公羊传》的解释，所谓“又雩”就是《春秋》对这段公案的隐讳的书法。这一年，孔子三十五岁，当在鲁国（见《孔子世家》）。董仲舒认为，所谓“又雩”就是孔子以“微其辞”的书法记录这段公案的文字。为什么要

① 语出《春秋繁露》的《楚庄王》和《王道》篇。

"微其辞"?司马迁认为"孔氏著《春秋》,隐桓之间则章,至定哀之际则微,为其切当世之文而罔褒,忌讳之辞也。"(《史记·匈奴列传赞》)应该有所本。

在"所闻"之世,《春秋》书法要"痛其祸"。例如文公十八年(公元前609年,孔子出生前58年),鲁文公卒,嫡长公子赤(《左传》作"恶")即位,襄仲以齐为援,弑赤而立宣公。《春秋》书曰"冬十月,子卒。"不提弑君,也不标明具体日期,《公羊传》曰:"子卒者孰谓?谓子赤也。何以不日?隐之也。何隐尔?弑也。弑则何以不日?不忍言也。"董仲舒认为,之所以不忍书日,就是因为"痛其祸"。

在"传闻"之世,《春秋》书法要"杀其恩"。例如庄公三十二年(公元前662年,孔子出生前101年),庄公卒,太子般即位,被庆父指使圉人荦杀害。《春秋》书曰"冬十月乙未子般卒",虽同样隐讳被杀情节,但却明确记载了日期。董仲舒认为这就是"杀其恩"。据后来何休解释,"所见之世,臣子恩其君父尤厚,故多微辞是也。所闻之世,恩王父少杀……所传闻之世,恩高祖曾祖又少杀,故子赤卒不日,子般卒日是也。"①

董仲舒认为,《春秋》书法的这种"屈伸"、"详略"都是由亲情远近来决定的,这就叫做"与情俱也"。在这个标准下,以近的为近,远的为远,亲的为亲,疏的为疏,贵的为贵,贱的为贱,重的为重,轻的为轻,厚的为厚,薄的为薄,善的为善,恶的为恶,阳的为阳,阴的为阴,白的为白,黑的为黑,这就叫做"百物皆有合偶,偶之合之,仇之匹之",这样才叫做"善"。总之,根据这个道理,《春秋》必然是"世逾近而言逾谨矣"。

这段话包含着这样一个历史观念,即不同历史阶段之所以有相应不同的历史撰述,这是由血缘关系的远近亲疏决定的。其实,对于任何时代的人来说,都是时间近的亲近者多一些,关系也要复杂些,时间远的则亲近者相对较少些,关系也较为简单些。考虑到宗法关系的这个因素,那么在历史撰述中,远的就可以详细去写,近的反倒要简略。董仲舒所说的"世

① 《春秋公羊传注疏》桓二年注,见《十三经注疏》,2213页。

逾近而言逾谨矣”就属于这种情况。此外，这里似乎又透露出以下的思想倾向，即纵向的历史发展与横向的社会交往有着某种内在联系。这个道理在《春秋》天子诸侯的君臣大义上表现得更为明显。

例如《春秋繁露·王道》篇，先从《春秋》大义说起，天子祭天地，诸侯祭社稷，即土神谷神，祭祀山川也只限于本国境内，不得专封、专讨、专执，不得僭约天子之礼。接着又说到诸侯继嗣问题。最后说到目的是为了“亲近以来远”。结论是“内其国而外诸夏，内诸夏而外夷狄，言自近者始也”。这就是三科九旨的“异内外”的内容。这是从政治上强调了横向的关系。对诸侯而言，在本国与诸夏的关系上，先要“内其国而外诸夏”；而在诸夏与夷狄的关系上，则要“内诸夏而外夷狄”，如果再上升一步，就达到王道的境界，因为天地之间即天下天子唯大，“其国”、“诸夏”、“夷狄”都生活在天下，对于王者而言，天下为一，但此一并非单纯的一，无差别的一，而是一统，即是由“其国”到“诸夏”，由“诸夏”到“夷狄”，分层次、逐层外推而形成的一，是由多到一的一，是一与多的统一。远近的差别与其说是种族和血统上的，毋宁说是文化上的，所谓近者其实是华夏化的和文明化的，所谓远者其实是粗鄙和野蛮。这样由内而外、由近及远的横向的扩展，都是在时间的纵向延续中实现的，恰是文明和文化发展的历史样式。

四、“《春秋》无通辞，从变而移”[①]

——关于历史的变与常

《春秋》是断代编年，但在公羊家看来，其大义却不限于二百四十二年，即使是具体的史事，在书法上也是有例有义，所谓义例都可突破断代的局限，适用于一切历史的。而且，越是关乎核心的观念越是具有这种普遍性，直至成为万世大法。其中的道理何在呢？董仲舒有没有更为深入的思考呢？

---

① 语出《春秋繁露·竹林》，《精华》作：“《春秋》无达辞”，义同。

按《精华》篇，在董仲舒看来，《春秋》之所以能够“道往而明来”，有一个必要的前提，那就是“得一端而多连之，见一空而博贯之”。比如，看到鲁国如此，就会知道他国也如此，看到他国如此，就会知道天下莫不如此。这就叫做“连而贯之”。认为，有了这一条，就会知道，不论天下古今，无往而不如此。该篇以是否任用贤人来说明连而贯之的普遍道理。当然，“连而贯之”必须有一个前提，那就是人与人、国与国、“往古”与“来今”必须有所同，否则就不能“连而贯之”，就不能“明”。那么，有哪些东西是同的呢？同与异有何关系呢？

据《竹林》篇，董仲舒认为，《春秋》对待具体的某人、某国是“无通辞”且“从变而移”的。比如，“不予夷狄而予中国为礼”，这本是《春秋》的一条常辞。但这里的“夷狄”和“中国”却不是固定不变的。晋为中原霸主，曾肩负尊王攘夷、保卫华夏文化之重任；楚是“蛮夷”，长期作为中原敌人而存在。但《春秋》在记载邲之战时，却贬晋为夷狄，褒楚为君子，董仲舒把这叫做“移其辞以从其事”。为什么呢？这是因为楚庄王舍郑，有可贵之美，晋人却不知其善，而欲击之。所救已解，却还要与楚交战，这叫做“无善善之心，而轻救民之意”，所以《春秋》批评晋国。可见，决定《春秋》褒贬的根本的东西是民，是爱民、重民，是任德不任力的仁爱之心，这就是《春秋》大义，就是常。这样，《春秋》在辞的后面，又有了一层更根本的东西，董仲舒把它叫做“指”，相当于今天所谓的“意义”。同理，对待战争，《春秋》批评诈战，表扬偏战，但比之不战，则又批评偏战。相对于他者而有相应的本质，故一事会有多重本质。理论的辩证性和深刻性，于此可见一斑矣。《春秋》以爱人为“指”，所以“见其指者，不任其辞”，只有“不任其辞”，才“可与适道”。可见，在董仲舒看来，只有把握了“指”，才能适道，这种情况下就可不任其辞。这“指”其实就是爱民、重民的大道，大道是变化的，“指”也是变化的，因而《春秋》之辞，也就是可变的。以下几例，更能说明问题。

据宣公十五年《公羊传》所记，楚围宋，司马子反奉庄王之命前往宋城窥探军情，与宋华元相见后得知宋国军民饥馁，易子而食，析骸而炊，大为不忍，遂将楚军只有七日军粮的实情告诉华元，并促使郑楚和谈成功。董仲舒认为，按《春秋》常义，这叫人臣外交，犯了专政、擅名之忌，罪不容诛。可《春秋》却偏偏表扬了他。这是为什么呢？就是因为他有恻隐之心。批评者对此大为不解。董仲舒则认为，《春秋》之道本来有常有变，准以常义，子反的行为的确是不合适的，是一种变故。不过，这种变却合乎人情，合乎仁爱之本性，这是更深一层的大道，是更深一层的常。比之于礼文之常来，这毋宁是一种仁质之常，是更根本的东西，为了这种质，就无须拘泥于文。这就叫做“当仁不让”啊！因此董仲舒呼吁，不要以“平定之常义，疑变故之大则”（《春秋繁露义证·竹林》）。这是董氏经权思想的体现，它表明历史评价中不但要看是否符合常义（又作“经礼”），更要看是否符合质仁。两者相较，后者更为根本。董氏之所以对常与变有这样深的理解，还与他对宇宙人生的最终根据的思考相关，这在他的《春秋》学中同样有充分的表现。

董仲舒以为，《春秋》虽讲王者改制，但改的只是礼文，是形式，目的是表明受命于天，易姓更王，所谓定新都、更名号、改正朔、易服色，是因为不敢不遵从天的意志以自我张扬，表示对天的敬畏和遵从。至于大纲、人伦、道理、政治、教化、习俗、文义则一仍其故，是不能改变的，因为这些东西包含着一个最基本的精神，那就是仁爱之心。这才是真正的大道。正因为如此，《春秋》才有“善复古，讥易常，欲其法先王”的宗旨。其实，道及其代表的仁爱本性，是不可随意改变的终极之常；而礼这些社会规范只是仁爱本性在各个时代的某种表现，随着时世的变迁，它们可能会与道发生脱离甚至龃龉，因而是可以而且应该随时改变的（《春秋繁露义证·楚庄王》）。由此可见，董仲舒所谓的“王者有改制之名，无易道之实”，并不意味着他只主张做改良的表面文章，而不赞成实质上的社会变革，而是说，他既主张改制，更追求政治改革的仁爱本质，比起前者来，后者更重要，如此而已。

相信天志，很容易走向灾异说，古今中外大抵如此。《春秋》记录灾异，三传中往往是《公羊传》反映最为灵敏。董仲舒则做了更为系统的理论化工作（见《汉书·五行志》《春秋繁露·必仁且智》等）。他认为，仁爱乃上天所确立的古今不易之道，《春秋》“变古易常，而灾立至”（《顺命》）。这又从反面说明，天人之际、古今之变，要害就在仁义及其背后的天命或道上头。所谓天命或道，就是仁爱这个人类共同的本质。“天不变，道亦不变”，不论何时，只要还是这个天下，仁爱的本质就不能改变。

总之，在董仲舒看来，作为事实的历史有变有常：礼仪节文是可变的，仁爱的天道则是不可随意改变的。这与孔子三代损益的历史观念是一致的。作为记录的历史同样有变有常，但意义却看似相反：常指常义（或“经礼”），即常规的礼法，在通常情况下是应该遵守的；变指变故（或“应变”），即变通的做法，就是在某种特殊情况下有违常义但却合乎人性和天道的做法。前者表现了客观历史的变与常的统一，构成了历史发展的基本样式；后者虽以历史评价的面貌出现，实际上却更加深刻地揭示了一个道理：历史正是在对常义的突破中不断前进的。由此，人们似乎可以在变故中看出更根本的常道来，那就是仁爱的天道。这种主客统一意义上的历史观念又从更深层次上回复到变与常相统一的基本样式。这就是董仲舒对历史进步作出的更加意味深长的解说。

五、结语：董仲舒《春秋》学的通史精神

由以上四节可知，董仲舒的《春秋》学的确有与通史相关的理论思考。我们力图按照传统学术的路数走进去，作了一番解读。不过，在史学理论发展的历史上，究竟应该作出怎样的定性，看来还需借助更加精确的尺度。业师刘家和先生对中国古代通史传统的研究，就提供了非常有价值的尺度。

通过比较研究，刘先生发现，西方史学有普世史的传统，中国史学有通史的传统。他指出：“普世史固然必须以时间为经，但其重点却在共时性的普世的空间之纬；通史固然必须以空间为纬，但其重点却在历时性的时间之经。”通史的基本精神，就是时间上的连续性。再进一步，用司马迁的话说，就是“通古今之变”。所谓“通古今之变”，一方面是说“古今

有变而又相通”，表现出古今历时性纵向之通；另一方面，“纵向的历时性的发展与横向的共时性的变化是一而二，二而一的”；“古今纵向历时性之变，正是这些内外横向共时性之变的结果；而一切时代的横向的共时性的结构，又正是纵向的历时性发展的产物”。[①] 根据这个尺度，可以断定，董仲舒在他的《春秋》学中对断与续、复与往、横与纵、变与常之关系的辩证思考，恰恰体现了这样的通史精神。

回到具体的历史情境中，董仲舒《春秋》学所阐发的这种通史精神，究竟有怎样的历史意义（significance）呢？

意大利哲学家克罗齐（Benedetto Croce）有一句名言：“一切历史都是当代史。”它的意思是说，“只有对当下生活的兴趣才会促使人们去探索过去的事实”[②]。当代性乃所有历史的内在特质。[③] 所谓当代性（contemporaneity），即对当下生活的兴趣、思考、经验和理解。编年所缺的，恰恰是这种当代性。正是在这个意义上，克罗齐才说：“历史是活的编年，编年是死的历史。”不过，克罗齐仍相信，死的历史（即编年）也会复活，过去的历史（此处指编年）也会成为当下的历史，如今对于我们已成为编年的许多缄默的文件也会开口说话，但原则只有一个，那就是精神，只有精神才是历史，才是使历史在它存在的每一个阶段都成为历史的那个东西。[④]

从体例上看，《春秋》当然是编年之作，不过，当初却未必没有“当代性”，即“对当下生活的兴趣、思考、经验和理解”。也就是说，《春秋》曾经未必不是一部活的历史。但是到了后来，它毕竟书缺简脱，义例难通。古人曾有“断烂朝报”的聚讼，可见有“死的历史”之嫌。《公羊传》曾以某种时代精神对《春秋》作了解释，对于复活《春秋》的历史意义是

---

① 刘家和：《论通史》，载《史学史研究》2002（4），后收入《史学经学与思想——在世界史背景下对于中国古代历史文化的思考》，90～103页，北京，北京师范大学出版社，2005。

② Benedetto Croce, *History*: *Its Theory and Practice*, Authorized Translation by Douglas Ainslie, Harcourt: Brace and Company, 1923, p. 12.

③ Ibid., p. 14.

④ 只是大意，原文见上书，pp. 24-25。

有贡献的。但是，到了汉代，由于著述体例的限制，它对《春秋》的“当代性”的挖掘就显得不够了。只有到了董仲舒，才真正为《春秋》灌注了强大的通史精神，他的努力从总体上可以让《春秋》二百四十二年脱离“死的历史”的阴影，成为焕发着通史精神的“活的编年”。

有了这样的通史精神，西汉前期能够产生《史记》这样的通史巨著，当然就不是不可理解的了。

（原载《求是学刊》2010年第3期）

何休《公羊解诂》的历史哲学

一、引言：关于“历史哲学”

“历史哲学”是一个重要的学术概念，本文在什么意义上使用这个概念？在进入正题之前，有必要回答这个问题。

历史哲学（philosophy of history）原是一个西方术语，按照目前学术界通行的用法，既可指关于过去发生的历史的哲学思考。也可指对历史研究的哲学思考。西方学者一般把前者叫做“思辨的历史哲学”（speculative philosophy of history）。后者叫做“分析的或批判的历史哲学”（analytical or critical philosophy of history）。[①] 国内学术界一般倾向于称前者为历史理论，后者为史学理论。[②] 本文大体在前一种意义上使用这个概念。不过，在这个意义上，学术界仍有两种不同的理解。一种是广义的，即关于历史发展的一般陈述或哲学思考。另一种是狭义的，即认为：历史哲学是指关于“历史遵循某种理性模式，为实现某种计划或受某种普遍和必然规律所支配而发展”的整体观点；这种观念认为“人类历史朝着一个目标发展，这目标只能在历史之中并通过历史来实现”，“历史并非一系列的循环，而是朝着一个终极目标向前发展的过程”。[③] 本文是在后一种意义上使用这个概念。之所以这样做，是因为它可以比较鲜明地标示出研究对象的认识水

---

① 参见 Paul Edwards，ed.，The *Encyclopedia of Philosophy*，Volume 6，Philosophy of History 条，作者德雷（W. H. Dray），New York：Macmillan Publishing Compang，1972，p. 247。又见〔英〕沃尔什：《历史哲学导论》，何兆武、张文杰译，第1章，6～20页，桂林，广西师范大学出版社，2001。

② 何兆武：《历史理论与史学理论——近现代西方史学著作选·编者序言》，1页，北京，商务印书馆，1999。

③ Frederick Copleston，*A History of Philosophy*，Vol. 3，New York：Image Books，1960，pp. 150，151.

平和特点。

就西方学术传统而言，人类关于历史的某种思辨兴趣自古有之。例如，在古希腊，柏拉图（Plato，公元前428/427—前348）和亚里士多德（Aristotle，公元前384—前322）对城邦统治形式延续的途径就有了理性思考。不过，亚里士多德还认为，诗歌比历史更具有哲学意味，那是因为诗歌包含了更本质、更普遍的东西，而历史只涉及特殊和偶然的领域。在柏拉图和亚里士多德看来，真理只有在静止和永恒的存在中才能把握，而历史却是变动不居的，人们对历史无法产生知识，只能形成意见。这种实质主义思想（substantialism）具有反历史的倾向。①

罗马帝国后期基督教神学家奥古斯丁（St. Augustine，354—430）在他的名著《上帝之城》（*De civitate Dei*）中展开了关于历史的神学（哲学）论述。他认为，历史是上帝的意志和设计在人世间实现的进程，是在上帝安排下向着一个确定目标直线进步的过程。这就确立了历史发展的连续性的观念。历史是逐步实现神圣目的的过程，所以必然要分为不同阶段或时代。奥古斯丁把历史分为六个纪，每一纪都有一个划时代的关键事件。这种定向式的时间划分，表明历史发展的阶段性以及发展过程的中断与连续，曲折地反映了历史的合规则（规律）和合目的的统一。这种历史观念突破了循环论，与狭义的历史哲学的概念靠得更近了。不过，它认为历史的目的不在历史之中，而在历史之外，表现了神学特征。

历史哲学一词是在18世纪提出的。法国启蒙思想家伏尔泰（Voltaire，1694—1778）于1765年撰写了《历史哲学》一文，1769年其社会历史著作《论各国的立国精神和礼俗》（*An Essay on General History and on the Manners and Spirit of Nations from Charlemagne up to Our Days*，1756）再版时，把这篇文章作为第一篇。这篇文章本身哲学意味不浓。不过，在这本书中，伏尔泰则试图从世界各民族不同的观念和礼俗中寻找出同一性本质来，并由此推论出历史发展的普遍规律，这却是有哲学意

① 〔英〕柯林武德：《历史的观念》，何兆武、张文杰译，80页，北京，商务印书馆，1997。

义的。

意大利哲学家维柯（Giambattista Vico，1668—1744）于1725年初版《关于各民族共同性的新科学原理》（*Principi di una scienza nuova di Giam battista vico：d'intorno alla comune natura delle nazioni*）一书（简称《新科学》）。在书中，他明确指出："民政社会的世界确实是由人类创造出来的，所以它的原则必然要从我们自己的人类心灵各种变化中就可找到。……这个民政世界既然是由人类创造的，人类就应该希望能认识它。""这个民族世界既然是由人类创造的，就让我们来看一看在哪些制度上全人类都是一致赞同的而且向来就是一致赞同的。因为这些制度就会向我们提供一些普遍永恒的原则，根据这些原则，一切民族才被创建出来，而且现在还保持下去。"[①] 这一认识来自他的"真理和事实互相转化（verum et factum convertuntur）原则"，即："能够真正认识任何事物的条件、能够理解它而非仅仅知觉它的条件，乃是由认识者本人所应该做出来的。"或者说，"没有什么事物是能够被认识的，除非它已经被创造了出来，而且某一个已知的头脑是否能够认识它，还要取决于它是如何被创造的。"因此，"历史格外是人类头脑所创造的东西，所以是特别适于作为人类知识的一种对象。"[②] 在维柯看来，历史成为知识的对象，它是有规律的，是可以划分阶段的。第一阶段是"诸神时代"或称"家庭时代"，其中宗教、婚姻、葬俗最为重要；第二阶段是"英雄时代"，父家长（早期贵族）和平民的关系成为主要内容；第三阶段，"凡人时代"，以民主共和国为主要特征。这三个时代大概与希腊罗马鼎盛时期以前的历史相当。此后，又出现了相似的三个时代：基督教的兴起标志着新的"诸神时代"的来临；中世纪代表了新的"英雄时代"；17世纪——哲学家的世纪，则是更新了的"凡人时代"。[③] 并认为，三个时代这一模式的两次出现，形式上是循环的，可实际却是进步的，后面三个时代并非前面的简单重复，而是在更高层次

---

① 〔意〕维柯：《新科学》，朱光潜译，154页，北京，商务印书馆，1989。

② 《历史的观念》，109～110页。

③ 参见《新科学》之《本书的思想》：28页；第1卷，56、112页；第4、5卷，489～597页。

上的螺旋式进步。人类的需要推动历史的进步；历史是人创造的，充满着人类的想象、感觉和理性，是人性的展现，同时，这也是天神的意志，天意通过人的日常活动而非奇迹来实现，人们追逐自己的目标，整个文明才得以进步，看起来人是自由行动的主体，其实却是天意实现的工具。这种把历史的必然性归诸天意的思想，在西方哲学界和更早的古代中国可以找到很多例证，值得专门研究，容另撰专文详论。

综上所述，古希腊具有实质主义倾向的思想家否认历史规律的存在；中世纪的奥古斯丁虽然承认历史规律，但却受非历史的目的论所支配；伏尔泰高扬理性，却难免忽视历史的意义。这几家都无法纳入狭义历史哲学的范畴。只有维柯，认为历史是人类创造的、是有规律、分阶段的社会进步过程，这种思想合乎狭义历史哲学概念的基本内涵，所以学术界一般认为，西方历史哲学始于维柯。①

何休在古代中国历史思想的发展历程中占有重要的地位，我们之所以要选用狭义的历史哲学概念，目的正是为了借重这个概念的内在构成，准确把握何休历史思想的理论特点和历史地位。

二、“三世”说

据《后汉书·儒林列传》记载，何休（129—182），字邵公，东汉任城樊（今山东省济宁市东）人。为人质朴讷口，却雅有心思，精研六经，显名当世。应太傅陈藩征辟，参与政事，后遭党锢之祸，闭门覃思，十七年，完成《春秋公羊传解诂》（以下简称《公羊解诂》或《解诂》）。《公羊解诂》是何休的代表作，也是集公羊学之大成的著作。在书中，何休通过注解《公羊传》，特别是通过对春秋二百四十二年历史阶段的分析，阐述了对历史的看法，形成了系统的历史哲学思想，在中国古代史学思想和哲学史上，确立了重要地位。

何休的历史思想直接表现为“三世”说，该说系将“三科九旨”运用

① 《历史的观念》，译序，17页。

于历史领域的理论成果。

何休著《公羊解诂》，为《公羊传》制定义例，认为《春秋》的微言大义乃在于"三科九旨"、"五始"、"七等"、"六辅"、"二赞"等，其中"三科九旨"是核心。徐彦《公羊注疏》引何休《春秋文谥例》云：

> 三科九旨者，新周、故宋、以《春秋》当新王，此一科三旨也。又云所见异辞，所闻异辞，所传闻异辞，二科六旨也。又内其国而外诸夏，内诸夏而外夷狄，是三科九旨也。①

公羊家以为，"三科"是孔子作《春秋》遵循的"存三统"、"张三世"、"异内外"的三个原则。所谓"九旨"，是指三个原则及所包含的九个方面的要旨。其中"二科六旨"、"三科九旨"出自《公羊传》，"一科三旨"则是何休根据董仲舒"通三统"说提炼出来的。"三科九旨"是何休思想体系的基本框架，也是其历史理论的核心内容。何休不仅把《春秋》"义例"归纳为"三科九旨"，还把原来在《公羊传》中各自独立、彼此不相统属的重要义例创造性地熔为一炉，使它们相互发明、相得益彰，共同为其历史理论的建构奠定了坚实基础。他指出："《春秋》经传数万，指意无穷，状相需而举，相待而成。"(《公羊解诂》宣公十五年）徐彦疏："何氏之意，以为三科九旨正是一物。若总言之，谓之三科。科者，段也。若析而言之，谓之九旨。旨者，意也，言三个科段之内，有此九种之意。"(《春秋公羊传注疏》隐公元年)

在"三科九旨"中"张三世"又居于核心地位，何休几乎把《春秋》的所有"书法"原则全部纳入三世说的框架之中加以说明。三世说最集中地体现了何休的历史理论。

（一）三世说

三世说系对《公羊传》"所见异辞，所闻异辞，所传闻异辞"的阐发。《公羊传》三次提到"所见异辞，所闻异辞，所传闻异辞"。《春秋》

① 《春秋公羊传注疏》卷一，《十三经注疏》本，2195页，北京，中华书局，1980。

隐公元年："公子益师卒。"《公羊传》解释说："何以不日？远也。所见异辞，所闻异辞，所传闻异辞。"《春秋》桓公二年："三月，公会齐侯、陈侯、郑伯于稷，以成宋乱。"《公羊传》说："内大恶讳。此其目言之何？远也。所见异辞，所闻异辞，所传闻异辞。"《公羊传》哀公十四年："《春秋》何以始乎隐？祖之遗闻也。所见异辞，所闻异辞，所传闻异辞。"《公羊传》认为，孔子作《春秋》，所记二百四十二年的历史可分为"所见"（指孔子亲自见到）、"所闻"（指孔子听说）和"所传闻"（指孔子听前人传述）三个时段，各个时段的史事记载有所谓"异辞"（措词不同，或曰"书法"不同）。

西汉公羊学大师董仲舒发展了这个说法：

> 《春秋》分十二世（即十二公）以为三等：有见、有闻、有传闻。有见三世，有闻四世，有传闻五世。故哀、定、昭，君子之所见也。襄、成、文、宣，君子之所闻也。僖、闵、庄、桓、隐，君子之所传闻也。所见六十一年，所闻八十五年，所传闻九十六年。于所见微其辞，于所闻痛其祸，于传闻杀其恩，与情俱也。（《春秋繁露·楚庄王》）①

"三等"是指时间、书法、恩情有三个等级差别。在时间上，以孔子为起点，向前追溯，可以分为"有见"、"有闻"、"有传闻"三个时段；在书法上，对三个时段的史事记载依次有"微"、"痛"、"杀"三种表述；在恩情上，由近及远，有由亲到疏的变化。董仲舒把春秋十二公分置于三个时段，并统计了每一时段的具体时间，指出三个时段之所以"异辞"是根据时间远近、恩情薄厚决定的。不过，他没有明确提出"三世"的概念，更没有说明三个时段在春秋历史上的地位，他所关心的还只是"异辞"，并未涉及历史发展阶段问题。尽管如此，这些为何休三世说的提出，奠定了学术基础。

何休《公羊解诂》有多处论及三世说（见《公羊解诂》隐公元年、宣公

① 苏舆：《春秋繁露义证》卷一，钟哲点校，9～10页，北京，中华书局，1992。

十一年、昭公六年、昭公三十年、哀公十四年等），最有代表性的要数对隐公元年"所见异辞，所闻异辞，所传闻异辞"的阐释，现将全文逐录于下：

所见者，谓昭、定、哀，己与父时事也。所闻者，谓文、宣、成、襄，王父时事也。所传闻者，谓隐、桓、庄、闵、僖，高祖、曾祖时事也。异辞者，见恩有厚薄，义有深浅，时恩衰义缺，将将以理人伦，序人类，因制治乱之法。故于所见之世，恩已与父之臣尤深，大夫卒，有罪无罪皆日录之，"丙申，季孙隐如卒"是也。于所闻之世，王父之臣恩少杀，大夫卒，无罪者日录，有罪者不日，略之，"叔孙得臣卒"是也。于所传闻之世，高祖、曾祖之臣恩浅，大夫卒，有罪无罪皆不日，略之也，"公子益师、无骇卒"是也。于所传闻之世，见治起于衰乱之中，用心尚粗犷，故内其国而外诸夏，先详内而后治外。录大略小，内小恶书，外小恶不书。大国有大夫，小国略称人；内离会书，外离会不书是也。于所闻之世，见治升平，内诸夏而外夷狄，书外离会，小国有大夫。宣十一年秋"晋侯会狄于攒函"，襄二十三年"邾娄鼻我来奔"是也。至所见之世，著治大平，夷狄进至于爵，天下远近小大若一，用心尤深而详，故崇仁义，讥二名。晋魏曼多，仲孙何忌是也。所以三世者，礼，为父母三年，为祖父母期，为曾祖父母齐衰三月。立爱自亲始，故《春秋》据哀录隐，上治祖祢，所以二百四十二年者，取法十二公，天数备足，著治法式，又因周道始坏，绝于惠、隐之际。主所以卒大夫者，明君当隐痛之也。君敬臣则臣自重，君爱臣则臣自尽。公子者氏也，益师者名也，诸侯之子称公子，公子之子称公孙。①

由以上这番话可以看出何休的三世说对公羊学作出了重大贡献，特别是在历史思想上取得重要突破，具体言之，可以归纳为以下几点：

第一，在董仲舒的基础上，把作为《春秋》书法的异辞问题，发展为

① 《春秋公羊传注疏》卷一，《十三经注疏》本，2200页。

纯粹的历史思考，将春秋二百四十二年的历史划分为“所传闻世”、“所闻世”、“所见世”三个阶段，并正式命名为“三世”，甚至用“衰乱”、“升平”、“大平”来概括三世治乱的特点。

第二，详细说明了“三世”在统一局面、文明程度、国家以及“天下”治理等方面的不同。例如，“于所传闻之世，见治起于衰乱之中，用心尚粗觕，故内其国而外诸夏，先详内而后治外”；“于所闻之世，见治升平，内诸夏而外夷狄”；“至所见之世，著治太平，夷狄进至于爵，天下远近小大若一”。意思是说，衰乱世尚处在“内其国而外诸夏”阶段，未能达到统一局面；升平世推进到“内诸夏而外夷狄”阶段，中原地区得到统一；到太平世则达到空前的“天下”统一（即“王者无外”）的理想境界。特别需要指出的是：对于统一局面的推进，学者多从政治角度来谈，强调其中所包含的“天下”统一于“天子”、种族关系平等和睦诸含义，其实它还有在“中国”文化、文明这种先进文化、文明方面达成统一的含义。公羊学划分“夷狄”与“诸夏”的标准是文明程度而不是种族或血缘关系，“外夷狄”是因为“夷狄”未能在礼乐文化与文明方面华夏化，“夷狄进至于爵”是因为“夷狄”已经在礼乐文化与文明方面华夏化，所谓“天下远近小大若一”，是因为随着时代进步、文明程度提高，在先进的礼乐文化文明方面不论“诸夏”还是“夷狄”都没有区别了，达成了统一。由于“夷狄”在先进的华夏礼乐文化文明方面得到提升而达到平等的程度，“夷狄”与“诸夏”的差别消除，自然不必再“外夷狄”了。

第三，通过对“三世”的描述，特别是“把理想的太平世放在现代而不是托诸上古”[①]，生动地表明“衰乱”世、“升平”世、“太平”世各自在历史中的地位，表明“三世”是三个不同而又前后递进的历史发展阶段，一世比一世治，一世比一世王化更普及，一世比一世道德境界更高，一世比一世统一与民族融合程度更发展，从而使春秋二百四十二年的历史呈现为一种阶段性发展的进步过程。

第四，《公羊传》的“所见”、“所闻”、“所传闻”是从后向前不断外

---

① 杨向奎：《大一统与儒家思想》，98页，北京，中国友谊出版公司，1989。

推的三个阶段，尚属于《春秋》书法范畴，体现了儒家仁爱的伦理层次。上述引文中前一段关于“异辞”的解说即属于这个范畴。而接下来三世说所描述的春秋二百四十二年历史，在时间上则是从前向后，即从“所传闻之世”开始，经“所闻之世”至“所见之世”，是发展的，进步的；在空间上是由内向外，即从“内其国而外诸夏”，经“内诸夏而外夷狄”直至“夷狄进至于爵，天下远近小大若一”，时空合一，体现了向理想目标发展进步的趋势。

不过，仔细分析起来，又会发现，何休三世说虽然以春秋史事作立论的凭依，可又不限于春秋二百四十二年的历史，实际上是为人类历史提供了一个缩小了的模型。何休三世说的内容是可以放大的。比如，何休所谓的“天下远近小大若一”不但在春秋时期无法实现，就是在他本人生活的汉朝，也是达不到的，因为不要说汉朝内部尚未达到“远近若一”，即使达到了，汉朝也还远算不上是“天下”。由此可见，何休在《春秋》中发现的这个历史模型是可以随着时间的变迁和空间眼界的扩大而不断展开的。杨向奎先生曾经说过，何休所阐发的《春秋》二百四十二年的“三世”，其实只是“小三世”，是整个人类历史的“大三世”的模型。何休把从春秋历史中寻找到的这个模型，放大为整个人类社会历史发展的三个阶段（规律）。① 从何休的三世说可以看出，人类历史，在时间上是不断进步的三个阶段，在空间上是不断扩展的三个层次，最终走向“太平世”，即时空结合的，连续性与统一性高度同一的理想境界或目标。

（二）理论上的悖论

何休把春秋二百四十二年看做由“衰乱”而“升平”而“太平”的过程，这与人们根据传统直观到的历史事实不相符合，特别是以昭定哀三公时期当太平之世更是如此。《论语·季氏》记载：“孔子曰：天下有道，则礼乐征伐自天子出；天下无道，则礼乐征伐自诸侯出。自诸侯出，盖十世希不失矣；自大夫出，五世希不失矣。陪臣执国命，三世希不失矣。天下有道，则政不在大夫。天下有道，则庶人不议。”又记载孔子评论鲁国说：“禄之去公

① 杨向奎：《大一统与儒家思想》，100页，北京，中国友谊出版公司，1989。

室，五世矣。政逮于大夫，四世矣。故夫三桓之子孙微矣。”孔子所描述的鲁国及他国的礼乐征发自诸侯出、自大夫出的现象是客观事实。依照孔子的说法，春秋不是越来越太平，而是愈来愈乱。因此刘逢禄《春秋公羊经何氏释例·张三世例》把这种现象概括为“世愈乱而《春秋》之文益治”、“鲁愈微而《春秋》之化益广”①。何休自己也说：“《春秋》定、哀之间文致太平。”（《公羊解诂·定公六年》）这样就给人一种《春秋》直接与历史相违戾的印象。因此公羊学的此类言论被认为背离历史，成了“非常异义可怪之论”，也就是被认为是缺乏真实历史基础的奇谈怪论。我们认为，对于问题的观察不应该停留在这一点上，而应该对历史客观过程作进一步的分析，从而考察其中是否有在深层上与何休三世说相应之处。

首先，孔子所说的政权由天子而诸侯而大夫逐级下移是事实，不过，是否足以说明春秋历史发展的总趋势是越来越乱、每下愈况了呢？看来问题不能简单地肯定或者否定。孔子是从“礼乐征发”是否由“天子出”的角度提出问题的，自然会得出那样的结论。因为从夏商到西周，“天子”一直是“天下”一统与有序的象征，政权由天子而逐级下移自然意味着一统与有序被破坏，秩序越来越乱。孔子之说是有理由的。问题在于：单纯由此考察春秋历史，让人觉得历史到春秋时期就完全绝望了，可是历史显然并非如此。

从经济方面看，春秋是大发展时期。考古发现表明，春秋时期不但青铜冶炼技术得到发展，而且发明了冶铁技术。由于铁器的使用，促进了经济的发展。正是与经济发展相应，不少诸侯国得以兴起。考古界对各诸侯国城市遗址所作勘探发掘的结果，就可以证明。②

从政治上看，春秋时期既是一种统一、秩序的解体，又是高一个层次的统一、秩序的开始。从周王室日趋衰微、周天子政令不行看，春秋确是在走向分裂。可是从由诸侯国林立逐渐走向战国七雄来看，从一些诸侯国

① 刘逢禄：《春秋公羊经何氏释例》，见《清经解》，第7册，371页，上海，上海书店出版社，1988。

② 参阅中国社会科学院考古研究所：《新中国的考古发现和研究》，334～339页，270～278页，北京，文物出版社，1984。

开始实行郡县制度来看，又是政权从分散而走向集中。顾栋高《春秋大事表·春秋列国爵姓及存灭表序》已经看出，周王朝的衰落既是一种统一的解体，同时又是为另一种更高层次的统一作准备，甚至是新的更高层次的一种统一的开始。将西周（实行分封制）在诸侯国林立基础上的统一与秦汉以来各王朝（实行郡县制）在中央集权制基础上的统一相比，不难看出前者的统一具有很大的表面性，在层次上低一级。

从族群交往、文化融合看，春秋时期是一个空前进展的阶段。楚国、吴国等已不再是“夷狄”。近年在楚国故地出土了许多器物和文献，说明春秋时期（特别是后期）的楚国在掌握华夏文化、儒家文化方面达到较高水平。吴国的季扎不但很熟悉中原各国的历史（《左传·襄公十四年》），而且从他对鲁国所奏乐歌的准确而深透的评论（《左传·襄公二十九年》）、结交叔向等不少一流的博雅君子来看，其礼乐文化修养不比华夏人物差。由此可见，何休三世说虽有夸大处（“天下远近小大若一”，今天的世界上也达不到），却并非是完全没有历史事实为依据的无稽之谈，而是有其相当切实的历史基础的。如果在孔子那时还看不清楚，那么汉代公羊学家回顾从春秋到秦汉的一统的历史时，就不难看出春秋时代历史变化的真正意义了。这样看来，何休的一些“非常异义可怪之论”中原来包含着孤明卓识。

其次，何休历史理论中确实还有一些似是而非或似非而是的说法。例如，上文提到的“实与而文不与”，承认历史进步又表彰“善复古”、反对变古易常等。杨向奎先生就曾指出何休思想中的某些自相矛盾：“他也称赞‘善复古’。但是在他们的理论中又以古代为乱世，古代为乱世而复古，其义何为？公羊学派的历史理论于此自相矛盾而不能自圆其说。”① 《公羊解诂》中关于何休赞同与主张“复古”、反对变古易常的例证有不少。《春秋》僖公二十年记载：“春新作南门。”《公羊传》解释说：“讥。何讥尔？门有古常也。”《解诂》注释说：“恶奢泰，不奉古制常法。”《春秋·宣公十五年》记载：“秋，初税亩。冬，蝝生。”《公羊传》解释说：“初者何？

① 杨向奎：《大一统与儒家思想》，98页，北京，中国友谊出版公司，1989。

始也。税亩者何？履亩而税也。初税亩何以书？讥。何讥尔？讥始履亩而税也。何讥乎始履亩而税？古者，什一而籍。古者曷为什一而籍？什一者，天下之中正也。多什一，大桀小桀；寡乎什一，大貉小貉。什一者，天下之中正也，什一行而颂声作矣。……蝝生不书，此何以书？幸之也。幸之者何？犹曰受之云尔。受之云尔者何？上变古易常，应是而有天灾。”何休《公羊解诂》注释说：“应是变古易常而有天灾。”《春秋》昭公五年记载：“春，王正月，舍中军。”《公羊传》解释说：“舍中军者何？复古也。”《解诂》注释说：“善复古也。”其他还有反对鲁国“作丘甲”（《解诂》成公元年）、反对鲁国“作三军”（《解诂》襄公十一年）等事例。

怎样看待这些问题呢？首先何休的理想是太平世，对未来有信心，没有像道家那样主张人类社会回到原初状态去，只是赞成、倡导在一些具体制度、规范上的“复古”，并不构成在整个历史走向上的倒退。其次，中外古今打着复古旗帜而行变革之实的事例是相当多的，欧洲“文艺复兴”就是一个很典型的例子。因此，问题的关键在于所反对的到底是什么样的“变”，而要“复”的又是什么样的“古”。例如对“初税亩”的态度，尽管公羊学家对“初税亩”的历史情况未必清楚（今天学者们对此问题也难说有一致的定论），但是有一点很清楚，就是他们认为“税亩”制度与原有的“什一之制”相比，会加重人民的赋税负担，因而加以反对。由于春秋时期的许多变化（包括战国时期的变化）都具有加重人民负担与痛苦的一面，所以儒家学者的反对变古往往与此有关。我们如此说，并非要否认何休与儒家有保守的一面，而是说对何休的复古之说不能不加具体分析就一概笼统地斥为反对历史的进步。历史发展进步本身的情况是复杂的，充满内在矛盾。一方面是前进，一方面又是倒退；一方面是一统和秩序的破坏，一方面又是一种一统和秩序的建立；一方面是社会历史的进步，一方面又是传统道德、甚至于是传统美德的衰失。更值得注意的则是在古代往往是“恶”成为推动历史进步的动力。而且，春秋战国时期，正是社会大变革时期，破与立、是与非、善与恶、前进与后退复杂地交织在一起。这一点古代中国的老子早就看到了，而且有很深刻很精彩的描述。对此，现代学者或称之为“吊诡”，或称之为“历史的悖论”。正是“历史的悖论”

造成了何休的“史学的悖论”。换言之，何休历史哲学中的悖论也有历史的悖论为基础，不应简单地斥之为倒退论者。①

（三）“历史循环论”的突破

我们知道，在三世说出现之前，“五德终始说”和“三统说”甚为流行，历来被认为是所谓“历史循环论”。战国后期，邹衍用五行相胜来解释朝代更替，把历史的发展说成是“五德转移”的结果，这就是所谓“五德终始说”，其大意见于《吕氏春秋·应同》：

> 凡帝王之将兴也，天必先见祥乎下民（高诱注：“祥，征应也。”），黄帝之时，天先见大螾大蝼，黄帝曰：“土气胜。”土气胜，故其色尚黄，其事则土。及禹之时，天先见草木秋冬不杀，禹曰：“木气胜。”木气胜，故其色尚青，其事则木。及汤之时，天先见金刃生于水，汤曰：“金气胜。”金气胜，故其色尚白，其事则金。及文王之时，天先见火赤乌衔丹书集于周社，文王曰：“火气胜。”火气胜，故其色尚赤，其事则火。代火者必将水，天且先见水气胜，水气胜，故其色尚黑，其事则水。水气至而不知，数备将徙于土。

五德终始说认为，各个朝代按土、木、金、火、水“五德”，根据木克土代土、金克木代木、火克金代金、水克火代火、土克水代水的“五行相胜”原则依次相替代，据所知的历史，始于以土德而王的黄帝，终于以水德而王的帝王。水德之后又是以土德而王的帝王，进入新的一轮循环。

西汉中后期又出现用“五行相生”原则解释朝代更替的新的五德终始说。刘歆《世经》说：太昊氏（炮羲氏）“为百王先，首德始于木”；炎帝（神农氏）“以火承木”；黄帝（轩辕氏），“火生土，故为土德”；少昊帝（金天氏），“土生金，故为金德”；颛顼帝（高阳氏），“金生水，故为水德”；虞舜帝（有虞氏），“火生土，故为土德”；禹（夏后氏），“土生金，故

① 参见刘家和：《史学的悖论与历史的悖论——试对汉代〈春秋〉公羊学中的矛盾作一种解释》，原载《庆祝杨向奎先生教研六十周年文集》，收入刘家和：《史学、经学与思想》，北京，北京师范大学出版社，2005。

为金德”；汤，“金生水，故为水德”；周武王，“水生木，故为木德”；“汉高祖皇帝，著纪，伐秦继周。木生火，故为火德”（《汉书·律历志》）。此说提出后，在思想界几乎占了统治地位，在中国历史上长期流行，影响甚巨。

“三统说”又称“三正说”，产生于西汉。《尚书大传·略说》就有记载。董仲舒更在《春秋繁露·三代改制质文》中结合历法、天象、物候推衍出一整套“三统论”。他认为，夏为黑统，商为白统，周为赤统。继赤统者又为黑统，三统重新循环下去。三统说的基本含义是把朝代更替归之于黑统、白统、赤统三个统的循环变易。它认为，历史上每一朝代都有专属于自己的受之于天的“统”。如果承“统”者违天命逆人心，暴虐无道，则会被另一个“承天应命”的朝代取替。继起的承“统”者必须依照所得之“统”的一些定制或要求进行“改制”，如“徙居处，更称号，改正朔、易服色”等，以表示“顺天志而明自显”。在“三统”循环过程中，社会风尚也要发生“一质一文”的循环变化。“王者以制，一质一文”，“终而复始，穷则反本”。如，夏代为黑统，尚文；殷代为白统，尚质；周代为赤统，尚文。汉朝继周而起，复归黑统，应当尚质（《春秋繁露义证·三代改制质文》）。

事实上，“五德终始说”和“三统说”是利用自然现象比附现实政治，具有一定的神秘性，其主要目的是为王朝更替和统治提供合法根据，至多主张在施政措施的某些方面对从前某个王朝有所效仿，它们不能也无意于决定全部历史的循环。历史上五德和三统的运转并未表现出整个历史或历史主体部分的循环。比如，按五德终始说，黄帝土德，后世以土德王的不会再是黄帝了，不仅如此，事实上也不可能重演黄帝时代的全部历史或历史的主体部分了（在经济、社会生活等领域更是如此）。三统说也是这样。夏朝当黑统，尚文，后一个当黑统的也不会再是夏朝了，而且连是否尚文也不能肯定，更何谈重复夏朝的全部历史或历史的主体内容呢？可见，三统说的封闭性在董仲舒自己这里就已经被突破了。如前所述，在维柯的历史观中，“诸神”、“英雄”和“凡人”三个时代依次出现并且运转了两个循环，可实际上后面三个时代并不是前面历史的重复（事实上也是无法重复的），学者并未把他算做完全意义上的循环论者。同样，我们也不必把五德终始说和三统说硬派为循环论者。不过，五德终始说和三统说用于说明历史，主张政治和文化的某个（如德运或三正）或某些（施政原则和措施）因素在历史上依次重复，这毕竟会给循环论留下一个缺口。何休的三世说认为人类社会由衰乱而升平，由升平而太平，呈阶段性进步的态势。在此基础上，历史成为向着一个确定的理想目标（或曰境界）直线进步的过程，相对于五德终始说和三统说来，毫无疑问表现了理论的彻底性，自然是一次意义深远的突破。当然，对于三统说，何休也是有所继承的。① 不过，他的三统说主张“新周、故宋、以《春秋》当新王”（前引《春秋文谥例》的一科三旨），就是说，三统是随着历史的进步而向前移动的，到了春秋时期，孔子要以《春秋》当新王，所以要“黜夏”②。在何氏看来，三统循环，但历史是不能循环的。当然，三统说是当时儒家的学术传统，作为经学家，他是没有办法彻底摆脱的。

三、“一统”论

何休《公羊解诂》的“一统”说是在《公羊传》“大一统”说的基础上发挥引申而成的。

《春秋》开篇云：“隐公元年，春，王正月。”三传中，唯独《公羊传》作了细致的解释，云：“元年者何？君之始年也。春者何？岁之始也。王者孰谓？谓文王也。曷为先言王而后言正月？王正月也。何言乎王正月？大一统也。”首先，“大一统”的“大”，在这里不是形容词，而是动词。按《公羊传》文例，凡言“大”什么者，都是以什么为重大的意思。如隐公七年传中两次言“大之也”，都是“以此为大事”的意思。又例如《荀子·性恶》“大齐信焉而轻财货”，杨倞注：“大，重也。”③ 所以，这里传文“大一统也”，意思是说，所以书为“王正月”，是因为以“一统”为重

---

① 蒋庆：《公羊学引论》，（第5章，公羊学的基本思想（下），2.《春秋》经传何注中的通三统思想），298～302页，沈阳，辽宁教育出版社，1995。

② 庄公二十七年、宣公十六年等何注皆有“黜杞”。

③ 《荀子集解·性恶》，见《诸子集成》，第2册，298页，上海，上海古籍出版社，1986。

为大的缘故。其次，关于“统”。汉儒许慎作《说文解字》，对“统”的解释是：“统，纪也。”段玉裁注云：“《淮南·泰族训》曰：茧之性为丝。然非得女工煮以热汤，而抽其统纪，则不能成丝。按此其本义也。引申为凡纲纪之称。……《公羊传》大一统也。何注：统，始也。”《说文》云：“纪，别丝也。”段注云：“别丝，各本作丝别。《棫朴》正义引：纪，别丝也。又云：纪者，别理丝缕。今依以正。别丝者，一丝必有其首，别之是为纪；众丝皆得其首，是为统。统与纪，义互相足也，故许不析言之。”① 这就是说，纪是一根丝的头，找到丝头，这根丝就能理好；统是许多根丝的头，把这许多根丝的头抓到一起，这一团丝也就能理出头绪来了。所以，如果就其为“头”的词义来说，“统”和“纪”可以无别；但是析而言之，只有“统”才有一的问题，而纪则不存在这个问题，因为它本身就是一。所以，这个“一统”不是化多（多不复存在）为一，而是合多（多仍旧在）为一；它可作为动词（相当于英文之 to unite），也可作为名词（相当于英文之 Unity），就此而言，词义的重心在“一”。但此“一”又非简单地合多为一，而是要从“头”、从始或从根就合多为一。只有看出这后一点意思，才确切地把握了《公羊传》的“一统”的本义。而这样的“一统”，要从西文里找出与之完全相对应的词，看来就很困难了（按西文中的“一统”，如 Unity，die Einheit 等等，其词根皆源于“一”，而与“统”略无关系）。中国人的“一统”观念，自有其历史的特色，是非常值得我们研究的②。

西汉公羊学大师董仲舒把“大一统”与“通三统”结合而有“通三统为一统”说，何休则致力于董仲舒未充分发挥的“张三世”与“异内外”以及二者内在关系的阐发。也就是说，何休《公羊解诂》则进一步把“大一统”说与“通三统”、“张三世”、“异内外”结合起来，也即与“三科九旨”体系紧密地联系起来，因而更具有历史哲学的意味。

上文说过，何休的三世说是从《公羊传》“所见异辞，所闻异辞，所

---

① 段玉裁：《说文解字注》，645、647 页，上海，上海古籍出版社，1988。

② 参见刘家和：《论汉代春秋公羊学的大一统思想》，载《史学理论研究》，1995 (2)。

传闻异辞”引申而来。《公羊传》这段传文出现三次，都是谈鲁国内部的事情，与“异内外”无关。如果不消除“内外”之异，“天下”就不会由分裂而统一、由衰乱世而渐进至太平。因此，何休主张把“张三世”与“异内外”结合起来。在他看来，经、传对不同时期的“内外”也有“异辞”。例如，《春秋》隐公二年记载：“公会戎于潜。”《公羊解诂》注释说：“所传闻之世，外离会不书，书内离会者，《春秋》王鲁，明当先自详正，躬自厚而薄责于人，故略外也。”公羊家以为两国间的私会为离会，应该贬斥，但批评要从自己开始。所以在所传闻世只批评本国的内离会而不批评外国的离会。那么，是否有例外呢？《春秋》桓公五年记载：“齐侯、郑伯如纪。”《公羊传》说：“外相如不书，此何以书？离，不言会。”《公羊解诂》注释说：“《春秋》始录内小恶，书内离会；略外小恶，不书外离会。至所闻世，著治升平，内诸夏而详录之，乃书外离会。嫌外离会常（陈立以为，字当作‘当’，可取）书，故变文见意，以别嫌明疑。”齐、郑之君离会于纪，在所传闻世，本不当书；这里书了，可是不书为会而书为“如”，就是为避嫌疑。这样，他就从本国与诸夏的内外中看到了不同时期的“异辞”。《春秋》成公十五年记载：“冬，十一月，叔孙侨如会晋士燮、齐高无咎、宋华元、卫孙林父、郑公子鳅、邾娄人，会吴于钟离。”《公羊传》说：“为外也？《春秋》内其国而外诸夏，内诸夏而外夷狄。”《公羊解诂》注释说：“吴似夷狄差醇，而适见于可殊之世，故独殊吴。”如果吴在《春秋》的所传闻世出现，那时还外诸夏，就谈不到殊吴。吴恰好出现于传闻世，正是外夷狄的时候，所以就要殊了。这样，他就又从诸夏与夷狄的内外中看到了不同时期的“异辞”。何休从经、传的文字中看出了时间中的先后阶段与空间中的内外层次之间的函数关系。这不能不说是一种特识，因为他把空间中的一统理解为时间中历史发展的趋势或结果。如果说董仲舒的“通三统为一统”的“一统”论中间已经有了时间与空间中的两重因素的结合，那么其结合还是思辨的，何休却是把这种结合引进了历史的思考之中。

如果再作进一步分析，可以看出，何休的以“张三世”与“异内外”相结合的大一统说，还有其深刻的儒家伦理、政治思想的内涵。从伦理的角度说，三世之别与内外之别，都在其所爱程度之别。儒家之仁爱自近而及远，推己以及人；三世与内外之差别，不过在一为时间之远近、一为空间之远近而已。所以，自儒家之仁学原则观之，二者自然是可以重合的。空间中的大一统如何才能在时间的进程中实现？不能靠武力或其他东西，而只能靠仁心与仁政之不断地外推。从政治的角度说，儒家以为必正己方能正人。《公羊传》成公十五年说："王者欲一乎天下，为以外内言之？言自近者始也。"《公羊解诂》注释说："明当先正京师，乃正诸夏；诸夏正，乃正夷狄。以渐治之。叶公问政于孔子。孔子曰：'近者悦，远者来。'季康子问政于孔子。孔子曰：'政者，正也。子帅以正，孰敢不正？'是也。"所以，何休的大一统说也就是儒家正己以正人的主张的不断外推。

按照何休以上的"一统"论，能实现"一统"的王者必须是能推己以及人、正己而正人的仁者，否则不能成就一统的事业。"一统"在历史中是不断发展的，而王者却不是万世一系的。甚至于尽管"一统"的起点通常是"中国"，然后由"中国"而"诸夏"，由"诸夏"而"夷狄"。但是，这一次序也不是绝对的。一个国家是"夷"还是"夏"，在《公羊传》及何休《公羊解诂》中并非以种族或者血缘来分辨，而是要看它的实际行为。例如，《春秋》昭公四年记载："夏，楚子、蔡侯、陈侯、郑伯、许男、徐子、滕子、顿子、胡子、沈子、小邾娄子、宋世子佐、淮夷会于申。"《公羊解诂》注释说："不殊淮夷者，楚子主会行义，故君子不殊其类。所以顺楚而病中国。"因为这一次大会是为了合力讨齐逆臣庆封；诸夏不能讨而楚讨之，故顺楚而病中国。又如，《春秋》昭公十二年记载："晋伐鲜虞。"《公羊解诂》注释说："谓之晋者，中国以无义故，为夷狄所强。今楚行诈灭陈、蔡，诸夏惧然去而与晋会于屈银。不因以大绥诸侯，先之以博爱，而先伐同姓，从亲亲起，欲以立威行霸。故狄之。"在一般情况下，楚为"夷狄"，晋为"诸夏"。可是当楚能行"诸夏"所不能行之义时，公羊学家就"顺楚而病中国"；当晋不能绥"诸夏"而反伐同姓时，公羊学家就以晋为"夷狄"了。总之，中国与夷狄并无截然的界限，其标准就是要看其行为是否合乎"义"。因此，何休的"一统"论并不以种族、血缘原则为依据，而是以儒家之“义”为取舍。这正是孟子所说的“不嗜杀人者能一之”（《孟子·梁惠王上》）思想的发挥。因为能承担“一统”之责的不必是某国、某王，所以在“一统”发展的进程中可以有中心的转移，也可以有王朝的更替；中心转移、王朝更替，而一统之趋势不变。这样一来何休又把“通三统”与“张三世”、“异内外”结合起来。由于何休“大一统”说把“三科九旨”结合为一加以论述，所以比起董仲舒“通三统为一统”来，使“大一统”说发展到了一个更高的阶段。①

何休的“一统”论，不仅对“一统”在空间中的拓展、在时间上的延续进行了探索，对“一统”在空间中的统一性和普遍性，在时间上的连续性和统一性进行了阐发，而且还注意到空间的一统与时间的一统的内在关系，把“一统”在空间中的拓展与在时间中的延续结合为一，把“一统”的基本原因或前提理解为儒家的仁学原则的实行以及由之而来的不同族群的华夏化。这样，使“一统”的时间上的纵通与空间上的横通相结合，形成了“一统”的连续性与统一性的高度统一，何休历史思想因此而达到了相当的理论高度。

四、余论：理性特点

根据以上所论，可以看出，何休的历史模型中没有神秘的决定力量，他对历史的看法是一种活泼泼的理性思考。进一步分析，又会发现，何休历史思想的理性精神系三个重要因素融合而成的，标志着古代中国人对历史进行反省的新的阶段。

其一，历史理性。② 何休历史哲学从总体上说是历史理性的，其三世说和一统论对历史发展阶段、历史朝着一个理想目标进步过程、历史在空

① 参见刘家和：《论汉代春秋公羊学的大一统思想》，载《史学理论研究》，1995 (2)。

② 这里的历史理性，简单说来，是指探究历史过程的所以然或道理。关于历史理性的定义，可参见刘家和：《论历史理性在古代中国的发生》，载《史学理论研究》，2003 (2)。

间上延展和时间上延续相统一的探索，对历史进步的内容和实质以及历史前进的内在根据的探索，都表现了探究历史过程的所以然或道理的意义。这个历史理性的成果，在古代中国历史理性发生的过程中，占有重要地位。我们知道，殷周之际中国古代历史理性发轫。周公发现，作为历史发展的重要表现形式的王朝更替，原因在于天命的变革，而天命变革的根据则在于统治者是否有德，有德无德，要看民心的向背；说到底，历史发展最终取决于人心向背。在这种闪烁着人文主义精神曙光的道理中，显示出历史理性（历史进步）与道德理性（民心向背）的最初统一。春秋战国时期儒家仍然秉持周公的这一理念。道法两家则不断地排除历史理性中的道德因素。阴阳五行家则为历史变化寻找自然的征验和根据，于是历史理性又趋向与自然理性相结合。以秦始皇为代表的政治势力在道、法、阴阳家历史思想中找到了加强集权、促进统一的思想资源。汉代取得天下，又对历史理性进行了新的探究，以历史理性与道德理性相结合的传统为主干，同时借用自然理性的成果，并努力使三者结合起来。在这个过程中，不论是历史理性，还是道德理性和自然理性，还是三者的结合方式，都得到了进一步发展。董仲舒的"三统说"就是一个典型。它的主要内容是：以"三统"取代"五德"，以"忠、敬、文"取代"土、木、金、火、水"；三统相续是生长过程的延续，不是后者战胜或者消灭前者，后起王朝，不是为了克服或者制胜前者，而是为了"救弊"。"三统说"的道德理性和自然理性基本上是某种外在附加的东西。两汉之际"五行相生"为原则的"五德终始"也是如此。[①] 历史理性、道德理性和自然理性三者还是简单的相加，尚处在相互外在的状态下，远未能融合为一体。只有到了何休，这个情况才得以根本改观。

其二，道德理性。在何休《公羊解诂》中，历史理性的展开同时就是道德理性的展开。首先，历史发展、王道实现同时也是道德境界的臻至。在何休眼里，所谓"衰乱"、"升平"、"太平"，既是就国家的治乱兴衰而言的，又是就社会的道德水准而言的，所谓"太平"世是历史发展的最为

① 参见刘家和：《论历史理性在古代中国的发生》，载《史学理论研究》，2004（2）。

美好的境界，它意味着“拨乱功成”，是“人事浃，王道备”。所谓“王道”，在儒家看来，还可以分析为二，一是“天下”统一于“王”（天子），二是仁政德化。两者的内在关系是，王道必须建立在仁义和德政基础上，王道社会的实现过程也就是仁义和德政不断推展的过程。这推展，帝王自然是主导，但却不仅仅是帝王的事情。何休说过：“有帝王之君，宜有帝王之臣；有帝王之臣，宜有帝王之民。”（《公羊解诂·僖公二十二年》）理想社会的达成是整个社会的事业。其次，何休关于“三世异辞”的思想同样表现了道德理性的展开。他说：“所以三世者，礼，为父母三年，为祖父母期，为曾祖父母齐衰三月，立爱自亲始。”这里所根据的是儒家的“礼”，而“礼”与“仁”是表里的。① “仁”是人之所以为人的最根本的爱，即把人当做人来爱的人类之爱，它须通过礼而由内而外，推己及人。何休认为“三世”的递进是建立在仁和礼的基础上的，使历史理性与道德理性融合起来，成为一体。

其三，自然理性。何休还使其历史理性与道德理性的结合具有合乎自然理性的性质。三世进步以仁义和德政的发展为内容。何休在论证三世说和一统论时，反复强调所谓三世和一统都是将仁爱推己及人，即从内到外、由近而远不断推展的过程。而这种仁爱，是出自人的本性。或者说，人伦的道德理性并非凭空产生，它是以人的性情为根据的，而人性也是一种自然（nature）。不过，相对于日月草木土石这类外在自然物体来说，人性就是一种“内在自然”。何休所谓“异辞”、所谓“异内外”，甚至所谓“三世”、“一统”，都有这种内在的自然为基础。何休历史思想对邹衍、董仲舒辈假外物为比附的自然理性，的确有重大突破，但这种突破不是简单地斩断历史理性与自然理性的联系——历史不能脱离自然条件而存在——而是突出内在自然的重要性，让历史理性和道德理性的融合建立在同一的内在自然的基础之上。这样，人类历史的进步以人类的道德发展为基本内容，又以人的自然性情为根基，历史理性、道德理性和自然理性才会融合

① 刘家和：《先秦儒家仁礼学说新探》，见《古代中国与世界》，武汉，武汉出版社，1995。

为一。我们说何休《公羊解诂》的历史学说是一种合情合理的历史思想，根据即在于此。

总之，何休在《公羊解诂》中，对历史发展的目标、历史进步的阶段性、连续性与统一性，对历史发展的基本内容、动力和基础等重大问题，阐述了自己的见解，形成了完整的思想系统，合乎历史哲学概念的基本内涵，在历史哲学发展的历程中，占有重要地位。在这个体系中，历史理性与道德理性相统一，以自然理性为根基，三者融为一体，表现了鲜明的中国特色。

（原载《江海学刊》2005 年第 3 期）

后　记

“文化大革命”初期，有一阵子我们那里时兴烧书。家里的很多书都烧了，有的是交出去烧的，有的是自己在家里烧的。后来爸妈觉得这样太可惜了，索性就不烧了，也决不外借，以免被发现。这样，有一架书就躲过了劫难，幸运地保存了下来。1970 年春节前夕，全家下乡了，书也就安全了。当时上学是不正规的，但在家里，却可以阅读。不过，先秦两汉的作品，如《论语》、《孟子》、《庄子》、《左传》、《战国策》等，都是片段，编在其他选本中。

过了几年，批林批孔运动兴起。当时我读中学。学校要搞大批判，有两样事必须做，一个是写批判稿，另一个是出墙报。我担任学习委员和团支部宣传委员，这两样都是我分内的事，其实也是我的长项。这期间，原来不让读的先秦两汉典籍有的陆续出版了，我保存至今的《法家著作选》、中华书局点校本《史记》和章诗同的《荀子简注》等就是这时买的；有的虽未出版，但只要能找到借来读，也有理由解释，而不必担心被批判了。有一次我费了好大周折借到一本《孟子》注本回家，至今想不起注家是谁，旧得已经泛黄了，阅读的间歇放在炕上，被一位来访的客人看到，爸妈着实紧张了一阵子，但是到底没有出事。继 1968 年满城汉墓之后，1972 年，马王堆一号汉墓又出土了更多的珍贵文物，震惊了世界，也使我们全家兴奋了好一段时间。爸爸买了一本 1972 年第 9 期《文物》杂志，是马王堆一号汉墓专辑，我保存至今，中间插页图片上的文物现在看来还是那样的精美动人。1973 年，马王堆三号汉墓又出土了帛书《老子》、《经法》等，更是令人振奋。后来，相邻的大队放映了马王堆汉墓发掘过程的纪录片，我看后竟然激动不已，彻夜未眠。参加高考时第一志愿我填报的是吉林大学考古系，主要是受了这些考古发现的影响。这一时期我的阅读中先秦两汉的内容占了很大比重。1977 年底参加高考时语文有一道参考题出自《史记》，是刘邦临终时与吕后谈论丞相接班人的那一段，我早已读过，甚至可以背诵，所以应该得了加分。1978年初，我以高于学校录取分数线29分的成绩被辽宁大学历史系录取，这在当时实属不易。

1984年，我考取南京大学历史系的硕士研究生，跟随刘毓璜先生研读先秦诸子。先生有非同寻常的家学渊源和个人经历，道德文章有口皆碑。我在先生的悉心指导下如饥似渴地阅读相关文献，同时，选修感兴趣的课程。当时学校规定，政治课可以在三门哲学课程中选择一种。在先生的鼓励下，我毅然选了号称最难的《小逻辑》研读。哲学系朱亮教授主讲这门课。我不惜下大工夫，试图弄懂黑格尔究竟在说什么。期末考试我的分数很高，但我知道，我还没有真正弄懂黑格尔的基本思想。不过，对我来说，值得庆幸的，是我对黑格尔及西方哲学的兴趣在这时培养起来了。直至今天，《小逻辑》仍然是我经常阅读的哲学著作。在专业上，我对先生的"白文通释"、"史论结合"方法有了切实的体会。毕业论文题目选的正是十年前就略有所闻的黄老之学。毕业后，我继续研究，并在硕士论文的基础上陆续整理出十几篇文章发表，本书的前八篇就是这个时期的成果 。

在我开始尝试发表文章的时候，有一位长者给了我极大的帮助和鼓励，他就是任继愈先生。1987年夏，我来到辽宁社会科学院工作，秋天里把整理出的一篇关于申不害学术思想的文章投往北京图书馆（即现在的国家图书馆）主办的《文献》杂志。编辑部看过后觉得没有把握。这时正好任继愈先生担任北图馆长，他们就请任先生审稿。不久，在《文献》担任编辑的我的一位同门全根先兄告诉我："任先生的审稿意见出来了，说你的文章'条理清楚，言之有据，可以采用'。"我高兴极了，赶忙请他把任先生的审稿意见给我看。他把复印件寄来，我如获至宝，珍藏至今。任先生审过的这篇文章就是本书的第一篇《申子之学的历史地位》。现在想来，作为一个初出茅庐的年轻人，我的文献考证文章，一定会有这样那样的不足甚至错误之处，任先生并没有因此而忽视文章的优点和价值，这种襟怀和风范令我感佩至深，终身不忘。

1995年，我考入北京师范大学历史系，有幸跟随刘家和先生攻读中外古史比较研究方向的博士学位。我的学术眼界和基本功都得到了更大的发展空间，真有一种"更上一层楼"的感觉。先生重视学术思想史研究，更注重学术方法的训练，这对我尤其有大帮助。在学术方法上，先生悉心教导如何学会把两个pnilo结合起来，即在文字学（philology）和哲学（philosophy）之间形成张力，用这样的方法来研读古代文献，看起来慢一些，但在求真的道路上却会取得扎扎实实的进步。我很乐意地按照先生的指点去做，也的确取得了明显的进步，这个进步，在本书收录的关于法家的变法与定法的关系、禅让问题以及韩非思想的矛盾性等的研究上都有所体现。

当然，通往真知的道路，不会是一帆风顺的。我在学习和摸索的过程中，发现自己也有师心自用的偏向，而且积习不浅。我知道，要克服这个缺点，达到理想境界，不经历一番深刻的自我否定是不行的。不过，否定自己总是困难的，有时又是痛苦的，它需要踏踏实实的态度和原原本本的功夫。我在这两方面都有欠缺。近些年来，我在本职工作之余，还能鼓足勇气，坚持在先秦两汉学术思想领域继续学习和研究，很大程度上是为了弥补这两方面的不足。

以上是与本书内容有关的一些背景情况，我之所以在此加以介绍，是为了方便读者了解我为什么选择先秦两汉学术思想为研究对象，以及我为什么要这样研究。至于本书的选编和出版，则得到了北京师范大学历史学院和北京师范大学出版社的大力支持，杨共乐院长、李帆副院长和责任编辑刘东明先生做了大量工作。

本书所选文章写作于不同时期，历时二十几年，在这个漫长的过程中，我的妻子张丽华、女儿蒋宗予也付出了很多。女儿出生一百天时，我离家到几千里外去读研究生。从那以后，前后加起来，在外求学长达八年之久，没能很好地尽到一个丈夫和父亲应该尽的责任。一想起这些，负疚感就会袭上心头，不知说什么才好。

我能够从事我所喜爱的先秦两汉学术思想研究，要感谢我的父母妻女，感谢我的老师，感谢我的朋友和领导！没有他们的理解和帮助，我不可能保持这份爱好，本书的出版也是不可想象的。为了他们的慷慨和厚爱，也为了自己，我会继续努力，我只能这么做。

蒋重跃

2011 年 4 月 6 日星期三